Jean-Luc Godard

Reihe Film 19

Mit Beiträgen von
François Albera
Yaak Karsunke
Wilfried Reichart
Martin Schaub
Walter Schobert
Wolfram Schütte

Carl Hanser Verlag

Die Reihe Film wird herausgegeben
in Zusammenarbeit mit der
Stiftung Deutsche Kinemathek
von Peter W. Jansen und Wolfram Schütte

Redaktionsschluß: 30. Juni 1979

Reihe Film 19
ISBN 3-446-12696-1
Alle Rechte vorbehalten
© 1979 Carl Hanser Verlag München, Wien
Reproduktionen: Repro Knopp, Inning
Gesamtherstellung: Appl, Wemding
Printed in Germany

Reihe Film 19 · Jean-Luc Godard

Die Reihe Film stellt das Werk von Regisseuren, bestimmte Genres oder andere übergreifende Themen des internationalen Films in Monografien vor. Dabei werden die einzelnen Bände unter wechselnden Perspektiven und verschiedenen Aspekten erarbeitet. Eine umfangreiche Filmbibliografie gehört zu jedem Band.

Jean-Luc Godard, 1930 in Paris geboren und Schweizer Staatsbürger, war der umstrittenste, produktivste und kreativste Regisseur des aus der Nouvelle Vague hervorgegangenen modernen französischen Films. Zwischen 1960 *(A bout de souffle)* und 1968 *(One plus One)* hat er wie kein anderer die »Grammatik des Kinos« und die »Syntax des Films« verändert und dabei das Kino zum Ort und Gegenstand einer permanenten Reflexion über das Medium selbst wie auch über die politischen, sozialen, kulturellen Phänomene und Ereignisse seiner Zeit gemacht. Godards Filme – Collagen, Glossen, Essays, Spielanordnungen für die Phantasie und subjektive »Berichte zur Lage der Nation« – haben thematisch und stilistisch die Protestgedanken und -empfindungen eines Großteils der (jüngeren) Intellektuellen des Pariser Mai 1968 vorweggenommen. Hatte bereits der Vietnamkrieg Godard aus einem Bewunderer des US-Kinos zu dessen entschiedenstem Kritiker gemacht *(Loin du Vietnam),* so führte ihn seine aktive Beteiligung an der Pariser Mairevolte zum radikalen Bruch mit seinen früheren Arbeiten und dem »bürgerlichen Kino« insgesamt. Seither widmet er sich fast ausschließlich seiner experimentellen Arbeit mit der Video-Technik.

Die Autoren

François Albera (1948, Genf). Studium Philosophie und Linguistik (Lyon). Professor für Filmgeschichte und -theorie (Kunstschule Genf, Fakultät der Politischen Wissenschaft Lyon), Filmkritiker und Kunstkritiker in »Voix Ouvrière« (Genf), Mitarbeit »Cahiers du Cinéma« (Paris), »France Nouvelle« (Paris), »Synchronos kinimatografos« (Athen). Veröffentlichungen: »Notes sur l'esthétique d'Eisenstein«, »Eisenstein en Suisse: premiers matériaux«, »Propositions théoriques pour l'analyse des films«, »Le Cinématisme (Le cinéma et les autres arts)«. Lebt in Genf.

Yaak Karsunke (1934, Berlin). Drei Semester Jurastudium: zwei Jahre Schauspielschule; sieben Jahre Hilfs- und Gelegenheitsarbeiter. 1965 Mitbegründer und bis 1968 Chefredakteur der Zeitschrift »kürbiskern«. Seit 1969 freiberuflicher Literaturproduzent (Gedichte, Hörspiele, Theaterstücke). Lebt in Berlin.

Wilfried Reichart (1939, Göppingen). Journalistische Ausbildung bei verschiedenen Zeitungen. 1966-1969 Feuilleton-Redaktion »Kölner Stadt-Anzeiger«. Seit 1969 Filmredakteur beim Westdeutschen Fernsehen. Lebt in Köln.

Martin Schaub (1937, Zürich). Studium Germanistik. Mitarbeiter bei »film«. Filmredaktor beim Züricher »Tages-Anzeiger«, Mitarbeit bei der »Weltwoche«, Mitherausgeber von CINEMA. Lebt in Zürich.

Walter Schobert (1943, Erlangen). Studium der Evangelischen Theologie und Theaterwissenschaft. 1967-69 Vikar. 1970-73 Filmreferent der Ev. Konferenz für Kommunikation. Freier Mitarbeiter von »Frankfurter Rundschau«, »Kirche und Film«, »Zoom«. Seit 1974 Leiter des Kommunalen Kinos in Frankfurt a. M. Lebt in Hanau.

Wolfram Schütte (1939, Frankfurt a. M.). Studium Germanistik, Philosophie und Soziologie in Frankfurt. Mitherausgeber von »Filmstudio« (1962-66). Seit 1967 Feuilletonredakteur der »Frankfurter Rundschau«. Lebt in Frankfurt a. M.

Inhalt

Hommage à Jean-Luc Godard
Von Yaak Karsunke 7

»Aber sind eben diese Worte & Bilder notwendigerweise die richtigen?«
Notizen zu einem Porträt
Von Wolfram Schütte 9

Interviews
Von Wilfried Reichart

1. Jean-Luc Godard 41
2. Raoul Coutard 61
3. Agnès Guillemot 71

Kommentierte Filmografie
Von Martin Schaub 83

A bout de souffle	92
Le petit soldat	98
Une femme est une femme	102
La paresse	105
Vivre sa vie	107
Le nouveau monde	111
Les carabiniers	112
Le grand escroc	116
Le mépris	117
Bande à part	120
Une femme mariée	123
Montparnasse-Levallois	128
Alphaville	130
Pierrot le fou	133
Masculin-féminin	139
Made in U.S.A.	144
2 ou 3 choses que je sais d'elle	147
Anticipation	152
La chinoise	153
Caméra-œil	157
Amorc	159
Week end	160
Le gai savoir	166

One plus one	168
Cinétracts	172
Un film comme les autres	174
One A. M.	174
British Sounds	177
Pravda	178
Le vent d'Est	180
Lotte in Italia	184
Vladimir et Rosa	186
Tout va bien	187
Letter to Jane	193
Numéro deux	194

Arbeit mit Video
Von François Albera   201

Daten
Von Walter Schobert

Biografie	209
Filmografie	212
Bibliografie	227

Hommage à Jean-Luc Godard
Von Yaak Karsunke

die 2-zentimeter-kanone
eines jagdbombers feuert
100 mal
in der sekunde:

film ist wahrheit (sagte)
film ist politik (sagt heute)
24 mal in der sekunde (Godard)

: langsamer wälzt sich
der überbau um

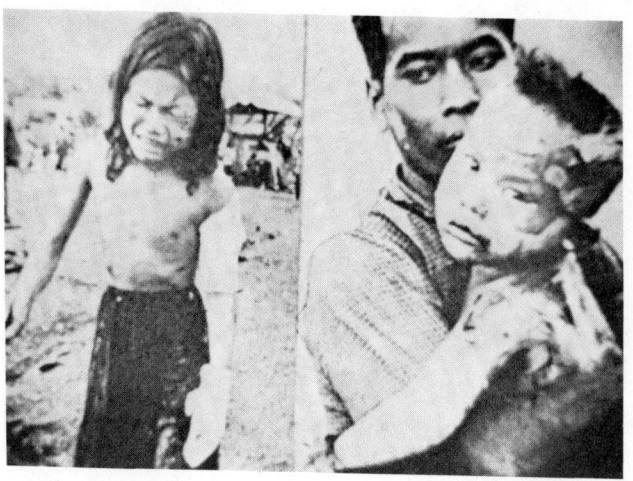

Le gai savoir

»Aber sind eben diese Worte & Bilder notwendigerweise die richtigen?«

Notizen zu einem Porträt

Von Wolfram Schütte

Im Blitzlicht der Erinnerung: ein Tag in Cannes 1976. »Godard gibt eine Pressekonferenz.« In einem Nebenraum des weitläufigen »Carlton« stoße ich auf einen Haufen Menschen, Kamera- & Tonleute, Fotoreporter und Zuhörer, in Hitze und Schweiß, dicht gedrängt um einen Hohlraum in ihrer Mitte. Über Schultern hinweg, an Köpfen und Jupiterlampen vorbei, zwischen sich ändernden schmalen Perspektiven hindurch (Sehschlitze zwischen Hüften und Lenden) findet und verliert mein Blick – einer von vielen –: den kleinen Mann im verwaschen-olivgrünen Parka, mit der dunklen Sonnenbrille vor den Augen, dem kurzen, struppigen & strohigen schwarzen Haar auf dem quadratischen Schädel, mit der Caporal-Zigarette in der Hand. Kaum ist akustisch zwischen den Leibern seine Stimme zu hören, rauh, halb flüsternd, die Worte hetzend, abschmirgelnd mit einer eiligen, gleichtemperierten Monotonie.

Wie in einer der ersten Sequenzen von WEEK END, wo die Frau dem Mann von einer Orgie erzählt und die Sprache von der öffentlichen (öffentlich im gleichen Atemzug gemachten) Zensur dumpfer Musikgeräusche überdeckt wird, wenn sie ins sexuelle Detail geht – während die Kamera masturbatorisch hin- und herfährt –, gelangen hier, gefiltert durch die sich verschiebende Mauer von Menschenleibern und vom Gemurmel außerhalb des Raumes nur wenige Worte ans Ohr, aus denen sich dann jeder zusammenreimt, was Godard gesagt haben mag: daß er etwa seine früheren Filme, vor allem A BOUT DE SOUFFLE und LE PETIT SOLDAT für »faschistisch« hält, daß er deshalb nun ein Remake seines ersten Gangsterfilms machen wolle, daß die Filme von Jacques Rivette (einem Freund der frühen Cahiers-du-Cinéma-Zeit) heute aus dem gleichen & falschen Begriff von Film und Kino entstünden wie

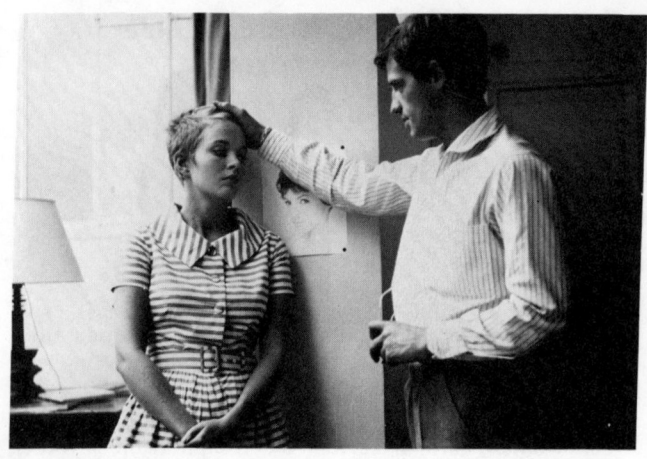

A bout de souffle

die von Henri Verneuil, dem reaktionären Spannungskonfektionisten (und derzeitigen Lieblingsregisseur Jean-Paul Belmondos).
Einer gegen alle, der Einspruch, die Rigidität, das Paradox, die ununterbrochen fortlaufende Sprache eines Denkens, das den Mund zum Ausfalltor seines Ausschwärmens macht und damit das lasche Einverständnis, die Harmonie des Mittelmaßes und der Gedankenlosigkeit rodet, aufwühlt und umstürzt? Oder war das nur das Bellen eines einsamen Kojoten, und die Karawane des Kinokommerzes zieht weiter?
Godard jedenfalls, wie er da eingekeilt saß, umzingelt von Kamera-, Licht- und Tonobjekten, preisgegeben Augen & Ohren, die ihn belauerten – Godard war plötzlich wieder da, anwesend als Person, als Stimme, als Gedankenproduzent.
Kurz darauf kam sein NUMÉRO DEUX in die Kinos, eine Mixtur von Video-Bildern und Filmbildern, über den Alltag von Sexualität, Liebe, Arbeit, Kinder, das Alter und den Tod. Und plötzlich – wie er da als Mann unter seinen (Video-)Maschinen saß und von sich, seinem Grenobler Exil, seinen Erfahrungen und Gedanken sprach – plötzlich wußten wir wieder, was wir, als er sich uns entzogen hatte, an ihm wirklich verloren hatten: den subjektiven Chronisten der laufenden Ereig-

Le petit soldat

nisse, den intuitiven Seismographen unserer gesellschaftlichen, kulturellen, ästhetischen Beben, den tollkühnen Spieler und Hasardeur des Unerwarteten; aber auch: das Gewissen des Filmschnitts, den Ethiker der Kameraeinstellung, den Moralisten des Originaltons. Kurz: das Kino auf der Höhe der Zeit (und mitten in ihr), weil es sich in ihm & mit ihm seiner selbst bewußt geworden war.

*

Ja, das Kino ist sich mit Godard (und durch seine Filme) seiner selbst bewußt geworden. Es bedurfte dieses Kopfes, damit wo Es war Ich werde. Der 1930 in Paris geborene, im calvinistischen Genf aufgewachsene spätere Student der Ethnologie – Jean Rouch zählte zu seinen Vorbildern – wurde exzentrischer Filmkritiker und Kinoenthusiast in Paris. Er war einer der vielen bedeutenden Zöglinge Henri Langlois' und der »Cinemathèque«, und er war es (nicht Truffaut oder Chabrol, Rohmer oder Malle), der das »Zeitalter der Vernunft« im Kino eröffnet hat – wenn es auch damals manchen erschienen sein mochte, als habe der Unruhestifter Godard den Wahnsinn der absoluten Willkür auf den Thron gesetzt. Was an spekulativem

Material, als weiße Magie unter den Kennern, Könnern & Liebhabern der Siebten Kunst esoterisch zirkulierte –: Godard hat es auf den Markt getragen, in die Öffentlichkeit seiner Filme (und da auseinandergenommen und neu zusammengesetzt). Mitten unterm Volk hat er sein Experimentierzelt aufgeschlagen. Keiner hat das Publikum mehr geachtet als dieser angeblich größte seiner Verächter. Er hat das Ergebnis (einen Film; und alle seine Filme) nicht herausgerückt, ohne uns zu zeigen, daß es die Folge eines langen Weges, vieler Schritte und nur ein Moment auf der Suche nach der Wahrheit ist. Film als Prozeß, Kino als Versuchsanordnung, die Fortsetzung des Lebens mit anderen Mitteln. Rücksichtsloser & respektloser als er hat keiner die Magie der Leinwand entmythologisiert; kaum einer jedoch konnte zugleich so zaubern mit dem vollkommen durchsichtig gemachten Arsenal seiner Kunst wie dieser poeta doctus des Kinos. Godard: das ist die Alexandrinische Bibliothek des Films (und auch deren Zerstörung durch Selbstentzündung?).

Daß man alle seine Werke, ohne ihnen durch Eingriffe der Abstraktion Gewalt anzutun oder durch mühselige philo/filmologische Interpretationen es aus ihnen herausziehen zu müssen, als fortgesetzte Zeugnisse seiner permanenten cineastischen Selbstreflexion und als ununterbrochene Selbstkorrektur des Mediums (und zwar durch *es* selbst) betrachten könnte –: eben das hat seine Kritiker, von denen er immer mehr hatte (wie alle revolutionären Erneuerer der Kunst) als von ihm Enthusiasmierte, das hat seine zahlreichen Kritiker in allen Ländern nicht selten dazu verführt, ihn abfällig und vorgeblich im Namen des großen Publikums als einen »dilettierenden Kritiker«, »Scharlatan« oder »Formalisten« zu apostrophieren, der »keine richtigen Filme machen kann«.

Als ob ein Kritiker (wie Godard), der das künstlerische Medium seiner Produktivität wechselt, aufhören müßte, Kritiker zu sein, wenn er schon von »außen« nach »innen« vorgedrungen ist (in der Trennung von Kritik und Produktion spukt marktorientiertes Denken, falsche Romantik von zersetzender Analyse und organischer Genie-Blindheit); als ob ein Entlaufener, der die verfälschenden Geheimnisse der Orthodoxie enthüllt, nicht allemal von dieser der Scharlatanerie geziehen würde; als ob schließlich eine Kunst, welche die Analyse ihrer Wahrnehmungsweisen und ihres (für) Wahr-Genommenen in den Mittelpunkt ihrer Poetik stellt, nicht notwendigerweise »formalistisch« erscheinen muß, weil sie gegen die Formen der geläufigen Wahrnehmung verstößt, welche sich fälschlicherweise durch Gewöhnung als »natürlich« ausgegeben und sich ontologisiert haben.

Nichts hassen wir mehr in schönen Träumen als deren Unterbrechung. Das Kino, wo es der schöne Traum ist, der uns von uns selbst erlöst, hat die Unterbrechung eliminiert, es kennt nur das Aufwachen als Ende. Der schwarzen Magie der Illusion setzt Godard die weiße Magie der Desillusion entgegen: Statt sich zu verlieren, heißt das dann: sich seiner selbst inne werden.

Daß Godard »richtige Filme machen kann« (wie Picasso »richtige Bilder« malen konnte), hat er mit A BOUT DE SOUFFLE bewiesen; zugleich aber schon da gezeigt, daß es ihm viel mehr darauf ankam, Filme *richtig* zu machen – und je länger er Filme machte, desto intensiver und zwar gerade auch noch in jenen weithin apokryphen Appendices, seinen dezidiert politischen Filmen wie LOTTE IN ITALIA oder PRAVDA. Zwar ruft er erst im späten WEEK END (1968) »das Ende des grammatikalischen Zeitalters des (bisherigen) Films« aus; aber er hatte schon mit A BOUT DE SOUFFLE die Semantik des Films zum Tanzen gebracht, indem er das Zeitkontinuum durchlöcherte, Worte (d. h. Bilder & ihre Anschlüsse) umstellte, Bild- & Tonaufnahmen öffnete für den Einbruch des zeitgeschichtlichen Dokuments und für den frischen Windzug der Wirklichkeit, der direkt von den Pariser Straßen in seine Bilder fegte. (Belmondo sucht Jean Seberg auf den Champs-Elysées, wo gerade de Gaulle mit Eskorte zum Arc de Triomphe fährt; erst Kluge hat wieder Ähnliches in seinem Film *In Gefahr und höchster Not bringt der Mittelweg den Tod* versucht, als er seine Beischlafdiebin mit Koffern zwischen Hausbesetzern, Passanten und Polizeikordons hindurchlaufen ließ: Pathos und Ironie der Durchdringung von Fiktion und Alltagsrealität.)

Übrigens sind Godards einstmals skandalöse »Verstöße« gegen das bis dahin (1959) Übliche heute kaum noch in A BOUT DE SOUFFLE wahrnehmbar – sosehr sind sie mittlerweile selbst wieder »grammatikalisch« geworden. Sogar im banalsten Fernsehinterview kann man schon seit geraumer Zeit sehen, daß Schnitte in einer Einstellung nicht mehr durch dazwischen montiertes Material kaschiert werden. Dadurch wird das Zitathafte des Gezeigten sichtbar; Godard hatte in A BOUT DE SOUFFLE auch den Tonschnitt hörbar gemacht, indem er mitten im Satz oder Wort schnitt. Wenn er heute darauf hinweist, daß die Ästhetik von A BOUT DE SOUFFLE erzwungenes Produkt kommerzieller Abhängigkeit war (der Film mußte auf Weisung des Produzenten zusammengekürzt werden), so ist das gleichwohl keine Demontage seiner Ästhetik. Zum einen: er hätte die Kürzungen anders vornehmen (und kaschieren) können, er hat sie aber als Beschädigungen, als Eingriffe ausgewiesen (wie später die Zensur der Sprache durch Musik in WEEK END und ONE PLUS ONE); zum anderen: die Zensur (der ökonomische Druck) »verfeinert« nicht nur »den Stil« (wie Ernst Jünger, wenngleich nicht für sich behauptete), sie kann ihn gelegentlich erst konstituieren; und schließlich: auch Max Ernst ist durch Zufall auf die Technik seiner »Frottagen« gekommen, diesen Abdrücken von Naturmaserungen auf Papier. Gleichwohl läßt sich Godard auf »Stil«, gar bloß auf *einen,* nicht reduzieren. Wenn er einen besaß – einen Personalstil –, dann den, es anders zu machen. Daher der Eindruck des Dilettanten, des Synkretisten, des Scharlatans. Stil jedoch ist die Ruhe, der Stillstand, die Manier als Selbstverständlichkeit versteckt. Godards Manier war der Versuch, das Verlangen nach dem Neuen, die Probe aufs je andere Exempel, das Spiel und das Wagnis. Er widersprach sich, Tabus kannte er nicht – am wenigsten jene, die er sich selbst gesetzt zu haben schien. So bestand er zum Beispiel darauf, daß die Töne zu LES CARABINIERS obgleich nachsynchronisiert, exakt den im Bild gezeigten Objekten entsprachen, das heißt Autogeräusche dem gezeigten Autotyp abgenommen waren. Dieser »Naturalismus« des Tons (der auch für Straub gilt) ist Wunsch und Wille, wenn nicht sogar Ethos zur Wahrheit der Realien, gleichwohl nicht der platten »Errettung der physischen Realität« (Kracauer) zuwillen. Denn trotz solcher Verankerungen in der Materialität der Dinge (auch durch die Verwendung von Wochenschaumaterial unterschiedlichster Herkunft und Zeit) zielt Godards Verfahren in den CARABINIERS nicht auf das Dokument – zumindest nicht auf die Aura des Dokuments –, sondern auf dessen undurchdringliche Verschmelzung mit der Fiktion, was ihm vor allem auch durch ein bestimmtes Kopierverfahren gelingt. Der Surrealismus der CARABINIERS – in dieser Ausprägung singulär in Godards Werk, das später mit ei-

Les carabiniers

nem verwandten ästhetischen Versuch (in ALPHAVILLE) seine größte künstlerische Niederlage erlebte – ist dabei aufs nächste methodisch Max Ernsts Collage-Romanen aus Illustrationen des 19. Jahrhunderts verwandt – ein Hinweis auf die Weiträumigkeit von Godards künstlerischer Sensibilität, die, so sehr sie in der Geschichte des Kinos sich fütterte, doch weit – wie bei kaum einem anderen Cineasten – darüber hinaus sich erstreckte.

*

Er begann als Epigone, zumindest im Bewußtsein, daß das, was er mache, im Lichte der Tradition stehe. Es war die Tradition des amerikanischen Kinos, und dort vor allem die der Schwarzen Serie, der Gangsterfilme und ihrer traurigen Liebesgeschichten. Aber anders als zum Beispiel heutige Epigonen – wie der brutale Banalisierer Hitchcocks, Brian de Palma – hat Godard gleich zu Anfang, als er noch im Schatten der Vorbilder zu stehen schien, Distanz, Ironie und eine sehr eigene, subjektive Haltung zur Tradition eingenommen – wenngleich nur ihm und Experten, die ein vergleichsweise ähnlich umfassendes Gedächtnis für Bildkompositionen besitzen wie Godard, bewußt und kenntlich sein dürfte, was er ikonografisch, bewußt oder unbewußt, von der Tradition in seine Arbeit übernommen hat.

Während sein älterer Landsmann und Zeitgenosse Jean-Pierre

Bande à part

Melville den amerikanischen Gangsterfilm in hermetisch-ritualisierte Epen der Einsamkeit und Verlassenheit verlorener Helden übersetzte, hat Godard, ohnehin nicht aufs Ausfabeln von Stories erpicht, den Vorbildern nur einige Grundsituationen entnommen: verfolgte Helden auf der Flucht, geheime Organisationen mit undurchdringlichen Machenschaften, Pistolen und Zigaretten als Embleme von Gesten und die Frauenfeindschaft. Selbst wo er dann später expressis verbis solche Vorlagen (amerikanische Krimis) zu verfilmen schien – in BANDE À PART, PIERROT LE FOU, MADE IN U.S.A. –, ist nichts von deren spezifischem Kolorit in seine Filme eingegangen, welche die Stoffe aufgezehrt haben und von ihnen nur noch enthalten, was Godard als notdürftigste Stützbalken zur Absicherung *seiner* Kinowelt benötigte.

Der demonstrative Blickwechsel Belmondos mit dem Schaukastenbild Humphrey Bogarts in A BOUT DE SOUFFLE ist ein mehrdeutiger Dialog: der kleine Verlierer auf dem Weg zum Tod grüßt den großen, der Alltag blickt auf den Mythos. Die Geste, mit der Belmondo Bogart imitiert (mit dem Daumennagel über die Unterlippe streichend), mag den Wunsch nach einer Identität ausdrücken (wie sich Nana S. von VIVRE SA VIE im stummen Dialog mit Carl Theodor Dreyers *La passion de Jeanne d'Arc* wiedererkennt); aber zugleich enthält diese Imitatio (mehr als bloß ein Zitat, wie die Zitate immer mehr sind als bloße Assoziationsfloskeln Godards) das erste Zei-

Pierrot le fou

Made in U.S.A.

chen für ein zentrales Motiv des reifen Godard: Leben als Imitation des Films. Die Bilder des Kinos, davon geht schon der frühe Godard aus, haben eine seinssetzende Macht über unseren Alltag gewonnen. Mag er das anfangs, wie er später bekannte, noch als Befund seiner intensiven Kino- und mangelhaften Lebenserfahrung empfunden (und sogar als Apotheose gefeiert) haben, so hat er danach diese Entdeckung immer öfter und eindringlicher in der Wirklichkeit gemacht. Seine allerspätesten politischen Filme (BRITISH SOUNDS, LE VENT D'EST etc.) sind nicht zuletzt donquichoteske Wortgefechte gegen die Allgegenwart und Allmacht der »imperialistischen Bilder«.

*

Der englische Kritiker Richard Roud hat 1967 in seinem frühen Buch über Godard geschrieben, die Dialektik von dessen Kino äußere sich in den Gegensatzpaaren Bild-Erzählung, Dokument-Fiktion, Realität-Abstraktion. Man könnte, füge ich hinzu, die innere Spannung, aus welcher Godards Produktivität sich speiste, noch an anderen Gegensatzpaaren festmachen: Schauen-Beschreiben, Improvisation (Spontaneität, Cinema vérité)-Inszenierung (Mise-en-scène), Statik-Bewe-

Alphaville

gung, Handkamera-Stativkamera, Schnappschuß-Travelling, Planséquence-Montage, Dialog-Kommentar, Bild-Ton; Leben-Kunst; Poesie-Wissenschaft.

Nicht allein, daß Godards Poetik so viele auch qualitativ unterschiedliche und zum Teil gegensätzliche Haltungen zur Wirklichkeit umfaßt, macht sein Kino so reich und enzyklopädisch; sondern daß er mit dieser Vielzahl von Haltungen und Mitteln, die sich sowohl durchdringen wie abstoßen, so *bewußt arbeitet*. Weil sein Kino eines der Destruktion, des Fragments, des Augenblicks und des Spiels war, hat man ihn einen »Irrationalisten« genannt. Das war jedoch nur der *eine* Polarisationskern seines nervösen, reizbaren Geistes, nämlich dieser Rousseauismus Godards, mit dem er das Leben, den Tod, den Zufall, die Spontaneität gegen den Begriff, den Gedanken in Schutz nahm. »Was ich will, ist das Entscheidende durch den Zufall treffen.« (Godard) Das Risiko des Scheiterns ist der Preis eines möglichen glücklichen Gelingens, das anders nicht zu haben ist. Diese Offenheit für den Augenblick, diese Konzentration auf die »écriture automatique« (André Breton) der Wirklichkeit, diese Gratwanderung zwischen dem Essentiellen und dem Banalen rückt Godards Werk, das, nach Cocteaus Wort, »dem Tod bei der Arbeit zuschaut« (und ihm dabei Leben entreißt) ins Zentrum avancierter Kunst der Moderne. Auch ihren flüchtigen Wahrheiten (ihren Wahrheiten auf der Flucht) ist mit dem klassischen Instrumentarium von Regeln und Normen, durchformulierter Stimmigkeit und jederzeit ausgewiesener Konsistenz allen ästhetischen Materials nicht mehr adäquat beizukommen. Der andere bereits angedeutete Polarisationskern, sozusagen Godards Cartesianismus, war die Analyse, die Sprache, die ikonografische Formulierung. Erst beides zusammen ergibt seine Poetik: »Für mich ist der Stil die äußerliche Seite des Gehalts und Gehalt der Inhalt des Stils. Wie Innen- und Außenseite des menschlichen Körpers: beide gehören zusammen, sie können nicht getrennt werden.« (Godard) Und in 2 OU 3 CHOSES QUE JE SAIS D'ELLE will er »die Dinge« sowohl von außen wie von innen betrachten: die Sahne im Kaffee wird in der Großaufnahme zum Spiralnebel und die neue Pariser Trabantenstadt im Panoramaschwenk zur inneren Versteinerung der Menschen, die in ihr hausen.

Das ist das Schockierende, »Schizophrene« an Godards Kino: daß er den Kampf zwischen seinen rousseauistischen Lebens- und Todeswünschen und seinem cartesianischen Formbewußtsein vor aller Augen & Ohren austrägt; und daß Godard dabei, Gorkis von ihm oft zitiertem Satz folgend, wonach »die Ethik die Ästhetik der Zukunft« sei, dem Aufnahmevorgang und -apparat – also der Technik des Filmemachens insgesamt – die Würde und den Anspruch der Moral und Erkenntnis zuerkennt. Die Forderung, welche Godard damit an das Kino stellt (und zwar ausdrücklich auf den Gesamtkomplex seines formalen Universums bezogen), entspricht dem, was Schriftsteller wie Kafka, Brecht, Broch, Musil von Sprache und Denken verlangten: dem Ethos der Wahrheit verpflichtet zu sein; Ästhetik als Erkenntnis.

»Kino, das ist die Wahrheit vierundzwanzigmal in der Sekunde«, nämlich so oft, wie die Filmbilder während dieses Augenblicks durch den Projektor laufen, damit wir in ihnen eine Bewegung sehen: so läßt er seinen PETIT SOLDAT sagen. Aber die Wahrheit – wie selbstverständlich bei jemandem, der bereits in einem seiner Kurzfilme die Heldin demonstrativ Hegels *Ästhetik* hochhalten läßt – ist eben nichts, was man einfürallemal in Besitz hätte. »Das ist es, glaube ich«, erläutert der Philosoph in VIVRE SA VIE der Prostituierten Nana S. die Schwierigkeiten mit der Erkenntnis der Wahrheit, »was man

Vivre sa vie

im 17. Jahrhundert in Frankreich nicht sofort erkannt hat, als man glaubte, man könnte den Irrtum vermeiden ... man könnte so ohne weiteres in der Wahrheit leben. Warum hat es Kant gegeben, Hegel, die deutschen Philosophen? Damit wir zum Leben zurückgeführt würden und damit wir uns damit abfänden, daß man durch den Irrtum gehen muß, um zur Wahrheit zu gelangen.«
Jedoch die Korrektur des eindimensionalen, undialektischen Wahrheitsbegriffs der klassischen Aufklärung im Namen des Lebens führt Godard eben nicht umstandslos zur Irrationalität der »Lebensphilosophie«, wenngleich »das Leben« zu den emphatischen Begriffen seiner Moral, zu den höchsten Zielen seiner Kunst gehört. Eher rettet er den Anspruch von Wahrheit, auf den er in allen seinen Filmen, in jedem ihrer Momente abzielt – es sind unterschiedliche, gegensätzliche Wahrheiten –, indem er die heisenbergsche Unschärferelation sich zu eigen macht, nämlich die Experimentalanordnung in die Beurteilung des Ergebnisses seiner Experimente mit hineinnimmt. Was von außen gesehen oft wie ein bloß subjektiv begründeter Generalangriff Godards auf das Kino (als abgedichteten Weltinnenraum in sich »realistisch-schlüssiger« Phantasieentfaltung) ausschaut, ist als radikale Destruktion, Parzellierung, Fragmentierung, Kommentierung nichts ande-

res als dieser Filter, dieses Durchgangsstadium (welches das, was durch es hindurchgeht, verändert) auf dem Weg zu den Wahrheiten. Präzision qua Relativität. Sein Werk wird so – wie jeder seiner Filme – zu einem Prisma von Möglichkeiten, Thesen, punktuellen Erfahrungen. Godard: »Ich ziehe es vor, etwas zu suchen, was ich nicht kenne, statt etwas, was ich kenne, besser zu machen.« Das ist keine bloße Ungeduld, sondern die substantielle Nervosität des Forschungsreisenden, dem neue, unbekannte Ziele wichtiger sind als die Pflasterung des zurückgelegten Wegs. Es müssen vor allem immer neue Wege eingeschlagen werden, wenn man zu neuen Zielen finden will.

»Nur das Unvollendete kann begriffen werden«, heißt es bei Schlegel. Und Walter Benjamin, in seiner Dissertation *Über den Begriff der Kunstkritik in der Romantik,* definiert Schlegels Theorie der Kunst (als sei es die Godards) »als eines Reflexionsmediums (;) und des Werkes: als eines Zentrums der Reflexion«.

Die subversive Tendenz im Werk Godards – das eben dadurch seinen Zusammenhang mit der Filmgeschichte sprengte und sich in das ästhetische Reflexionskontinuum einblendete, in dem die avanciertesten Gebilde der Literatur, Musik und Bildenden Kunst unseres Jahrhunderts stehen – ist der Versuch, Brechts Theorie und Praxis des Epischen Theaters (die Distanzierung der Gegenstände, die Beschränkung auf das experimentelle Studium zum Beispiel einer Straßenszene, die gestische Haltung des Vorgeführten, der Vorschlagscharakter aller Lösungen, die der Autor entwickelt) mit der »unendlichen Reflexion« der romantischen Kunsttheorie zu verbinden, welche die notwendige Abstraktion des Gedankens und seiner punktuellen Analyse – worüber die Arbeit an und mit der Wirklichkeit verläuft – zuletzt wieder in »das Leben« einfädelt. Wie es am Ende von Heinrich von Kleists Aufsatz *Über das Marionettentheater* heißt: »... Doch so, wie sich der Durchschnitt zweier Linien, auf der einen Seite eines Punktes, nach dem Durchgang durch das Unendliche, plötzlich wieder auf der anderen Seite einfindet, oder das Bild des Hohlspiegels, nach dem es sich ins Unendliche entfernt hat, plötzlich wieder dicht vor uns tritt: so findet sich auch, wenn die Erkenntnis gleichsam durch ein Unendliches gegangen ist, die Grazie wieder ein ... Mithin ... müßten wir wieder von dem

Baum der Erkenntnis essen, um in den Stand der Unschuld zurückzufallen? Allerdings ... das ist das letzte Kapitel von der Geschichte der Welt.« Die Grazie von Godards Kino ist dieser Geschmack an den Früchten des Baums der Erkenntnis, von dem so ausgiebig zuvor nie im Kino gekostet worden war.

Gleichwohl: die unverkennbare Melancholie der Filme Godards – ihre Grundströmung – entspringt dem Bewußtsein vom verlorenen Paradies des Kinos: »Die Medien haben sich an die Stelle der älteren Welt gesetzt. Auch wenn wir den Wunsch hätten, diese ältere Welt wiederzuentdecken, könnten wir das nur durch intensives Studium der Methoden erreichen, mittels deren die Medien sie verschlungen haben.« (Marshall McLuhan) »Die Lage wird dadurch so kompliziert«, hat Brecht im *Dreigroschenprozeß* geschrieben, »daß weniger denn je eine einfache ›Wiedergabe der Realität‹ etwas über die Realität aussagt. Eine Photographie der Kruppwerke oder der AEG ergibt beinahe nichts über diese Institute. Die eigentliche Realität ist in die Funktionale gerutscht. Die Verdinglichung der menschlichen Beziehungen, also etwa die Fabrik, gibt die letzteren nicht mehr heraus. Es ist also tatsächlich ›etwas aufzubauen‹, etwas ›Künstliches‹, ›Gestelltes‹. Es ist also ebenso tatsächlich Kunst nötig.«

Eine Kunst freilich, die ihren methodischen Eingriff bedenkt, der ihr den Zugang zur Wirklichkeit verstellt (McLuhan), wiewohl sie doch gerade nur aufgrund ihrer methodologischen Haltung gegenüber der undurchdringlich scheinenden Realität, die ihre Geheimnisse nicht preisgibt, indem man bloß ihre Erscheinung abfilmt, diese erst durchdringen, also wirklich erst erkennen kann (Brecht). Definition des Berufs Filmregisseur (laut Godard): »Filme machen heißt, in Platos Höhle dank Cézannes Licht klar zu sehen.« Es ist also tatsächlich Kunst nötig zur Erkenntnis. Das ist das Gegenteil von Ästhetizismus und Formalismus, denen die Kunst-Form als Ersatz dient für die ewig schattenhafte Fremdheit des Lebens.

*

Solange Godard den instrumentalisierenden, operationellen Charakter seiner Kunstproduktion zwar erkennt, aber die Multiversalität seiner Vorgehensweisen noch nicht auf das *eine*

Raster des »Marxismus-Leninismus« verengt hatte (wie er es in den anonymen Filmen nach 1968 getan hat, die gleichwohl, entgegen dem konvertitenhaften Ton, mit dem er sich damals von seinen früheren Arbeiten distanziert hatte, deren konsequente wenn nicht Fort- so doch Engführung waren); solange er »Leben« und »Kunst« (»et vice versa«, wie er immer wieder schrieb) als komplexe, offene, fragile Einheit von Widersprüchen betrachtete, solange konnte er seine großen cinematografischen Ausfahrten in die zeitgenössische Wirklichkeit wagen. Radikaler als dieser Autor, welcher der methodischen Entwicklung der Filmsprache, der Definition ihrer syntaktischen Fungibilität den Rang von Erkenntnisprozessen zumaß, hat keiner diesseits des Ghettos des Experimental- und »Kunstfilms« seine Werke zugleich subjektiviert – sie zu Tagebüchern, Notizheften, Liebesbriefen und »Offenen Briefen«, zur Sammlung von Aphorismen und Paradoxen, zu Essays und Pamphleten gemacht wie Godard. Deutlich ist der Unterschied zum Zeitgenossen Resnais, dessen Werk auf den ersten Blick ähnlich innovativ erscheinen mag. Jedoch Resnais ist Manierist, der zuerst aus dem überraschenden Wechsel zwischen den Zeiten und Orten *(Hiroshima mon amour, L'année dernière à Marienbad),* aus der Lakonie, mit der er neben die Binnenerzählung in der Gegenwart die eingesprengten Rückblicke, Seitenblicke, Träume und Phantasien seiner Helden setzt *(Muriel),* ein manisch repetiertes, zuletzt immer lebloser, perfekter, blendender erscheinendes Raster gemacht hat, das seine späten Filme *(Stavisky, Providence)* mit dem Eishauch einer gleichbleibenden Methodik überzieht, welche die Werke schon im Prozeß ihrer Entstehung erstarren läßt zu einer erkalteten Klassizität. Resnais' ästhetische Immanenz ist die des Kreises, Godards die des zentrifugalen Flugs.

Auf der Suche nach der Wirklichkeit seiner Tage hat Godard seine Welt »entdeckt und sie im gleichen Augenblick definiert« (wie er es an Anthony Mann bewundert hatte): das Paris der Vorstädte, Bistros und Studentenbuden; das Leben der jungen Angestellten und der mittleren Bourgeoisie, der Technokraten, maoistischer Studenten, krimineller Randfiguren, politischer Terroristen, Prostituierten und verheirateten Frauen; die politischen Geheimorganisationen der OAS und FLN, des CIA und studentischer Terroristen; die Gegenwärtigkeit des Algerien- und des Vietnamkrieges; die »zweite

Realität« der Werbung, der faits divers, der politischen Slogans und Parolen, der Schlager, der intellektuellen Diskurse und der Reklamewelten, des Kinos und des Fernsehens. Von LE PETIT SOLDAT bis WEEK END (und dann wieder NUMÉRO DEUX) hat Jean-Luc Godard eine Folge von subjektiv illuminierten »Berichten zur Lage der Nation« vorgelegt, die das Paris und Frankreich der 5. Republik bis zum Kollaps des Mai '68 noch einmal zum sichtbaren Reflexionsmittelpunkt der cinematografischen Welt machten. Daß er zuerst den Wunsch, später den Anspruch erhob, Leiter des französischen Fernsehens zu werden (wie sich überhaupt, je näher der Mai '68 rückte, sein Interesse immer stärker auf das Fernsehen richtete, dem keiner seiner Regisseurs-Zeitgenossen eine vergleichbare soziologische und ästhetische Aufmerksamkeit entgegenbrachte, die sich in LE GAI SAVOIR niederschlug): diese Tendenz der Godardschen Entwicklung ist in seinen Filmen, die alle Zeugenschaften des historischen Augenblicks sind, unübersehbar angelegt. Was die Kontinuität seiner ästhetischen Reflexion, den Reichtum an Stoffen und die Vielfalt an entdeckerischen Streifzügen in die Phänomenologie der Zeit und der Gesellschaft seiner Tage und schließlich deren röntgenologische Transparenz und die punktuelle Analyse ausgewählter Wirklichkeitsmomente angeht, so läßt sich den Filmen Godards in jenen rund zehn Jahren zwischen 1958 und 1968 nichts vergleichbar Umfassendes, enzyklopädisch Ausgreifendes in der zeitgenössischen Kunst zur Seite stellen. Kein Œuvre eines anderen Regisseurs seiner Zeit (und welcher zuvor oder danach?) – weder das Viscontis, Pasolinis oder Antonionis noch das Langs, Hitchcocks oder Fords (und auch nicht das Bergmans) – ist so sehr dem historischen Moment und Ort verpflichtet, hat sich so enthusiastisch der Zeitgenossen- und Zeugenschaft verschworen wie das Jean-Luc Godards.

»Man kann alles in einem Film unterbringen. Man muß alles in einem Film unterbringen«, hat er zur Zeit von 2 OU 3 CHOSES gesagt. Dabei hatte er den Umstand im Auge, »daß die Dinge (und Menschen; Anm. WoS) gleichzeitig von innen und von außen existieren«. Dies ist eine seiner intensivsten Sehnsüchte seit der Erzählung von der Seele in VIVRE SA VIE: an diesem Punkt der sich kreuzenden Blicke seine Filme anzusiedeln –, und deshalb hat er in diesem zentralen Werk versucht, durch eine »objektive und subjektive Beschreibung«, die zur Erfor-

Pierrot le fou

schung von immanenten Strukturen führen sollte, zu einer Wahrnehmung zu gelangen, mit der er zuletzt »dem Leben« näher zu kommen hoffte. Wenn »alles in einem Film unterzubringen ist«, dann heißt das jedoch nicht, daß er eine schiere Anthologie unzusammenhängender Einfälle und ein immer wieder kräftig durchgeschütteltes Kaleidoskop sein solle. Godard setzte zwar viel auf Spontaneität seiner Schauspieler und Laien, aber die häufigen Interviewsituationen, in die er sie versetzte (ebenso sein Wunsch, daß sich Stars wie die Bardot selbst spielten), waren eher Versuche, zeitgenössische Menschen zu dokumentieren, als Schauspieler in Rollen zu filmen. Diese kontrollierte Spontaneität trifft auch auf seine eigene Arbeitsweise als Drehbuchautor und Regisseur zu. Die wenigsten Arbeiten sind nach Drehbuchvorlagen entstanden: »Wenn man von vornherein weiß, was man machen will, braucht man es erst gar nicht zu machen« (Godard). Sich erst in letzter Minute klar zu werden – »Ich filme, wenn ich träume, denke, esse, schreibe, lese, spreche« (Godard) –: das ist das Geheimnis von Triumph und Niederlage seines Kinos –

Le mépris

eines um den Preis des anderen. Was hingegen durch den synkretistischen Reichtum und die thematische Vielfalt seiner Filme vielen seiner zeitgenössischen Kritiker wie ein Sammelsurium bizarrer Willkür erschien, ist jedoch heute, genauer betrachtet und bereits historisch geworden, mitnichten hingeworfener »Blütenstaub« (Novalis) oder der Inhalt eines »Sudelbuchs« (Lichtenberg). Das gewiß auch – wer leugnete das? Es entsprach ja der Allinteressiertheit, der Sensibilität, der Experimentierfreude dieses (egozentrischen) Intellektuellen. Jedoch wo es Godard gelang, die zahllosen Eisenspäne seines Materials durch den Bogenstrich eines dominanten Themas wie auf einem elektrischen Feld sich anordnen zu lassen – etwa in VIVRE SA VIE, UNE FEMME MARIÉE, MASCULIN-FÉMININ, 2 OU 3 CHOSES, LA CHINOISE –, da glückten ihm schillernde, vibrierende Essays über Sektoren des Alltags, der da in Haupt- und Nebensätzen, in wechselnden Tempi, metaphorisch oder in Kursivsatz, abschweifend oder konzentriert auf ein Moment – kurzum in einer Methodik perspektivischer Brechung und lebendiger Widersprüchlichkeit reflektiert wird, der ästhetisch wenig Vergleichbares im Kino zur Seite gestellt werden kann.

Was er dabei dem Kino an »Einfühlung«, an »Erzählung« verweigerte, hat er ihm an Intelligenz, an Reizempfindlichkeit, an aphoristischer Eleganz, spielerischer Kombinatorik und subtilsten Sehschärfenveränderungen, in toto: an Poesie des Verstandes und präzisester Emotion geschenkt. Er hat nicht

Gedanken »versinnlicht« (wie das heute Mode scheint und Ziel so vieler Regisseure ist), sondern die Sinnlichkeit wie einen Gedanken und den Gedanken wie eine Sinnlichkeit erfahren lassen, weil sie ihm jeweils eben das (»et vice versa«) waren. Er hat (wie Brecht oder Novalis) den Leser/Seher als Subjekt geachtet, Leser zu Sehern und Seher zu Lesern gemacht. Wenn das Kino der Ort der Träume ist, der Tagträume, so war Godards Kino eines der Wachträume – gerade auch dort, wo es sich, wie in dem unvergleichlichen PIERROT LE FOU, dieser ready-made-Collage aus Vorgefundenem (vor allem aus Malerei, Kino, Literatur, Philosophie), gerade dort, sage ich, wo sich sein Kino in das bodenlos leichtsinnige Gespinst einer sich tragisch einfärbenden romantischen »Reise« nicht »in die Nacht«, sondern in die mittäglichen Provinzen Frankreichs, ins Blaue und in den Tod hinein aufzulösen schien: in ein Impromptu robinsonadischer, gesellschaftsflüchtiger Sehnsüchte – lange bevor »die Natur« (die, so prangend im Glanz des mittelmeerischen Lichtes sie hier und in LE MÉPRIS einem entgegenzugleißen scheint, gleichwohl immer von Godard als Artefakt des Cinemascope-Films vermittelt ist) zum Gegenbild wider die Inhumanität der Städte wurde. (Übrigens haben Dichter wie Louis Aragon die poetische Kraft Godards neidloser, selbstverständlicher anerkannt und bewundert als die Filmkritik, die über fast jeden seiner Filme ins Stolpern, Stammeln oder ins Schulmeistern geriet.)

Vor allem aber hat Godard, dessen Kino eine Rezeptionsweise im Zuschauer wo nicht produzierte so doch zu provozieren versucht hat, die einer bewußten, selektiven, assoziativen, zugleich zerstreuten und konzentrierten Rezeptionsweise von Zeitung & Fernsehen nicht unähnlich ist – er hat dem Kino die *Sprache und die Schrift* als ikonografisches Moment hinzugefügt, als Äquivalent oder als Korrektur zur vieldeutigen Plastizität der Bilder. »Die Töne« (später sprach er nur noch von »Bildern & Tönen«) als subjektives Medium der Reflexion, als widersprechendes, ergänzendes, spielerisch überraschendes Paradox; als Insert, Slogan, Schriftbild, Wortspiel, Rebus – bis hin zur erhellenden Kombinatorik der Konkreten Poesie. Und immer wieder als sein Kommentar, am faszinierendsten, »gelungensten« in 2 OU 3 CHOSES QUE JE SAIS D'ELLE, wo er flüsternd seine Recherche über die Unwirtlichkeit (nicht nur) pariser Trabantensilos, die existenzerhaltende Prostitution und die fundamentale Lebens- & Sinnleere in der modernen kapitalistischen Gesellschaft mit ästhetischen Überlegungen begleitet.»Ich betrachte mich beim Filmen, und man hört mich denken«, hat er dazu bemerkt (NUMÉRO DEUX wird dann später eben da wieder an- und das Thema auf andere Art fortsetzen). Daß er einen (mit)denkenden Zuschauer & -hörer wünschte (wie Brecht einen denkenden Theaterbesucher), haben ihm viele nie verziehen. Daß Godards Kino »didaktisch« war – wurde erkannt und ihm vorgeworfen; vergessen wurde darüber, daß es zugleich durchdrungen war von Spiel, Ambiguität und der permanenten Unruhe eines Suchenden. »In mir habt ihr einen/auf den könnt ihr nicht baun.« (Brecht)

Die »18 Lektionen über die industrielle Gesellschaft« (nach einer soziologischen Studie Raymond Arons und einem Bericht im »Nouvelle Observator« – Godard hat eben seine Stoffe dort gefunden, wo andere noch nicht einmal die Phantasie hätten, sie zu suchen) –: diese 2 OU 3 CHOSES QUE JE SAIS D'ELLE sind sowohl zentral für seine permanente Reflexion der gesellschaftlichen Veränderungen in der 5. Republik wie auch für die parallele ästhetische Reflexion seiner Methodologie. In diesem Film, der zugleich mit MADE IN U.S.A. (einem seiner enigmatischsten, rätselhaftesten, wohl auch mißglücktesten Werke) entstand, steht Godard auf der äußersten Klippe seiner gewachsenen Skepsis gegenüber dem eigenen Œuvre und er blickt in ein Meer der Ungewißheiten, aufgewühlt von Selbstzweifeln, nur durch deren Eingeständnis für den Augenblick gebannt. »Wie ist es möglich«, hören wir ihn flüsternd denken, »daß Juliette und ihre Freundin Marianne in der Werkstatt aufkreuzen, wo Juliettes Mann arbeitet? Wie kann ich erklären, was sich da zutrug? Sicher, da ist Juliette, ihr Ehemann und die Werkstatt. Aber sind eben diese Worte und Bilder notwendigerweise die richtigen? Bin ich mit meinen Bildern zu nahe herangegangen oder bin ich zu weit weg?«

Der Thesenhaftigkeit der »15 präzisen Tatsachen« von MASCULIN-FÉMININ (1965) – einer äußerst vielgestaltigen Reflexion über die »Kinder von Karl Marx und Coca-Cola« – ist längst eine (auch verzweifelte) Poesie der Ambiguität, des Skrupels und der Skepsis gewichen, die in 2 OU 3 CHOSES deutlich hervortritt. Danach, in LA CHINOISE, wo statt der projektierten *Dokumentation* unterschiedlicher, kontroverser linker Positionen – einer Selbstdarstellung, der sich linke Gruppen entzogen – Schauspieler diese politischen Richtungen *verkörpern* mußten, tritt für Godard eine wachsende Allegorisierung der politischen Wirklichkeit ein. Zu Allegorisieren bedeutet immer, den Lebensstoff zu verengen, in schematisierte Beziehungen zu übersetzen, und in Godards Kinos ist sie sein Mittel, die Vieldeutigkeit von Bildern & Tönen auf die agitatorische Schlagkräftigkeit einer vorbedachten, eng definierten Tendenz zu reduzieren. Gerade im Vergleich zu MASCULIN-FÉMININ wird diese Verengung auch ästhetisch in der bewußten Verflachung der Bildtiefe und der Akkumulation einer Farbe, des Rots, kenntlich. War Sprache in 2 OU 3 CHOSES noch als Korrektur der Bilder, als deren reflektierende Befragung verwendet worden, wird sie in LA CHINOISE als Akt (Tätigkeit), als den Bildern überlegene Wirklichkeit eingeführt. Und die Bilder sind nur ihr Stützrahmen, mit ihren häufig roten Hintergründen fungieren sie als Fahnentuch, auf das Parolen geschrieben werden wie auf Wandzeitungen. (Wie LA CHINOISE die Variation à la maoiste von MASCULIN-FÉMININ war, so wird da LE GAI SAVOIR eine Variation VON LA CHINOISE sein – auf dem Höhepunkt des pariser Mai. Aus der Gruppe Jugendlicher war eine politische Zelle und aus dieser schließlich sind die »Flüchtlingsgespräche« zweier jugendlicher Revoltants hervorgegangen, die sich in einem Fernsehstudio über

Masculin-féminin

den pariser Mai, die Revolte und die Medien unterhalten – vor dunklem Hintergrund und überlagert von einer Vielzahl demonstrativer elektronischer Veranstaltungen Godards (mit denen er spielerisch und ernsthaft seine aktuellen Belegstücke in das assoziative Kontinuum des Dialogs zitiert). Gleichwohl blieb Godards politische Position gegenüber dem gedanklichen Treiben der maoistischen Zelle von LA CHINOISE noch mehrdeutig (und der Dialog, den Jean-Pierre Léaud mit Anne Wiazemsky über seine Liebe zu ihr führt, knüpft an ähnliche Gespräche von MASCULIN-FÉMININ an); Godard verharrt da noch skeptisch zwischen der Faszination, die von diesen jungen Revolutionären und ihrer Rigidität ausgeht, und der (oft auch bitteren) Ironie des Älteren, der die selbstzerstörerische Inhumanität in der Gruppe beobachtend nicht übersehen kann. Eher ist der Film, hat ein englischer Kritiker geschrieben, jedoch »ein kritischer Essay über Rhetorik« als deren pamphletistische Erfüllung.

Während von LA CHINOISE aus *eine* ästhetische (und selbstverständlich politische) Tendenz im Werk des späten Godard über LE GAI SAVOIR zu den Cinétracts, zu ONE PLUS ONE, PRAVDA, BRITISH SOUNDS, LOTTE IN ITALIA, LE VENT D'EST und anderen, zum Teil apokryph und Fragment gebliebenen Filmen verläuft, faßt WEEK END, unmittelbar vor der pariser Mai-

La chinoise

Revolte beendet, als dichteste Phantasmagorie Godards, sein *L'âge d'or* und *Panzerkreuzer Potemkin* in einem, noch ein letztesmal alle ästhetischen Mittel zusammen, deren er sich im Laufe der vergangenen zehn Jahre versichert hatte. Es ist ein allegorisches Werk offen pamphletistischen Charakters (eine Reise wie PIERROT LE FOU, aber diesmal nun wirklich wie von Céline), in dem er mit einem zornigen, an Hieronymus Bosch und Jonathan Swift erinnernden satirisch-polemischen Stil seiner Gegenwart ihre katastrophalen Verirrungen, Lügen, Gemeinheiten ins Gesicht ätzt. Ein düsteres Meisterwerk aus dem Geist der *Gesänge des Maldoror* (Lautréamont) – das ist diese Höllenfahrt unserer Kultur zur kannibalistischen Barbarei, der erst später, einstimmend in den wilden Gesang, Pasolinis posthumes *Salò* nachfolgte.

*

Fast scheint es, wenn man vom pariser Mai 68 Godards Werk zurückbuchstabiert, als habe seine allergische Sensibilität für das politische und gesellschaftliche Widerspruchspotential, das im moralischen Skandalon des Vietnam-Krieges sein Symbol fand, die Revolte vorausgeahnt. Er schwamm, wie ein Fisch im Wasser, in den geistigen und materiellen Auseinandersetzungen seiner Zeit; und was der radikale Dissident Pasolini erst danach in seinen *Freibeuterbriefen* als den »Neuen Faschismus« anprangerte, der die ganze alte Kultur durch das vernichte, was Pasolini den gleichmacherischen, zentralisierenden Zwang des »Konsumismus« nannte, das hatte der pariser Intellektuelle Godard schon in seiner FEMME MARIÉE, in 2 OU 3 CHOSES vorwegbeschrieben. Auch das gesamte thematische und sogar gedanklich-ästhetische Arsenal des pariser Mai (seine Spontaneität, seine Slogans, Grafitti) wird in Godards Filmen der mittsechziger Jahre bereits antizipiert – wie auch in einigen Filmen (zum Beispiel ALPHAVILLE) das Datum 1968 als magischer Wendepunkt höchst merkwürdigerweise vorausgeahnt scheint. So war Godard, wenn er auch dann von den revoltierenden Studenten, deren Aktionen seine Manifestation gegen die Absetzung Henri Langlois' unmittelbar vorauslief, mit Hohn bedacht wurde, der Chronist avant la lettre des pariser Mai. Er hat, die »Generalstände des französischen Films« ausrufend und an den Cinétracts (agitatorischen

Week end

Stummfilmflugblättern für die Basisarbeit) mitarbeitend, sein Werk in den kulturrevolutionären Aktivitäten aufgehen lassen; es ist buchstäblich vom pariser Mai verschlungen worden und Godard mit ihm in der Anonymität der Dsiga-Wertow-Gruppe untergetaucht. Es hatte, je stärker die Erfahrung einer ästhetischen Ohnmacht Godards poetisches Programm einer wechselseitigen Kritik von Leben und Kunst verdunkelte, je stärker die Anzeichen eines radikalen Wechsels im Leben selbst wurde, zur eigenen Aufhebung in unmittelbarer Praxis gedrängt.

Was einstmals spielerisch, ironisch begonnen hatte – Godards praktische Auseinandersetzung als Regisseur mit dem bewunderten amerikanischen (Hollywood)Kino –, war im Laufe der Zeit zu einer fundamentalen Beschäftigung mit dem Medium, dem Kino selbst geworden. Ebenso wie es kaum einen Film Godards gibt, in dem nicht zumindest einmal das Kino thematisiert wird, gibt es keinen seit PIERROT LE FOU (1965), in dem er den andauernden Vietnam-Krieg nicht erwähnt oder auf dessen Existenz hingewiesen hätte: das war sein catonisches Ceterum censeo (für das es, wie für viele derartige Freiheiten, die sich Godard nahm, nichts Vergleichbares in der Filmgeschichte gibt). Gleich vielen seiner Generation (und jüngeren) überall auf der Welt wurde ihm dieser geplante und teilweise exekutierte Völkermord, diese Naturzerstörung größten Ausmaßes, dieser verzweifelte Kampf eines Davids gegen den imperialistischen Goliath USA zur zentralen politischen Erfahrung seiner Zeit. Diese Erfahrung hat Jean-Luc Godards Verhältnis zum amerikanischen Kino entscheidend verändert. Mehr noch: nicht nur sein Verhältnis zu Hollywood (und dessen Mosfilm-Kopien in der UdSSR), sondern zur gesamten amerikanischen Kultur und Zivilisation, deren Vordringen im französischen Alltag seine Filme hinlänglich verfolgt hatten (nicht durch den programmatischen Titel MADE IN U.S.A., den er für einen seiner Filme wählte). Godards spätere politische Militanz hat darin ihre Wurzel. Das zugleich pathetischste und anrührendste, utopischste und ohnmächtigste Bild seines öffentlichen »Kampfes gegen den kulturellen (Kino)Imperialismus der USA« hat er in seinem Beitrag für LOIN DU VIETNAM (1967) gefunden. In die Dokumentaraufnahmen eines amerikanischen Bombenangriffs auf ein vietnamesisches Dorf ist eine Einstellung montiert, in der man Godard sieht, wie er, an der teuersten und besten amerikanischen Kamera (einer Mitchell) drehend und kurbelnd, den monströsen Aufnahmeapparat wie ein Flakgeschütz gegen den Feind in der Luft richtet. Eine Metapher, ein Wunsch bloß?

Die Entwicklung seiner Poetologie von Bild & Ton führte Godard jedenfalls zu einer Konsequenz, deren bilderstürmerisches Aussehen das Ergebnis von politischer Ohnmacht, ideologischer Verengung und scheinbar endgültig gefundener Wahrheit über die von Grund auf falsche (weil kapitalistische) Ästhetik des Kinos war.

Die zur damaligen Zeit unter vielen Künstlern (und dem ästhetisch interessierten, vor allem jüngeren und studentischen Publikum) grassierende Verachtung für Ästhetik und alle komplexeren, eigenständigeren Formulierungen von Poesie, die man auf Slogans – wie sie sei bloß »ein subjektives, kleinbürgerliches Überbauphänomen, welches die wirklichen politischen, revolutionären Konflikte verschleiert« – reduzierte, diese zeittypische Verachtung für Ästhetik konnte Jean-Luc Godard vor sich selbst als fortgesetzte, vom idealistischen Kopf auf die »marxistisch-leninistischen« Füße gestellte

Kritik am Medium sui generis behaupten: »Das Kino fabriziert viele Bilder, wie der Imperialismus überhaupt viele Bilder fabriziert: Reklamebilder, Werbung, Fotos. Im Fernsehen zeigt man den ganzen Tag ununterbrochen Bilder. Es werden soviele Bilder gezeigt, daß man vollkommen verloren ist. Diese Bilder haben keinen Sinn. Wir dagegen müssen versuchen, wenig Bilder zu machen, um sie besser kontrollieren zu können.« Mit der kurzen Ausnahme Dsiga Wertows habe es, heißt es dann in LE VENT D'EST (erneut einer allegorischen Auseinandersetzung mit dem Kino, nicht nur dem Western allein, aber speziell auch diesem), kein revolutionäres Kino bisher gegeben – sondern nur eines, dessen Bilder & Töne bis in ihre Strukturen und Verknüpfungen hinein kapitalistisch präformiert seien. »Wir versuchen«, spricht Godard, als Mitglied der Groupe Dziga Vertov –, »wir versuchen, immer weniger Bilder zu zeigen und gleichzeitig mehr Töne zu produzieren.«

Mehr (kommentierende) Töne und weniger Bilder, um diese besser durch jene *kontrollieren* zu können: da hat das Mißtrauen gegen die inhärente Ambiguität der Bilder, gegen ihre Poesie (und nur durch Ambiguität wird Poesie auch politisch produktiv) total die optische Aufnahme von Wirklichkeit ergriffen; und Realität wird nur noch zugelassen, wenn sie die Sprache (es ist wortwörtliches Parteichinesisch, das Godard zu dieser Zeit spricht) zur Raison gebracht hat und unter ihrer Kontrolle hält. Es sind calvinistische Exerzitien, denen sich Godard da unterwirft; zugleich aber auch – das unterscheidet diese Filme wie PRAVDA, LOTTE IN ITALIA usw. von zeitsynchronen literarischen Absagen an »die bürgerliche Ästhetik«, welche allen ästhetischen Ballast und alle Reflexion abwerfend sich dem Dokumentarismus in den Dienst stellten – zugleich sage ich, sind es immer noch, ja noch intensiver: exemplarische cinematografische Studien über die Funktionsweisen und über Rezeptionskonditionierungen im Kino. Paradoxerweise sind eben diese politischsten (am politischsten gemeinten) Filme Godards auch seine formalsten, didaktisch auf das Medium bezogensten.

Nachdem unmittelbar nach dem pariser Mai sein tollkühner Versuch gescheitert war, mit dem Kapital seines weltberühmten Namens als Sendbote der Revolte deren Wünsche, Vorstellungen und Utopien in die zentralen Bastionen der mas-

senwirksamsten Bilderproduktion, in das Fernsehen, einzuschleusen – LE GAI SAVOIR war für die französische ORTF produziert, PRAVDA für die ARD, LOTTE IN ITALIA für die RAI, BRITISH SOUNDS für die BBC (nur in der ARD wurden sie gleichwohl jemals wirklich gesendet) zog er sich, nach einem schweren Verkehrsunfall, ganz auf seine Video-Experimente zurück. (TOUT VA BIEN, der Titel klingt wie eine Botschaft über den Eremiten in Grenoble, war eine vorübergehende Rückkehr zum Film. Er habe mit seinem Namen den Wunsch seines damaligen politischen Genossen Gorin gedeckt, einen Film zu drehen, hat er kürzlich erklärt; gleichwohl enthält der Film, der zum Beispiel den Vorspann zur Aufdeckung seines Produktionsetats benutzt, einige Godardismen, mit denen ironisch, wenn nicht sogar zynisch gegen die Regel verstoßen wird. Dazu gehört auch das große Travelling vorbei an den Kassen des Supermarktes. Dennoch besitzt TOUT VA BIEN, als Werk einer retrospektiven Mythologisierung, nicht mehr die antizipatorische Kraft von Godards früheren Filmen. Erst NUMÉRO DEUX, wo Godard den Stoff wieder radikal subjektiviert, kann an seine die Stoffe aktualisierende Meisterschaft der früheren Filme wieder anknüpfen.)
»Hier bin ich Chef und Arbeiter in einem«, sagt er in NUMÉRO DEUX, dieser Rückübersetzung seiner Videoarbeit auf die Kinoleinwand. Was heißt: hier kontrolliere ich alles, ich brauche mich nicht mehr zu prostituieren. Der Preis, dem Film deutlich absehbar, ist eine vollkommene Isolation, eine Einsamkeit, welche die Produktion von Bilder & Tönen regelrecht reliterarisiert hat: was dem Schriftsteller Schreibtisch, Schreibmaschine und Papier sind, sind ihm seine Video-Geräte. Offenbar hängt sein jüngster Umzug von Grenoble in die Schweiz (und seine kürzliche Arbeit in Mozambique) mit dem Wunsch zusammen, diese Höllenkreise der Isolation zu durchbrechen. Wenn auch angekündigt ist, daß Godard beabsichtige, einen neuen (Spiel)*Film* zu drehen –: ist ihm nicht doch, nachdem er das Medium mit allen seinen ästhetischen Möglichkeiten ausgeschritten hat, das Kino ein Relikt einer unaufhaltsam ablaufenden Vergangenheit, deren Zukunft ihm eine Illusion dünkt, die er nicht mehr (oder doch nur noch probehalber, zeitweise) teilen kann?
Das Kino Jean-Luc Godards hat dem Medium Möglichkeiten des Ausdrucks, der Formulierung, Gegenstände der Beschäfti-

gung erschlossen und vor Augen & Ohren gestellt, die vergessen oder noch nie wahrgenommen worden waren. Es hat (technisch) Spuren hinterlassen, wenngleich die heute kaum noch wahrnehmbar sind. Die Haltung, welche Godard dem Kino gegenüber und mit dem Kino gegenüber der Realität eingenommen hat – radikale Subjektivität, Essayismus, Synkretismus der Formen, Ethos ästhetischer Arbeit, Chronist seiner Gegenwart, Kino als zentraler Nervenpunkt enzyklopädischer Reflexion über die Totalität unseres Lebenszusam-

Numéro deux

menhangs, der gerade über das Fragment, den Bruch mit Kontinuität und geschlossener Erzählform erreicht wurde – diese fundamental andere künstlerische Haltung in einem vornehmlich auf Illusion und Abbildung, Phänomenologie und Erzählen eingeschworenen Medium wie dem Kino, sie hat wenig (im engeren, präziseren Sinne) Fortsetzungen gefunden. Im Werk des Schweizers Alain Tanner und des Deutschen Alexander Kluge. Fragen: Ist Godards Ästhetik der (Selbst-)Reflexion historisch geworden? War die Entwicklung, die sein Werk genommen hat, in sich stringent, von einer immanenten Logik des Zerfalls und der Selbstaufhebung gesteuert?
Das Kino Godards hat außer seiner Person seinen historischen Ort: Das Frankreich der 5. Republik. Während Frankreich in

der Liquidation seines kolonialistischen Imperiums begriffen war (Algerienkrieg, Marokko-Krisen), hat die pathetische Rhetorik General de Gaulles und seines einstmals sozialrevolutionären Kulturministers André Malraux der »Grande Nation« noch einmal das falsche Bild einer welthistorischen Größe vermittelt. Im Schatten dieser rhetorischen Größe erlebte der französische Film noch einmal eine Blüte. Für Godard, den sensorischsten unter allen Regisseuren der Nouvelle Vague, waren Paris und dieser langsame Verfall Ort und Zeit einer produktiven, innovativen Entfaltung beobachtender, analysierender, wachträumender Wahrnehmung. LE PETIT SOLDAT, hat er gesagt, enthalte auch die Trauer eines heutigen Mannes, der bedauert, daß er zur Zeit des Spanischen Bürgerkriegs nicht zwanzig Jahre alt gewesen sei. Also nicht alt genug, um daran teilzunehmen; denn damals wußte man noch, auf welcher Seite zu kämpfen Pflicht war, es gab noch klare politische Fronten. Wohingegen LE PETIT SOLDAT, dieser »verwirrte Film über eine Verwirrung« (Godard), auch davon spricht, daß Lenin sowohl von der linken FLN (der nationalen Befreiungsbewegung der Algerier) als auch von der rechten OAS (der terroristischen Untergrundorganisation der Algerienfranzosen) zitiert und für ihre Ziele reklamiert wurde, wie auch die Folter kein Privileg der Rechten mehr war. Man hat diesen mutigen Doppelblick in die politische Verwirrung der humanen Fronten Godard damals verübelt; dabei hat der Lauf der Zeit den Pessimismus dieses frühen Films bestätigt.

Gleichwohl hat Godards Kino aus der nationalen Opposition gegen den »Konsumismus«, gegen die permanente, schleichende soziokulturelle Veränderung des französischen Alltags im Zeichen des multinationalen, vor allem US-amerikanischen Kapitals seine Zündstoffe bezogen und sich befeuern lassen vom Kampf der Befreiungsbewegungen der Dritten Welt (Vietnams). Als jenes Hier und dieses Dort im pariser Mai zu koinzidieren schien, schien auch das Werk Godards der Einlösung seiner immanenten Utopie nahe. Die Hoffnung schien Grund zu haben, daß nun die immanente Spannung zu lösen sei, aus der es sich immer wieder hergestellt hatte: aufgebbar schien die scharfe Differenz zwischen Reflexion und Aktion, Kunst und Leben, Utopie und Praxis. Wenn das auch schon kurz darauf zur Illusion wurde, so wäre doch verständlich, warum gerade Godards spätere Einsicht in diese schnell vor-

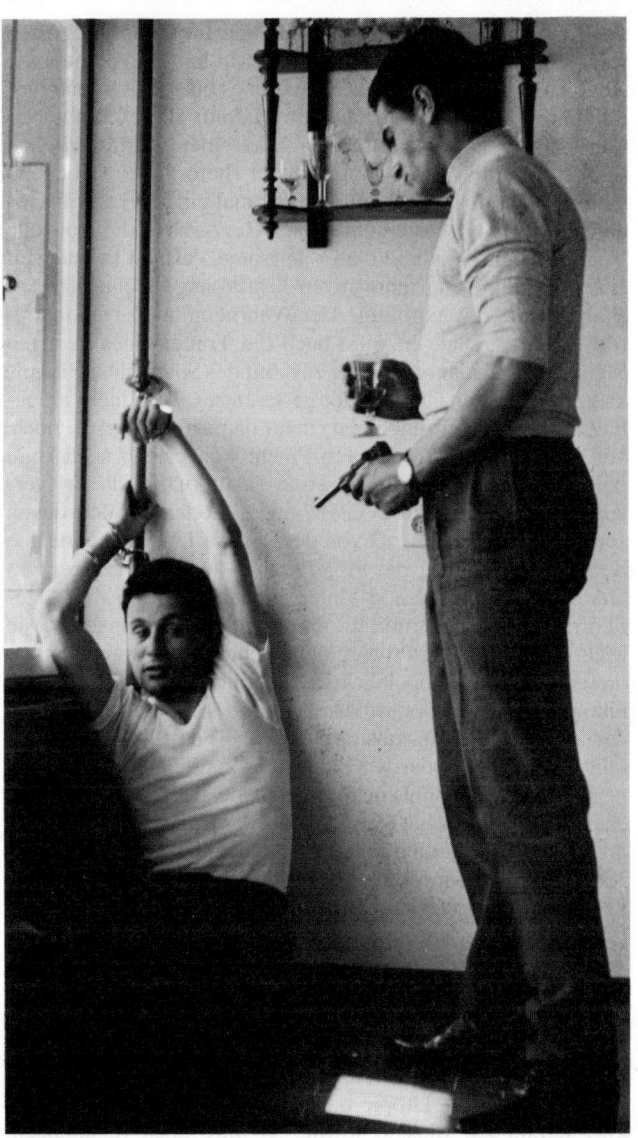

Le petit soldat

übergegangene Illusion ihn einerseits solange an ihr festhalten ließ, ihm andererseits einen Weg zu der Zeit vor '68 versperrte. Er mußte sich selbst (wie ihm sein Werk) historisch, sozusagen: abgelebt, abgelegt erscheinen. Sein Rückzug auf experimentelle Video-Arbeit in Grenoble war die Alternative zu einem unmöglichen Rückweg in die Kinobranche. »Die Zeit des Handelns ist für mich vorbei, die Zeit des Nachdenkens beginnt. Ich bin älter geworden«: die ersten Sätze aus LE PETIT SOLDAT. Die letzten Sätze des Kinomachers Godard?

Das Kino Godards zog seine analytische Kraft, seine innovative Produktivität und seine antizipatorische Phantasie aus einer Fähigkeit des Leidens, der Sehnsucht und der Moral. »Vor die Wahl gestellt, zwischen dem Leiden und dem Nichts zu wählen«, läßt Godard schon in A BOUT DE SOUFFLE aus Faulkners *Wild Palms* zitieren, »entscheide ich mich für das Leiden.« Leiden ist die Wahrnehmung der Widersprüche, der Bruch mit dem Einverständnis des Schweigens und der Beschwichtigung. »Die Widersprüche sind die Hoffnung«, liest man bei Brecht im *Dreigroschenprozeß:* Nichts schwerer, als gerade in der Kunst, die als harmonisierende Sinngebung sich mißbrauchen läßt, die offenen Wunden von Widersprüchen nicht verschorfen zu lassen; aber auch heute nichts notwendiger als das: die Unruhe wachzuhalten, das Unvereinbare, das nicht Rechtfertigbare, das Unfertige, das Dissonante hervorzukehren unter dem Teppich. Das Kino des Augenblicks – weiter *davon* entfernt denn je, tiefer versunken in einen bodenlosen Abgrund des traurigsten, verzweifeltsten Hokuspokus, dominierter denn früher von dem erdumspannenden US-Medienverbund aus Werbung, Fernsehserials, Musik und Film – hat so gut wie alle Spuren des oppositionellen Widerspruchs getilgt, welche das Kino Godards in den sechziger Jahren unauslöschlich hinterlassen zu haben schien. Von seinen »Mitkämpfern« dieser Jahre ist Bertolucci ins Lager der Branche übergewechselt, Pasolini wurde ermordet, Glauber Rocha schweigt. Nur die Straubs halten an ihrer Form des Anti-Kinos fest. Kluge und Tanner haben noch nicht resigniert, wenn der eine auch Godard zuletzt literarisch (in seinen *Neuen Geschichten*) und der andere ihn bisher, mit eher retrospektiven Filmen, in denen er dem verlorenen Mai nachträumte, »fortgesetzt« hat. Fin de Partie. Fin de Partie?

Interviews
Von Wilfried Reichart

1. Jean-Luc Godard

Bevor Sie Filme machten, haben Sie über Filme geschrieben...

Wir haben damals viele Filme gesehen und darüber geschrieben. Und dieses Schreiben war schon eine Art Filme zu machen. Deshalb finde ich auch, daß wir anders schrieben. Für uns war das ein Mittel, uns dem Film zu nähern.

A BOUT DE SOUFFLE *war 1959 ein in jeder Weise ungewöhnlicher Film...*

Das kommt daher, daß der europäische Film verkalkt war; der französische ist es heute noch. Es gab zu viele Gesetze. Es war ebenso schwierig, einen Film zu machen, wie für einen Juden oder einen Homosexuellen in Deutschland unter Hitler zu leben, weil es Gesetze gab, die dies verboten. Wenn man es dann trotzdem tut, sieht man plötzlich, daß man nicht stirbt. In dem Augenblick ist es dann auch nicht mehr neu. Alles ist neu und alt. Dann kommt in einem bestimmten Augenblick die Mode, und dann kommt der Augenblick, wo die Mode Konvention oder totalitär wird, und in diesem Moment gilt der Protestantismus als neu gegenüber dem Katholizismus. Zu einem bestimmten Zeitpunkt ist Luther neu. Warum? Weil die anderen so anders sind.

Und doch gehören zum Filmemachen auch technische Kenntnisse...

Als ich A BOUT DE SOUFFLE machte, glaubte ich, daß ich ein bißchen wüßte, wie man Filme macht. Als ich den Rohschnitt sah, stellte sich heraus, daß der Film zu lang war. Also haben wir geschnitten, systematisch geschnitten. Daraus ergab sich ein gewisser anderer Stil. Das ist alles. Heute macht das auch die Werbung, aber sie macht es dumm, denn es gibt keinen Grund dafür, es immer so weiter zu machen. Wie gesagt, ich glaubte, ich wüßte, wie man Filme macht. Aber ich wußte es nicht. Und für meine anderen Filme gilt dies genauso. Man mußte dahinkommen, zu wissen, was man weiß und was man nicht weiß, das heißt vom Algerien-Krieg zu sprechen und gleichzeitig von dem Bleistift zu sprechen, mit dem man das Wort »Algerien-Krieg« schreibt; zu wissen, ob man weiß, wie man den Bleistift hält, und gleichzeitig, in dem man ihn hält, schreibt. Auf diese Weise gewinnt man ein wenig Kontrolle zurück. Ich glaube, heute ist mir das ein bißchen gelungen. Die Leute, die Filme machen, glauben, daß sie wüßten, wie man Filme macht. Sie glauben nicht, daß sie es nicht wissen. Wenn ein Film keinen Erfolg hat, sagt man, das Publikum sei dumm, oder der Produzent sei boshaft. Aber niemand sagt: ich selbst bin dumm, ich selbst weiß es nicht.

Also würden Sie heute zum Beispiel LE PETIT SOLDAT *anders machen?*

Ich glaube, es ist ein ehrlicher Film, der jedoch in einer großen Unehrlichkeit gefangen war, aus der er versuchte, herauszukommen. Er ist bis zu einem gewissen Grad reaktionär oder faschistisch, versucht aber da herauszukommen. Ein Intellektueller, Bourgeois, 30 Jahre alt, der in Frankreich Filme macht: das war das Ergebnis.

Es ist erstaunlich, daß Sie nach LE PETIT SOLDAT *die Komödie* UNE FEMME EST UNE FEMME *machten.*

Zwei oder drei meiner Filme sind nicht gut. Sie sind unter dem Einfluß dessen entstanden, was ich im Kino mochte, was ich aber selber nicht machen konnte: amerikanische Filmkomödien zum Beispiel oder amerikanische Genrefilme wie BANDE À PART, der mir auch nicht gelang. Ich machte sie als Erinnerung. Man sollte niemals in einem Genre arbeiten, das einem gefällt, das einem aber nicht gelingt. Ich war einfach nicht in der Lage, so etwas zu machen. Ich mag diese Filme überhaupt nicht. Sie sind nicht gut.

Sie machen kein Illusionskino. Der Zuschauer soll immer wissen, daß er im Kino sitzt und einen Film sieht.

Ja, er soll nicht vergessen, daß er Zuschauer ist. Doch ist Film auch eine Einheit aus Zuschauer und Leinwand. Wenn man zum Beispiel ein Buch liest, gibt es Augenblicke, wo man

daran denkt, daß man ein Buch liest, und andere Augenblicke, wo man es vergißt. Von einem Buch ist man nicht schockiert. Im Kino dagegen ist man schockiert. Das ist nach und nach so gekommen. Andere Leute dagegen sind überhaupt nicht schockiert: Leute, die noch nie einen Film gesehen haben, vergessen nicht, daß sie im Kino sind. Das ist eine Frage der Gewohnheit. Das ist genauso wie wenn Sie das erstemal Whisky trinken oder Drogen nehmen, dann denken Sie an sich selbst. Beim hundertsten Mal ist es Gewohnheit. Ich versuche immer zu denken: dies ist das erstemal. Es ist vielleicht nicht das erstemal, daß man ins Kino geht, weil man schon zwanzigmal ins Kino gegangen ist, aber das erstemal, daß man diesen Film sieht. Und wenn man ihn zum zweitenmal sieht, ist es das erstemal, daß man ihn zum zweitenmal sieht.

Man spricht im Zusammenhang mit Ihren Filmen oft vom brechtschen Verfremdungs-Effekt. Ist das eine Erfindung der Kritik, oder haben Sie Brecht studiert, um diesen Effekt auf den Film zu übertragen?

Ich kenne sehr wenig von Brecht. Ich habe nur wenig von ihm gelesen. Was mir am besten gefällt, sind seine Gedichte. Sein Theater kenne ich überhaupt nicht. Ich glaube, die Leute kennen Brecht überhaupt nicht. Besonders die vom Theater. Er wird sehr schlecht aufgeführt.

Welche Beziehungen haben Sie zum, sagen wir, traditionellen Kino?

Einige große Filme, die nicht sehr gut sind, gefallen mir ausgezeichnet, zum Beispiel *Doctor Zhivago, Gone with the Wind*. Ich bedauere, daß es immer weniger davon gibt, weil man nicht mehr weiß, wie sie gemacht werden. Ich jedoch mache was anderes. Es ist doch Platz für alle da. Was ich schade finde, ist, daß heute im Film wie überall alles so totalitär ist. Als würde es nur eine Art, etwas zu machen, geben und keine andere; nur eine Art zu wohnen, nur eine Art Häuser zu bauen und Autos herzustellen. Ich finde manchmal, es sollte nur eine Automarke geben, dafür aber mehr verschiedene Filme. Es ist jedoch genau umgekehrt. Die Leute stellen lieben einen BMW, einen Mercedes, einen Audi her. Sie sind doch alle gleich diese Autos, aber für die Leute sind sie verschieden.

Sie jedoch sagen: ich mache nicht solche Filme, ich mache es anders.

Ja, weil ich es anders besser finde, sonst brauche ich ja gar keine zu machen. Was ich nicht richtig finde, ist, daß man gezwungen wird, Filme so zu machen wie andere. Ich zwinge die Leute doch auch nicht, es so zu machen wie ich.

Aber Sie machen es, nicht um es anders zu machen, sondern weil Sie eine bestimmte Idee haben.

Genau das ist für mich interessant. Zu einer bestimmten Zeit mochte ich Antonionis Filme lieber als Viscontis, weil ich fand, daß Antonioni da begann, wo Visconti aufhörte. Visconti war viel klassischer als Regisseur. Antonioni befaßte sich tiefer mit den Leuten.

LES CARABINIERS *war Ihr erster Film nach einem festgelegten Drehbuch.*

Nach einem Drehbuch von Rossellini, das dieser nach einem

Theaterstück geschrieben hatte, das ich nicht kannte. Er hatte eine Art Entwurf gemacht, den ich ein wenig abgeändert habe. Aber die Hauptsache stammt von Rossellini. Er hatte mir fünf oder sechs Seiten gegeben, das war alles. Ich habe, bis auf die Namen der Personen, nicht viel daran geändert. Das Prinzip des Films – zwei Bauern, die Soldaten des Königs sind – war von ihm. Das war, glaube ich, auch schon in dem Stück.

Wie gingen die Dreharbeiten vor sich? Man hat den Eindruck, daß der Film aus sehr viel Improvisation besteht, nicht was die Dialoge betrifft, sondern die Bilder.

Nein, nicht mehr als üblich. Alles war festgelegt, aber erst in der letzten Minute.

Wie verlaufen im allgemeinen die Dreharbeiten? Haben Sie ein genaues Drehbuch, oder lassen Sie beim Drehen viel Freiheit?

Ich habe genaue Notizen, aber man findet die Präzision erst in letzter Minute. Und wenn man sie nicht findet, dann dreht man nicht und fängt noch mal von vorn an.

Auch LE MÉPRIS *entstand nach einer Vorlage, nach dem Roman von Moravia.*

Ich habe versucht, Akzente zu setzen. Der Film ist ziemlich genau nach dem Roman von Moravia, aber ich habe ihn viel abstrakter und geradliniger gestaltet.

In LE MÉPRIS *gibt es einen Dialog zwischen der Bardot und Piccoli, den ein anderer Regisseur im Schnitt/Gegenschnitt-Verfahren gezeigt hätte. Sie fahren mit der Kamera von einer Person zur anderen. Nach welchen Kriterien plazieren Sie die Kamera?*

Das ist schwierig zu sagen. Mit Bildern könnte man es erklären. Deswegen habe ich manchmal Lust, ein bißchen Filmgeschichte zu machen, um sagen zu können, wie das geschieht, warum es so geschieht und nicht anders. In diesem Fall, den Sie ansprechen, könnte ich es nicht mit Worten erklären. Ich muß darüber erst nachdenken. Ich weiß nicht, ich glaube, es war eine Eingebung, und wir haben es so gemacht. Aber ich frage mich in der Tat, warum man eine Kamera dort hinstellt und nicht woanders.

Le mépris

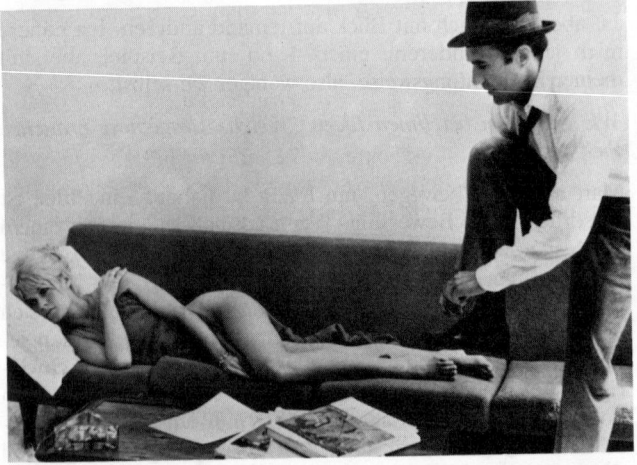

In diesem Film sagt Fritz Lang: »Cinemascope ist für Schlangen und Beerdigungen.« Sie haben den Film in Cinemascope gemacht, um zu zeigen, daß das nicht stimmt?

Ich habe nichts gegen Schlangen ... Ich mochte Cinemascope gerne. Er dagegen gehört einer anderen Schule an und interessierte sich weniger dafür.

Als Sie LE MÉPRIS *drehten, waren Sie da vielleicht in einer Situation, wo Sie sich sagten: So kann man nicht weitermachen. So kann man keine Filme mehr machen?*

Nein, man kann doch noch, glaube ich. Es genügt, einen oder zwei große Stars zu haben. Doch, man kann sehr gut.

In vielen Ihrer Filme geben Sie den Personen Namen bekannter Personen. In BANDE À PART *zum Beispiel heißt jemand Arthur Rimbaud, Belmondo heißt in* UNE FEMME EST UNE FEMME *Alfred Lubitsch ...*

Das ist jetzt vorbei. Das war eine Art, an Leute zu erinnern, die ich gerne mag, oder an Werke, Gefühle und ähnliches. Aber das ist ein bißchen literarisch und jetzt vorbei.

Das heißt, daß Ihre Filme mit Ihnen selbst zu tun hatten.

Ja, völlig.

Ist das heute auch noch so?

Ja, aber zusätzlich mit Blick auf jemand anderen. Ich nähere mich jemand anderem, einem Kind zum Beispiel, aber mit meiner Betrachtungsweise, also weniger ich selbst.

Wie entstehen bei Ihnen Ideen? Welche Umgebung brauchen Sie?

Man muß sich bewegen, um Ideen zu haben. Eine Idee ist Ausdruck einer Bewegung. Wenn ich ganz alleine an einem Tisch sitze, kann ich nichts tun. Wenn ich in einem Zug sitze oder im Flugzeug oder im Kino, dann kann ich eine Idee haben. Ich ziehe den Zug oder das Flugzeug vor, weil man sich da bewegt, aber gleichzeitig schreiben kann. Wenn man jedoch arbeitet, jemanden liebt oder Musik hört, ist das schwieriger, weil man aufhören muß, um zu schreiben. Viele Ideen kommen mir beim Einschlafen. Dann muß ich aufhören einzuschlafen und Notizen machen. Am liebsten mag ich Züge, weil da die Dinge und Leute an einem vorbeiziehen. Die Gedanken gehen auf Reisen.

Früher waren Sie oft jeden Tag im Kino. Auch um zu sehen, was die anderen machen?

Ja, das auch. Damals war ich Filmkritiker, und man mußte oft hingehen. Jetzt gehe ich viel weniger ins Kino.

War es wichtig für Sie, mit Leuten zu drehen, die Sie gut kannten, mit Anna Karina zum Beispiel? Haben sich Ihre Beziehungen zu Anna Karina auf den Film ausgewirkt?

Ja, ich glaube, man muß Filme machen mit den Dingen, die man kennt. Wenn man mit bestimmten Personen dreht, muß man das machen, was man von ihnen kennt, obwohl der Film manchmal zeigt, daß man Leute, die man zu kennen glaubt, in Wirklichkeit schlecht kennt.

... Frauen zum Beispiel, die in Ihren Filmen sehr passiv und ein wenig idealisiert sind. Ist das auch heute noch Ihre Auffassung?

Vielleicht nicht mehr ganz so stark, aber man ändert nicht so schnell seinen Charakter oder was man mitbekommen hat an starrer protestantischer Erziehung, wo man vorgab, sich für Frauen zu interessieren. Ich kann vielleicht heute zuhören und dieses Gehörte besser zeigen. Sehr viel mehr kann ich nicht tun. Filme machen ist ein Beruf, der fast nur von Männern ausgeübt wird. Deshalb geht das nicht gut, denn Frauen haben andere Vorstellungen als wir.

Macha Méril hat einmal geschrieben, daß UNE FEMME MARIÉE *ein offener Brief an Anna Karina sei. Sehen Sie das auch so?*

Ganz und gar nicht. Später wird man sagen, Raoul Coutard habe gesagt, PIERROT LE FOU sei ein offener Brief an ich weiß nicht wen ...

Markieren MASCULIN-FÉMININ *und* 2 OU 3 CHOSES QUE JE SAIS D'ELLE *einen neuen Abschnitt in Ihrer Filmarbeit?*

Bevor ich MASCULIN-FÉMININ machte, hatte ich den Eindruck, eine Epoche ginge zuende. Dieses Gefühl habe ich ungefähr alle zehn Jahre. Es begann 1958. Vor 1958 habe ich zehn Jahre Filme gemacht, indem ich ins Kino ging und Artikel schrieb. Dann habe ich selbst Filme gemacht. Danach, bis 1968, machte ich eine andere Art von Filmen. Und jetzt, 1968/70 bis 1978, wird eine neue Epoche zuende gehen.

Das entspricht auch jeweils gesellschaftlichen Ereignissen.

In gewisser Weise ja. 1958 war das Ende des Algerien-Krieges, 1968 war das Ende des Vietnam-Krieges und die Mai-Ereignisse in Frankreich. Jetzt wird mit Afrika ein neuer Anfang gemacht.

Sie haben den Eindruck, daß es so nicht weitergehen kann. Es muß etwas anderes kommen.

Ja. Genau.

Kann man sagen, daß MASCULIN-FÉMININ *und* 2 OU 3 CHOSES *soziologische Filme waren?*

Ich glaube ja. Später geben sie den Eindruck einer Epoche wieder, während andere, weniger interessante Filme, sei es ein großer amerikanischer Film oder ein Film mit Martine Carol damals in Frankreich, nur folgenden Eindruck wiedergeben: dies sind Filme, die man zu jener Zeit machte; während man bei meinen Filmen sagen wird: dies ist ein anderer Film, der anders gemacht wurde, und deshalb gibt er einen Eindruck aus jener Zeit, einen anderen Eindruck. Ansonsten gibt es Tausende von Filmen, wie es Tausende von Büchern gibt. In der Tat, wenn man einen großen amerikanischen Film sieht, kann man sagen: die Leute waren damals so. Aber was man besser sagen sollte, ist: die Leute liebten solche Filme. Das war es, was diese Filme auszeichnete. Aber wie die Leute wirklich waren, das kann man aus ihnen nicht ersehen. Sie geben den Eindruck, daß die Leute so kostümiert waren, was aber wiederum vielleicht gar nicht stimmt. Wenn man nur amerikanische Filme wie die mit John Travolta sieht, dann darf man nicht glauben, daß das Amerika ist. Aber man glaubt das letzten Endes doch. Es stimmt, was Rossellini über Kostümfilme sagte: »Man macht immer schöne Kostüme und vergißt dabei, daß diese im Mittelalter Sonntagskleider waren und die Leute sonst in Kleidern rumliefen, die aus Kartoffelsäcken gemacht waren.«

In MASCULIN-FÉMININ *haben Sie das erstemal mit Willy Kurant gedreht.*

Weil Coutard nicht frei war. Das war damals der einzige Grund.

Haben Sie mit Willy Kurant genauso wie mit Coutard gearbeitet, oder war es für Sie immer sehr wichtig, mit Coutard zu arbeiten?

Ich mochte gerne mit ihm arbeiten. Vielleicht wird der nächste Film mit Coutard oder mit zwei Kameramännern gemacht werden. Ich habe Lust, einen Film mit zwei Kameramännern zu machen. Ich weiß nicht, ob die Kameramänner einverstanden sein werden, aber man macht ja auch einen Film mit zwei Schauspielern.

Ihr Film LOIN DU VIETNAM *ist gleichzeitig eine Art Bestandsaufnahme Ihrer Arbeit. Sie sagten damals: »Man muß in sich selbst ein Vietnam schaffen.«*

Was ich damals vergaß, genauso wie Guevara, ist, daß, wenn man ein Vietnam schafft, man auch gleichzeitig ein Amerika schafft.

In sich selbst ein Vietnam schaffen, heißt das auch seine Arbeitsmethode zu ändern?

Ja, schon.

LA CHINOISE *zum Beispiel ist schon beinahe eine Parodie auf die Leute, die sich Maoisten nennen.*

Heute sieht es aus wie eine Parodie, aber damals waren sie wirklich so. Sie waren ein wenig naiv, nicht sehr ernsthaft, eher ein bißchen überdreht. Für mich ist dieser Film gleichzeitig dokumentarisch. Es ergab sich alles sehr natürlich.

Die Dreharbeiten zu LE GAI SAVOIR *begannen vor Mai 1968. Nach 1968 haben Sie an dem Film weitergearbeitet. Hat das den Film verändert?*

Ich glaube nicht, daß es ihn verändert hat, aber ich habe hinterher versucht, einige Dinge hinzuzufügen, um sozusagen aktuell zu sein. Das war jedoch nicht sehr gut. In Wirklichkeit hatte ich völlig den Überblick verloren.

Kann man sagen, daß WEEK END *und* ONE PLUS ONE *Ihre letzten traditionellen Filme waren?*

Traditionell für mich, ja. Und dabei machen einem die Leute ständig Vorwürfe, denn ich habe nie viel Erfolg gehabt. Heute wirft man mir vor, daß ich nicht mehr traditionell bin, aber das war doch meine eigene Tradition, die übrigens damals auch nicht akzeptiert wurde.

WEEK END *war also kein Erfolg?*

Keiner meiner Filme war ein Erfolg. Es gab manchmal in einigen Ländern für einige Verleiher Erfolge, aber im allgemeinen nicht. Nur A BOUT DE SOUFFLE war ein Erfolg. Aber alle anderen Filme, selbst PIERROT LE FOU, waren keine Erfolge.

Dann entstand der Groupe Dziga Vertov.

Es war ehrliche, aber keine gute Arbeit. Es war alles etwas kompliziert, etwas tyrannisch und in der Tat schwierig, denn man mußte selbst in ICI ET AILLEURS, dem letzten Film dieser Serie, viel reden, obwohl man gar keine Lust hatte, viel zu reden. Man mußte all diese falschen Parolen loswerden. Es war in der Tat schwierig, hier filmisch zu denken.

Wie ist dabei das Verhältnis zwischen Bild und Ton? Hatten Sie zunächst einen Kommentar und haben Sie dazu passende Bilder gesucht, oder hatten Sie erst die Bilder?

Ungefähr beides gleichzeitig. Wir versuchten, Ton und Bild zu trennen, um sie eines Tages anders wieder zusammenzufügen. Das ist etwas primitiv, sozusagen ein Versuch, etwa wie bei einem Maler, der versucht, die Farbe und das gezeichnete Bild zu trennen, um sie später anders wieder anzuordnen.

Welche Art Erfahrung war für Sie der Groupe Dziga Vertov?

Das Interessante daran war, daß man mit jemandem zusammenarbeitete, der keine Lust hatte, allein zu arbeiten, wie das beim Film sonst üblich ist.

Dann drehten Sie mit Gorin TOUT VA BIEN, *einen Film, der meiner Meinung nach alles erklärt, aber beinahe nichts zeigt.*

Es wird darin zu viel erklärt. Doch TOUT VA BIEN ist sehr viel mehr ein Film von Jean-Pierre Gorin als von mir. Ich war eher sein Assistent. Er war vielleicht von mir beeinflußt, aber die Geschichte ist ganz und gar von ihm erfunden und von ihm gemacht. Ich war eher Co-Regisseur.

In NUMÉRO DEUX *dagegen, wenn man die beiden Filme vergleicht, wird wirklich die Geschichte erzählt, die Sie eigentlich in* TOUT VA BIEN *erzählen wollten, das heißt es gibt eine dialektische Beziehung zwischen den Bildern.*

Das ist ein Film für Filmemacher. Ich habe meine Filme immer eher für Filmemacher gemacht, um ihnen zu sagen, daß, wenn man will, man eine Geschichte auch anders, sehr viel einfacher und tiefer erzählen kann. Ich will damit sagen: man erzählt eine Geschichte – hier ist eine Geschichte, aber wiederum auch keine Geschichte. Die Geschichte, das sind die Leute, die sie machen. Hier ist wieder eine Familie, aber eine Familie, bei der man nichts zu erfinden braucht, und trotzdem fühlt man, daß etwas passiert. Nur um zu sagen, man kann solche Filme machen. Aber hat man auch die Mittel, sie zu machen? Hat man den Willen, die finanziellen und kulturellen Mittel? Ich weiß es nicht.

Sie haben diesen Film in Video gedreht. Wann hatten Sie den ersten Kontakt mit einer Videokamera?

Das war 1967, als sie aufkamen. Dann 1968, als sie nach Frankreich kamen. Ich habe damals eine kleine Sony-Kamera benutzt. Ich erinnere mich, daß ich an einem bestimmten Punkt der Dreharbeiten zu LA CHINOISE das Bedürfnis verspürte, das erste Magnetoskop – Philips hatte es herausgebracht – zu benutzen. Aber es hat nicht geklappt. Es war viel zu grob, und das ging nicht. Aber ich habe es versucht.

Warum wollten Sie Video benutzen?

Bei LA CHINOISE wollte ich, daß sich die Schauspieler bei Szenen, die sich innen abspielten, gleichzeitig beobachten, damit sie sich danach selbst kritisieren. Das war im Zusammenhang mit dem Begriff Kritik und Selbstkritik. Als ich dann sah, daß es dieses Videosystem gab, bei dem man direkt das Bild sehen kann, dachte ich genau an diese Art der Verwendung. Das ist mir wohl in Erinnerung geblieben. Dann habe ich mir selbst eine kleine Kamera gekauft und mich mehr und mehr dafür interessiert.

Kann man diese Situation mit Ihrem Anfang als Filmemacher vergleichen?

Nein, ganz und gar nicht. Ich bin immer viel mehr an den Anfängen interessiert als an der Mitte oder am Ende. Nach und nach komme ich immer zu dem Punkt, wo ich meine, ich müsse die Dinge noch mal von Anfang anfangen oder den Anfang von etwas anderem. Beim Video war dieses andere die Tatsache, daß man den Film sofort in seiner Gesamtheit sieht: da ist die Kamera wie im Kino, das Aufnahmegerät, vergleichbar mit dem Labor, und der Fernsehapparat, der in gewisser

Weise den Kinosaal ersetzt. Man sieht das Ganze, was beim Film nicht möglich ist. Man denkt auch das Ganze. Film als Teil der Gesellschaft, was das Ganze sehr viel vollständiger erscheinen läßt. Man kann sich selbst besser denken, besser die wirtschaftliche, ästhetische, kulturelle und technische Ebene denken, das heißt, was in der Gesellschaft passiert. Das ist natürlich viel komplexer, aber man sieht dieses Komplexe besser. Es ist so wie ein reduziertes Modell der Komplexität.

Wie haben Sie die Familie in NUMÉRO DEUX *gefunden?*

Es sind Schauspieler. Der männliche Schauspieler ist nicht sehr gut.

Haben Sie mit der Gründung Ihrer Gesellschaft SONIMAGE eine Entscheidung gegen den Film und für das Fernsehen getroffen?

Ich glaube, es war eher der Wunsch, unabhängig zu sein und den Produzenten gegenüber als Produzent und nicht als Künstler und Regisseur aufzutreten.

Können Sie etwas über Ihre Motivation sagen, Filme machen zu wollen?

Ich glaube, daß Filmemachen einfacher ist als vieles andere. Und ich verstehe die Leute nicht, die sich an viel schwierigeren Dingen versuchen. Filmemachen ist einfach, weil jeder das Bild kennt. Ich glaube, daß die Literatur zum Beispiel dazu da ist, die Bilder daran zu hindern, etwas anderes auszudrücken. Was bedeuten würde, daß die Literatur sich ändern würde, daß die Leute anders miteinander reden würden. Es gäbe keine Bürokratie, wenn es mehr Bilder gäbe, wenn diese wirklich Macht hätten. Denn Bilder haben enorme Macht, nur ist sie unterdrückt. Für mich ist die Situation von Film und Fernsehen vergleichbar mit den Schwarzen – sie sind die Sklaven, während die Literatur dem weißen Kolonisator entspricht.

Kann man sagen, daß Ihre frühen Filme viel mit Ihnen selbst, mit Ihnen als Individuum, zu tun hatten, und daß Sie später diesen Individualismus etwas aufgegeben haben?

Genauer gesagt: die anderen existieren jetzt ebenso wie ich. Früher waren meine Filme sehr viel mehr nur ich selbst. Ich glaube, daß ich früher versucht habe, mich auszudrücken, bis

Dreharbeiten Pierrot le fou

ich dann gemerkt habe, daß man erst etwas »eindrücken« muß, um danach diesen Eindruck wieder auszudrücken.

Sie haben von heute auf morgen einem bestimmten Kino den Rücken gekehrt und etwas ganz Neues begonnen. War das auch ein ökonomischer Zwang?

Ja. Es wurde für mich immer schwieriger, Geld zu bekommen. Es ergab sich alles ganz natürlich und nach und nach. Es war so wie wenn jemand, der nichts mehr zu essen findet, lernt, Wurzeln zu essen. Wenn Krieg ist, dann ist eben Krieg, und man gewöhnt sich allmählich daran und ändert sich dementsprechend.

Wenn Sie die Möglichkeit gehabt hätten, weiter solche Filme wie LE MÉPRIS *oder* PIERROT LE FOU *zu drehen, hätten Sie das dann gemacht?*

Das hätte ich. Aber es kam nicht so. Nach WEEK END und LE MÉPRIS hat man mir nicht angeboten, einen Film zum Beispiel mit Paul Newman zu machen. Und selbst wenn es so gewesen wäre, dann wäre der Film anders geworden, als das, was man in Hollywood von Paul Newman erwartet. Aber wie gesagt, es kam gar nicht dazu. Die Gesellschaft war mißtrauisch. Das ist normal.

Woher bekommen Sie heute Mittel, um Filme zu machen?

Es gibt immer Stellen oder Leute, selbst ganz normale Institutionen. Man braucht immer auch etwas, das anders ist. Und es kann auch nicht nur immer Erste geben, jemand muß auch der Letzte sein. Und wenn man dieser Letzte ist, versucht man eben bei verschiedenen Stellen, das Geld zu bekommen. Es gibt immer irgendeine Möglichkeit. Alle Fernsehanstalten können doch nicht nur Scheiße produzieren. Sie haben alle eine Kulturabteilung oder wie immer sie es auch nennen. An die wendet man sich. Einen Platz gibt es immer. Es gibt Plätze erster Klasse und Plätze dritter Klasse.

Sehen Sie Ihre jetzige Arbeit als Alternative zur Filmarbeit?

Nein, ich versuche so zu arbeiten wie ein Cineast. Ich glaube, Fernsehen ist nur eine Phase des Films, das, was ich die Phase des Drehbuchs nennen würde. Aber ich denke dabei an Film und mache auch Film. Hinterher, je nachdem, was man beim Fernsehen gemacht hat, kann man vielleicht einen Film anders machen, als wenn man kein Fernsehen gemacht hätte. Was nicht geht, ist, daß die Fernsehleute niemals Filme machen und die Filmleute niemals Fernsehen. Jeder arbeitet für sich, obwohl beide zusammenarbeiten sollten. Ideal wäre, wenn man das Thema im Fernsehen vorbereiten könnte, wenn man dort die Voruntersuchungen, die Interviews, Wahrheitsfindung machen könnte und danach den Roman oder die Musik als Film.

Man hat Ihnen angeboten, einen sogenannten großen Film mit Vittorio Gassman und Charlotte Rampling zu drehen.

Für mich wird das ein Film ähnlich wie NUMÉRO DEUX, mit Geschichten zwischen Eltern und vielleicht einem Kind, das

Ganze eingebettet in eine Untersuchung mit dokumentarischem Hintergrund über die Filmindustrie Hollywoods, die Industrie, die Mythen und Wunschträume produziert.

Warum Vittorio Gassman und Charlotte Rampling? Mögen Sie diese Schauspieler?

Ja, und außerdem ist er Italiener, denn in dem Film ist auch die Rede von der Mafia. Charlotte Rampling erinnert ein bißchen an Laureen Bacall in den Filmen mit Humphrey Bogart, ein bißchen geheimnisvoll, ein bißchen femme fatale.

Viele Zuschauer hoffen, daß Sie wieder zu Ihren früheren Filmen zurückkehren.

Der Zuschauer, der sich für Film interessiert, weiß da etwas besser Bescheid. Die anderen wissen überhaupt nichts.

Aber selbst der interessierte Zuschauer hat kaum noch Gelegenheit, Ihre Filme zu sehen.

Weil ich keine mehr gemacht habe. Als ich zwanzig Jahre alt war, hatte ich unzählige Filme gemacht, aber niemand hat sie gesehen, weil ich sie nicht gedreht hatte. Sie existieren in meiner Vorstellung. Heute möchte ich lieber für die Filme bezahlt werden, die ich nicht gemacht habe, als für die, die ich gemacht habe.

Wie ist das möglich?

Indem man an all die Filme denkt, die man nicht machen kann, oder die man nicht gemacht hat. Ich glaube, daß die Filme, die ich nicht gemacht habe, sehr viel wichtiger sind als die, die ich gemacht habe.

Arbeiten Sie augenblicklich an einem oder an mehreren Projekten?

Ich arbeite an drei oder vier Projekten, wie ein Produzent, soweit es möglich ist, wobei das eine das andere ergänzt.

Früher war das nicht so, nicht wahr?

Ich glaube, so ist es einfacher. Es ist einfacher, zwei Kinder zu haben als eins, denn es gibt Augenblicke, wo die beiden Kinder sich miteinander beschäftigen können, sich gegenseitig helfen. Das ist natürlich eine Geldfrage, aber für die Eltern ist es einfacher, denn die Kinder haben Kontakt untereinander. Für einen Film ist das beinahe das gleiche. Man muß nicht gleich fünfzig Filme machen, aber zwei oder drei. Übrigens zur Blütezeit Hollywoods, als die großen Filme entstanden, vergaben die Filmstudios an die ausführenden Produzenten Aufträge für zwei oder drei Filme pro Jahr, und die halfen sich dann gegenseitig.

Wird diese Art zu arbeiten einfacher mit Video?

Es wird nicht einfacher, aber möglich. Nur wie im Film zu arbeiten, erscheint mir unmöglich. Das ist nicht mal nur eine Frage der Gegenstände, es ist auch die Frage, wie man sie benutzt. Es gibt Augenblicke, in denen ich lieber den Schnitt in Video mache, weil das ein neues, noch nicht fest etabliertes Verfahren ist. An einem Schneidetisch kann man nur auf eine ganz bestimmte Art arbeiten. Das heißt nicht, daß es schlecht wäre, nur man arbeitet damit so und nicht anders, weil die Gesellschaft es so will. Das ist aber nicht gut; die Folge ist, daß man nicht mehr weiß, wie man eigentlich damit arbeitet.

Was war schwieriger für Sie, Filme zu machen oder sie zu schneiden?

Das schwierigste für mich war die Tatsache, daß das Drehen nicht langsam und einfach vor sich geht, sondern daß es immer eine Art Schlacht wird. Das macht mir Angst, das stört mich. Ich möchte das lieber als Sport oder Ferien sehen. Aber dann müßten sich die Filmgesellschaften ändern.

Und dabei haben gerade Sie viel schneller gedreht als andere Regisseure.

Schneller und gleichzeitig viel langsamer. Ich drehte zwar schneller, aber viel weniger, um so in Ruhe drehen zu können. Aber wenn man bedenkt, wie das vor sich geht ... ungefähr so, wie wenn man in einem Gedränge langsam gehen will. Das ist schwierig, und man muß sich gut organisieren, sich durchsetzen, um Zeit zu haben, nachzudenken. Man muß also schneller machen, und manchmal eile ich voraus, um so, bevor die anderen mich einholen, eine ruhige Stunde für mich zu haben. In diesem Sinne heißt schneller sein gleichzeitig mehr Zeit haben.

Ein Buch zu schreiben ist da einfacher ...

Das ist ja auch der Grund, warum der Roman zum Beispiel vom Film noch nicht verdrängt worden ist. Warum? Weil der Autor, der einen Kriminalroman schreibt, oder Shakespeare, überhaupt alle Schriftsteller auf die gleiche Weise schreiben: manchmal stehen sie auf, rauchen eine Zigarette, trinken etwas, reden mit jemand, und kehren dann an ihre Arbeit zurück. Das schlägt sich im Roman nieder, und das ist auch der Grund, warum die Leute so etwas brauchen, Leute, die den ganzen Tag am Fließband stehen oder eintönige Büroarbeit verrichten. Um nicht verrückt zu werden, brauchen diese Leute manchmal das Gefühl, daß es auch andere Abläufe gibt. Für den Film gilt das gleiche, verglichen mit dem Fernsehen. Weil Film anders gemacht wird als Fernsehen. Was hat Erfolg im Fernsehen? Sport, Fußball, Life-Sendungen, Unterhaltungsprogramme ... und Filme.

Wie haben Sie mit den Kameraleuten zusammengearbeitet? Haben Sie sich die Einstellungen durch die Kamera angesehen?

Ja, immer. Heute etwas weniger.

Sie wußten also immer genau, was Sie wollten?

Ja, aber ich habe mich oft geirrt. Manchmal wußte ich es auch überhaupt nicht. Es gab wenige Filmregisseure, außer vielleicht Hitchcock und Eisenstein, die die Kamera genau kannten.

Sie arbeiteten auch immer mit der gleichen Cutterin.

Ja, wenn möglich. Es war eine Art System daraus geworden, ein Verhältnis Herr–Diener. Jetzt ziehe ich es vor, wenn möglich keinen Diener mehr zu haben.

Welche Projekte haben Sie zur Zeit?

Da ist einmal das Kooperationsprojekt mit einem afrikanischen Land, Mozambique. Wir sind dabei, das audiovisuelle Medium – das zukünftige Fernsehen, die Fotografie, das Bild – eines Landes zu durchdenken, das dabei ist, sich sein eigenes Bild zu schaffen. Wir versuchen zu erzählen, wie ein Land sich sein eigenes Bild schafft, ein junges Land, das von sich sagt, es sei ein neues Land. Bei anderen Ländern ist so etwas nicht mehr möglich.

Histoire(s) du Cinéma et de la Télévision (Entwurf)

"Talking Europe"
(V/C n° 7, part B)

from lightning to darkness: the other side story of star system

Histoire(s) du Cinéma et de la Télévision

Naissance (de l'image) d'une nation

Also eine außergewöhnliche Situation, die Sie interessiert: von Bildern sprechen, bevor sie entstehen.

Von einem Kind sprechen, bevor es entsteht, denn man weiß, daß das biologische Signal, durch das ein Kind entsteht, dem Signal ähnelt, das Krebs hervorruft, wenn der Mensch lebt. Das ist eine Frage – und dies ist kein Wortspiel – von Leben und Tod. Auch für das Land ist es eine Frage von Leben und Tod. In »Naissance (de l'image) d'une nation« oder »Nord contre sud« wird die Geschichte der augenblicklichen und vertragsmäßigen Beziehungen erzählt zwischen einem Land, das noch kein Fernsehen hat, und einem kleinen Fernsehteam eines Landes, das davon zu viel hat.

Und das andere Projekt?

Das ist »Histoire(s) du Cinéma et de la Télévision«. Hier soll in acht Folgen vorgeführt werden, wie zu Beginn des Kinos das Bild befreit wurde und wie später die Sprache sich des Bildes wieder bemächtigte, wie ein eifriger Polier undisziplinierte Arbeiter zurechtweist. Die Arbeitgeber waren in diesem Fall die Literatur, und Gutenberg war der Polier.

2. Raoul Coutard

Wie haben Sie Godard kennengelernt?

Über dessen Produzenten Georges de Beauregard, für den ich schon drei Filme gedreht hatte. Da er gerade vorhatte, mit Godard einen Film zu machen, hat er mich gefragt, ob ich Lust hätte, die Kamera zu machen.

Gab es da schon ein Drehbuch?

Nein. Godard hat nie ein Drehbuch geschrieben. A BOUT DE SOUFFLE entstand nach einer Detektivgeschichte.

Und die hat Godard Ihnen erzählt?

Nein, er sagte immer: ich kann die Geschichte nicht erzählen. Wir haben uns auf ein Arbeitssystem geeinigt, das bestimmt war durch die Tatsache, daß der Film in kurzer Zeit gedreht werden sollte, und daß uns nicht viel Geld zur Verfügung stand. Klar war also, daß ohne Kunstlicht gedreht wurde und daß versucht werden sollte, so viel wie möglich aus der Hand zu drehen. In dieser Zeit drehte man stumm. Jean-Luc schrieb täglich die Szenen in ein Notizheft. Er sagte den Schauspielern den Text, und die Schauspieler wiederholten ihn während des Drehens. Alles wurde dann später synchronisiert.

Bestimmte Godard auch die Kameraeinstellungen?

Er gab Anweisungen wie jeder Regisseur. Er sagte: wir wollen so oder so schneiden, wir brauchen eine Halbtotale und eine Großaufnahme, oder: wir müssen diesem oder jenem Schauspieler folgen. Das war damals relativ einfach, denn wir drehten in Schwarz-weiß und mit dem Licht, das uns an den Drehorten zur Verfügung stand. Wir haben nur einen Drehort ausgeleuchtet, das war die Szene im Gebäude der Herald Tribune, weil es da wirklich sehr dunkel war. Für die Nachtszenen, die am Montparnasse entstanden, hatten wir uns Filmmaterial – Ilford HPS – gekauft, das sonst nur Fotografen benutzen und das es nur in kleinen Rollen von zehn Metern gab. Im Kopierwerk wurde ein spezielles Verfahren entwickelt, dieses Material zu kopieren. So konnten wir also mit einem hochempfindlichen Material drehen, das damals für das Kino noch nicht bekannt war und was uns erlaubte, damals schon Dinge zu machen, die für andere erst später möglich waren.

In welchem Stadium sind Sie im allgemeinen mit einem Filmprojekt konfrontiert worden?

Im allgemeinen war es so, daß Godard mich anrief und sagte, wir wollen dann und dann drehen, hast du Zeit? Ich richtete es immer so ein, daß ich frei war. Wir haben uns dann meistens beim Essen getroffen, und Godard erklärte mir in groben Zügen, was er vorhatte, welche Bilder er sich vorstellte. Er bezog sich dabei auf andere Filme, die wir gemacht hatten. Zum Beispiel bei LES CARABINIERS hatte er die Vorstellung, daß es wie ein alter Film aussehen sollte, von dem schon viele Kopien gezogen worden sind. Er fragte mich, wie man das erreichen könne. Wir sprachen also darüber, welches Filmmaterial wir benutzen wollten, machten einige Versuche, und so lief es dann.

Orientierte sich Godard beim Drehen am amerikanischen Kino?

Godard war ein Cinephile, der sehr vom amerikanischen Kino beeindruckt war. Aber ich glaube nicht, daß er versucht hat, es zu kopieren. Die Dinge haben sich natürlich entwickelt, denn Jean-Luc ist eher jemand, der Dinge erfindet als kopiert.

Wie war das Drehverhältnis?

Wir haben nicht oft Szenen wiederholt. Wir haben etwa 8000 Meter Film verdreht, was sehr wenig ist. Das entspricht einem Drehverhältnis von 1:3. LE PETIT SOLDAT haben wir mit einem Material von Agfa gedreht, das bis dahin für das Kino noch nicht benutzt wurde. Damit drehten wir alle Nachtszenen. Bei A BOUT DE SOUFFLE haben mich die kleinen Zehn-Meter-Rollen sehr gestört, denn damit konnte man nur Szenen unter zwanzig Sekunden drehen. Also haben wir uns mit Agfa verständigt, die uns ein hochempfindliches Fotomaterial zur Verfügung stellten, aber in der Länge der üblichen Filmrollen. Die Tagszenen wurden mit Gevaert 36 gedreht. Immer noch wurden die meisten Szenen stumm gedreht, einige mit Direktton mit einer geblimpten Kamera.

Wurde auch UNE FEMME EST UNE FEMME *an Originalschauplätzen gedreht?*

Das war sehr merkwürdig, denn dieser Film wurde im Studio gedreht. Es gab dafür einen einfachen Grund: wir wollten in einer bestimmten Privatwohnung drehen und hatten den Leuten vorgeschlagen, sie während der Dreharbeiten, die etwa einen Monat dauern sollten, in einem der größten Hotels in Paris unterzubringen. Außerdem sollten sie 10 000 Franc bekommen. Doch die Leute lehnten ab. Da Godard jedoch auf dieser Wohnung bestand, haben wir sie im Studio nachgebaut. Um aber unter denselben Bedingungen wie am Originaldrehort arbeiten zu können, wurde ins Studio eine Decke gezogen und eine Säule gebaut. Wir drehten mit einer Mitchell-Kamera, die auf einen Kamerawagen montiert war. Die Säule behinderte natürlich die Kamerafahrt mit einer Mitchell. Godard hat also die Dekoration so bauen lassen, daß wir im Studio dieselben Schwierigkeiten hatten wie in einem natürlichen Dekor.

Hat sich Godard auch für den Bildausschnitt interessiert?

Damit hat er sich sehr beschäftigt. Am Anfang hat er nicht oft durch die Kamera geschaut. Aber allmählich hat er sich dafür interessiert. Er hatte am Anfang keine großen technischen Kenntnisse, aber er hat es sehr schnell kapiert. Er hatte immer

Dreharbeiten Pierrot le fou

die Angewohnheit, einen vor Probleme zu stellen, indem er sagte, wir werden das und jenes machen, und ich sagte ihm dann, welche Schwierigkeiten dabei entstehen. Er ist einer jener Regisseure, die ich angenehm finde, in dem Sinn, daß er erfinderisch ist und Risiken eingeht, die jedoch er auf sich nimmt. Man kann ihm sagen, wir werden das versuchen, aber ich bin nicht sicher, ob es gut ist. Er versucht es einfach.

Mußten oft Szenen nachgedreht werden?

Eigentlich nicht. Ich erinnere mich nur an einen Fall, das war, als wir LE MÉPRIS drehten und die Amerikaner auf Nacktaufnahmen mit Brigitte Bardot bestanden. Diese Szenen wurden also nachgedreht – nicht von mir – und monochrom eingefärbt.

Hatte Godard am Anfang die Ambition, einen bestimmten Filmstil zu entwickeln?

Nein, er wollte immer nur Sachen ausprobieren. VIVRE SA VIE war zum Beispiel der erste Film, in dem Drehorte mit künstlichem Licht ausgeleuchtet wurden. Und es gab dann noch ein anderes Problem: mit diesem Film wollte er auch Anna Karina gefallen. Man kann nicht sagen, daß Godard einen bestimmten Stil hatte. Seine Filme unterscheiden sich sehr voneinander, schon in der Herstellung. LES CARABINIERS sollte wie ein alter Film aussehen. Deswegen haben wir das Negativ mit einem höheren Gamma-Wert entwickeln lassen, um die Schwarzweiß-Kontraste zu verstärken. Dadurch erreichten wir auch bei den Bildern diese sehr wichtige Körnigkeit. BANDE À PART war von der Aufnahmetechnik her ein besonderer Fall. Zum erstenmal drehten wir mit einer Arriflex-Kamera, weil Godard alle Außenaufnahmen mit der Handkamera und Direktton drehen wollte. Zu dieser Zeit gab es keinen Apparat, mit dem man das machen konnte. Wir bauten also um die Arri eine Art Glaskasten, der das Kamerageräusch dämpfte. Außen brachten wir einen Hebel an, mit dem ich die Schärfe und die Blende bedienen konnte. So konnten wir also konstant drehen und mußten nicht immer unterbrechen, wenn die Kamera neu eingestellt werden sollte. Es gibt da auch eine lustige Geschichte über einen Film, der nicht zustande kam, weil wir nach dem ersten Drehtag die Arbeiten abbrachen. Das war der Film »Pour Lucrèce«. Da machten wir eine ganze Serie von Versuchen, weil Godard ganz matte Bilder haben wollte. Es war ein Schwarz-weiß-Film, und die Bilder sollten wie sehr alte Fotos aussehen. Der Film sollte in einer Woche gedreht werden. Alle Schauspieler hatten den Text auswendig gelernt, wir drehten in dem Haus von Vilmorin. Es wurden drei Meter Schienen für eine Kamerafahrt gelegt, eine Mitchell aufgebaut, und wir wollten eine Szene auf der Terrasse drehen, auf der ein Mann und eine Frau sitzen und etwas trinken. Da begann es zu regnen. Also deckten wir die Kamera zu und warteten. Godard liebte es nicht zu warten. Als es nach einer Stunde immer noch regnete, fragte mich Godard, ob es mich störte, wenn wir im Regen drehten? Ich sagte nein, gab aber zu bedenken, daß es doch etwas merkwürdig sei, wenn zwei Personen draußen auf einer Terrasse im Regen sitzen und etwas trinken; es wäre doch viel besser, wenn sie reingingen. Er meinte, gut, du hast recht, warten wir. So gegen halb zwölf Uhr sagte er, gehen wir doch Mittagessen. Mich nahm er beiseite und fragte: was würden denn die Leute sagen, wenn ich den Film abbreche? Ich sagte, die werden lachen, weil ihnen das noch nie passiert ist. Gut, sagte er, sprich mit jedem einzelnen und frag ihn. Also habe ich mit jedem einzelnen des Teams gesprochen, mit den Atelierarbeitern, den Beleuchtern. Alle lachten und sagten, wenn der Typ keine Lust hat, soll er es lassen. Ich ging dann zu dem Restaurant und sagte Godard, daß es den Leuten egal wäre. Da stand Godard auf und sagte: »Meine Herren, das ist das Abschlußessen für den Film. Ich beende die Dreharbeiten.«

Sie drehten relativ schnell?

Alle Filme, die ich mit Godard machte, wurden extrem schnell gemacht. Für A BOUT DE SOUFFLE brauchten wir fünf oder sechs Wochen; LE MÉPRIS dauerte etwas länger, BANDE À PART vier oder fünf Wochen; UNE FEMME MARIÉE haben wir in drei Wochen gedreht, und fünf Wochen später war schon die Null-Kopie fertig.

In diesem Film drehen Sie auch einmal die Kamera um die eigene Achse, so daß die Bilder auf dem Kopf stehen. Warum?

Das hat Godard glaube ich in Dreyers *Jeanne d'Arc* gesehen. Sie erinnern sich, wenn die Soldaten in die Zelle zu Jeanne d'Arc kommen, dreht sich die Kamera um die eigene Achse.

Wir hatten in UNE FEMME MARIÉE einige Straßenszenen und wollten so etwas ähnliches machen und den Leuten folgen wie in Dreyers Film. Aber das war wirklich sehr schwierig zu machen.

Wie entstand der Science-Fiction-Effekt in ALPHAVILLE?

Wir haben vor allem Drehorte ausgesucht, die etwas unheimlich waren und wo sich nur wenige Leute aufhielten. Wir haben zum Beispiel in La Defense und am Esso-Hochhaus in Paris gedreht, das zu dieser Zeit sehr modern war. Dann wurde sehr wenig ausgeleuchtet und wir drehten mit einem besonderen Material (Ilford HPS), das wir extra in einem Spezialkopierwerk in London entwickeln ließen. Die Blende war immer maximal geöffnet, selbst wenn wir mit einem 5er Objektiv drehten.

Wie wirkt sich der Produktionsetat auf die Dreharbeiten aus?

Für einen Kameramann ist es wichtig, über welche Möglichkeiten er verfügen kann. Es gibt Filme, wo man viel Licht setzen muß, also muß man große Maschinen installieren. Bei PIERROT LE FOU und LE MÉPRIS entstand der größte Teil der Kosten durch die Schauspieler, weniger durch die Herstellung. Die Kosten hängen auch von der Dauer der Dreharbeiten ab. Bei PIERROT LE FOU haben wir, glaube ich, zehn bis zwölf Wochen gedreht, bei LE MÉPRIS etwa zehn Wochen. Wir haben also länger als üblich gedreht, das erhöht natürlich die Kosten. Und dann die Schauspieler: in LE MÉPRIS Brigitte Bardot, Jack Palance, Michel Piccoli und Fritz Lang, und in PIERROT LE FOU Jean-Paul Belmondo, der auch damals schon sehr teuer war.

Mit 2 OU 3 CHOSES QUE JE SAIS D'ELLE *begann Godard eine neue Arbeitsweise?*

Ja. Schon bei PIERROT LE FOU wußten wir vorher nicht exakt, was tun. Godard gab da ein paar Informationen zu verschiedenen Szenen, aber bei 2 OU 3 CHOSES, da gab es so gut wie keine Angaben; man wußte zu Beginn überhaupt nicht, wie dieser Film werden sollte. Wir fragten uns nur immer, geht es so, welche Einstellungen machen wir? Zu dieser Zeit haben wir auch zwei Filme gleichzeitig gedreht, 2 OU 3 CHOSES und LA CHINOISE. Das war zum Teil sehr schwierig, weil wir am Ende nicht mehr richtig wußten, was zu welchem Film gehört. Und

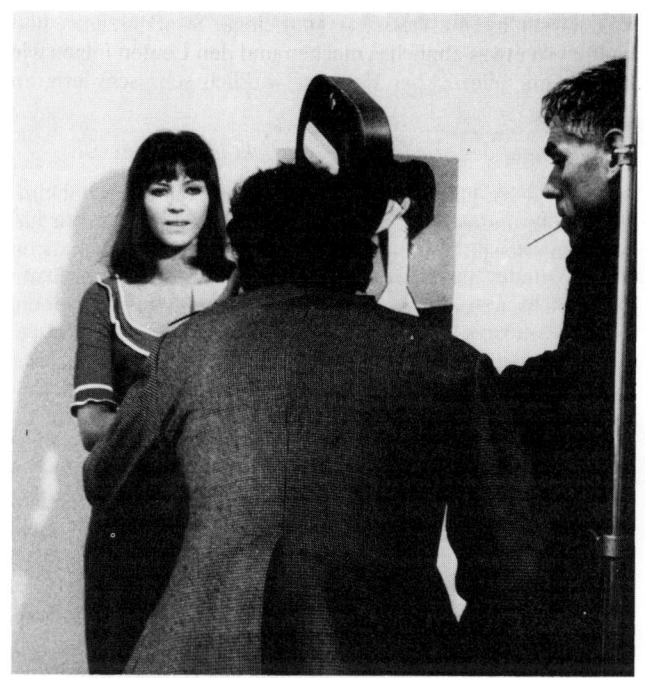

Dreharbeiten Pierrot le fou, rechts Coutard

es gab auch ein sehr pragmatisches Problem, weil es verschiedene Produzenten waren, aber nur eine Kamera, und so mußten wir immer das Filmmaterial austauschen. Zu dieser Zeit war Godard auch sehr vom Maoismus beeindruckt. Im Gegensatz zu dem, was man so erzählt, war LA CHINOISE nicht eine Vision vom pariser Mai 68. Es war einzig ein Film, der sich auf die chinesische Kulturrevolution bezog. Godard stellte sich nicht vor, daß dasselbe in Frankreich passieren könnte. Ich fand das alles ziemlich kindisch, was er da machte. Ich sagte, das ist nicht sehr seriös, da werden doch die Leute verarscht.

Haben Sie politisch mit ihm diskutiert?

Wir haben eigentlich sehr wenig diskutiert. Er hatte seine eigenen Ideen, die nicht immer die meinen waren. Und zu dieser

Zeit hatte er auch überhaupt keine Lust, zu diskutieren oder sich zu erklären.

Wie entstand die berühmte Kamerafahrt in WEEK END?

Darüber sollte man eigentlich nicht reden, aber ich glaube, die entstand aus der verrückten Idee, die längste Kamerafahrt der Welt machen zu wollen. Der Produzent war sehr sauer wegen der hohen Kosten, aber Godard freute sich, ihn ärgern zu können. Es hat dann auch sehr viel Zeit gekostet, dieses Travelling zu machen, denn wir mußten uns eine Spezialkonstruktion für die Kamera ausdenken. Das Gelände, auf dem wir die Schienen für die Kamerafahrt installierten, war sehr uneben. Da wir wollten, daß die Kamera sich immer auf derselben Höhe bewegte, mußten wir diese Unebenheiten des Geländes ausgleichen, und benutzten dazu einen Kran, auf dem ein Dolly installiert war. Die technischen Vorbereitungen dauerten eine Woche. Wir haben dann diese Szene in etwa drei Stunden gedreht. Sie mußte vier- oder fünfmal wiederholt werden. Das Problem dabei war, daß wir nur zehn Minuten Filmmaterial in der Kamera hatten, und manchmal waren wir nicht schnell genug, um bis ans Ende der Autoschlange zu kommen. Wir haben es dann drei- oder viermal wiederholt, und mit der Zeit sind wir dann hingekommen. Wir haben Markierungen auf der Straße gemacht, in welcher Sekunde wir wo sein müssen. Godard stand meistens neben der Kamera. Er machte mich auf diese oder jene Dinge aufmerksam und fragte, ob ich das auch gesehen hätte, weil ja in dieser Autoschlange soviel passierte.

Warum haben sie nach WEEK END *mit Godard nicht weitergearbeitet?*

Ich habe ihn später getroffen, drei oder vier Jahre später, wo er mir erklärte: ich habe im Mai 1968 entdeckt, daß ich ein Marxist/Leninist bin. Und ich kann es mit meinem Namen nicht mehr vereinbaren, Filme mit dem Geld des Kapitals zu machen.

Wie arbeitete Godard mit den Schauspielern?

Er hat nie eine Szene vorgespielt. Er hat die Schauspieler immer sich selber spielen lassen, weil es ihm nie auf eine besondere Wirkung des Textes ankam. Er sagte wohl, daß etwas aus diesem oder jenem Grund nicht gut sei, das machen wir noch einmal. Er war aber sehr geduldig.

Sie haben zum Beispiel auch mit Truffaut gearbeitet, worin bestand da der Unterschied?

Godard ist ein ganz besonderer Fall. Ich sage gerne, ich habe mit talentierten Regisseuren gearbeitet, Godard war das einzige Genie. Denn er war in der Lage, aus jeder Situation etwas zu machen. Er kann sofort auf alles reagieren, was vor ihm passiert. Als wir zum Beispiel LE PETIT SOLDAT drehten, war da ein Schauspieler, der seine Rolle nicht richtig hinkriegte. Godard reagierte darauf anfangs etwas gereizt, dann überdachte er seine Inszenierung in bezug auf diesen Schauspieler und dessen Möglichkeiten. Ein anderer hätte die Dreharbeiten abgebrochen und den Schauspieler gewechselt. Er unterscheidet sich schon sehr von anderen Regisseuren. Truffaut zum Beispiel hat immer ein genaues Drehbuch und weiß, was er drehen will. Die ersten Filme von Truffaut entstanden nach dem etwas armen System der damaligen Zeit, das sich vom konventionellen Kino lösen wollte. Aber man hatte doch den Eindruck, daß Truffaut dahin zurück wollte und sich da einrichten wollte. Godard legte wohl auch Kamerabewegungen und -fahrten fest, aber er beharrte nicht darauf. Wenn es so nicht ging, machte man es eben anders. – Es gibt am Ende von A BOUT DE SOUFFLE eine Szene, die eine Auseinandersetzung zwischen Jean-Paul Belmondo und Jean Seberg zeigt. Jean Seberg steigerte sich da sehr hinein, was Godard überhaupt nicht gefiel. Er sagte ihr, du mußt es anders machen, aber Jean Seberg wollte nicht. Godard ließ es also dabei bewenden, ließ aber Jean Seberg bei der Synchronisation ihren Text sehr flach und ohne große Betonungen sprechen. Wenn Sie jetzt diese Szene genau ansehen, werden Sie sehen, daß die Halsadern von Jean Seberg geschwollen sind, weil sie sich in ihre Rolle so reingesteigert hatte; im Gegensatz dazu ist jedoch der Text, den man hört, vollkommen neutral. Ich finde das filmisch sehr interessant. Hier wurde einmal die Nachsynchronisation auf eine ganz andere Art und Weise benutzt. In einigen Filmen hatte Godard auch über ein Mikrofon einen direkten Kontakt zu dem Schauspieler, der vor der Kamera agiert. Das erstemal benutzte er diese Technik in UNE FEMME MARIÉE und später in LA CHINOISE. Es ist die Szene zwischen Anne Wiazemsky und

Francis Jeanson im Zug. Da hatte Anne Wiazemsky ein kleines Mikrofon im Ohr, und Godard gab ihr Anweisungen, welche Fragen sie stellen und wie sie auf die Antworten reagieren sollte. Das funktionierte sehr gut.

Wovon hing es ab, ob ein Film in Farbe oder in Schwarz-Weiß gedreht wurde?

Zunächst vom Budget, das uns zur Verfügung stand. Dann hatte Godard die Manie – wenn ich es so sagen kann: er drehte Schwarz-weiß in Normalformat und Farbe in Scope.

Er verwendete viel Sorgfalt auf die Farbdramaturgie.

Er machte das nicht wie viele Regisseure, die ständig mit Farbmustern und Dekorationsstoffen rumlaufen, diskutieren, was man nehmen soll. Er hatte den Film im Kopf und dachte daran, wie er aussehen muß, wenn er fertig ist.

Orientierte er sich bei PIERROT LE FOU *zum Beispiel an den Bildern von Velázquez?*

Ich glaube, er hat daran viel gearbeitet, denn er hat auch die Kleider ausgesucht. Oft lief er mit dem Farbtopf herum und strich die Wände und Hintergründe selber an.

Warum, glauben Sie, arbeitet er jetzt mit Video?

Die Arbeit mit Video verhilft ihm zu einer Art Freiheit, die er unbedingt braucht. Er ist ein Typ, der frei sein muß, und ich glaube, daß das Kino ihm zu viel Zwänge auferlegt hat. Ich habe mich sehr gut mit ihm verstanden. Wir hatten keine großen Probleme miteinander. Ich kannte ihn so gut, daß ich wußte, wann ich mit ihm reden konnte und wann nicht, und wie ich mit ihm reden mußte, um die wichtigsten Informationen zu bekommen, die ich für meine Arbeit brauchte. Das war sicher der Vorteil unserer Zusammenarbeit und hat uns sehr geholfen. Und jetzt bei seiner Video-Arbeit, da sitzt er allein in seinem Zimmer, arbeitet vor sich hin, während beim Film, da muß man präzise Anweisungen geben und muß dann warten, bis es gemacht ist und sehen, ob es geht oder nicht ...

3. Agnès Guillemot

Wie begann Ihre Zusammenarbeit mit Jean-Luc Godard?

Das war ein glücklicher Zufall. Ich war Assistentin des Professors für Montage am IDHEC (Institut des Hautes Études Cinématographiques). Unter den Schülerinnen war die Cutter-Assistentin von Nadine Marquand, die mit Godard LE PETIT SOLDAT schnitt. Da sie aus persönlichen Gründen aufhören mußte, bekam ich die große Chance, für sie einzuspringen. Ich habe mich mit Godard gleich sehr gut verstanden, und so haben wir dann weiter zusammengearbeitet.

Was schätzte Godard an Ihnen?

Ich hatte den Vorteil, und ich glaube, das war für Godard sehr wichtig, daß ich noch nicht durch das traditionelle Metier deformiert war. Ich konnte alles noch entdecken und war nicht festgelegt. Gut für mich war, daß ich mit der Ton-Montage beginnen konnte, die einfacher war als die Bild-Montage. Ich war anfangs etwas irritiert, da Godard mit dem Ton nicht so umging, wie es im französischen Film üblich war. Ich hatte bald begriffen, welche Rolle der Ton in bezug auf das Bild spielt, wie er die Musik mischte und mit stummen Sequenzen abwechselte.

UNE FEMME EST UNE FEMME *war dann eigentlich Ihr erster Film als Cutterin von Godard.*

Ja, und hier ist auch gleich das erste Beispiel, wie beim Schnitt neue Möglichkeiten erfunden wurden. Ein Teil der Szenen mit Anna Karina in ihrer Wohnung erforderte eigentlich wegen der schlechten Qualität des Tons eine Nachsynchronisation. Anstatt nun den Direktton und eine Nachsynchronisation schlecht und recht zusammenzumischen oder alles zu synchronisieren, kam Godard auf die Idee, in dieser Szene Einstellungen mit Direktton und Einstellungen nachsynchronisiert und mit Musik unterlegt zu alternieren. Und zwar systematisch. Immer kam also eine Einstellung synchronisiert mit Musik und dann die Einstellung mit Direktton. Das war auch der einzige Film, bei dem er, glaube ich, richtig glücklich war. Er war immer glücklich, wenn er drehen konnte, aber sonst war auch immer eine Art Angst dabei. Hier nicht.

Von Godard stammt der Satz: »Inszenieren ist ein Blick, schneiden ein Herzschlag.«

Ich glaube, er verstand das so, daß das Inszenieren visuell ist, also der Maler; und die Montage ist der Musiker.

War es denn schwierig, mit Godard zu schneiden?

Nein. Es war, wie wenn man eine gutgeschriebene Orchesterpartitur hat. Und wenn man nun spielt, sagt man nicht: dieser Rhythmus geht nicht, oder: dieses Instrument ist falsch. Es macht mich wütend, wenn Leute sagen, Godards Filme entstehen beim Schnitt. Das stimmt nicht, sie sind schon vorher in seinem Kopf gemacht. Viele Regisseure drehen Szenen und sagen, wir werden später sehen, wie wir sie schneiden. So arbeitete Godard nicht. Die Kenntnis von der Synthese, und danach die Strukturierung, das ist eine der Kenntnisse, die ich Godard verdanke.

Haben Sie mit ihm über Inhalte diskutiert?

Nein, ich habe nie mit ihm diskutiert. Gottseidank. Nur manchmal, wenn wir uns zwischen mehrmals gedrehten Szenen entscheiden mußten, habe ich gesagt, welche Einstellung ich vorziehe. Manchmal war er damit nicht einverstanden, und da erklärte er, um welche Akzente es ihm ginge. Warum er eine Szene vorzieht. Das waren die einzigen theoretischen Diskussionen, die wir hatten. Es gab in jedem Film immer einen Schnitt, wo ich mich mit ihm anlegte. Und den er dann nicht akzeptierte.

Hatten Sie den Eindruck, daß sich Godard auch für das Publikum interessierte?

Er dachte immer, Filme für das große Publikum zu machen. Das funktionierte aber nicht. Ich erinnere mich an eine Geschichte: als wir den Sketch LE GRAND ESCROC machten, mit Jean Seberg und Charles Denner, sagte ihm der Produzent, der den kommerziellen Erfolg wollte: Ihr Film ist doch kein Publikumsfilm. Und Jean-Luc sagte: Sie haben doch falsche Vorstellungen, ich versichere Ihnen, daß das ein Publikumsfilm wird. Und um ihm das zu beweisen, ließ Godard die Kell-

Filmschnitt, rechts Agnès Guillemot

nerin aus dem Bistro unten holen und zeigte ihr den Film. Aber sie hat ihn nicht verstanden, und das hat ihn sehr traurig gemacht, nicht die Einwände des Produzenten. Er glaubte, daß die Leute ganz naiv seine Filme verstehen könnten.

Auch bei LE MÉPRIS *hatte er seine Schwierigkeiten mit den Produzenten ...*

Das ist einer der seltenen Filme, wo ich bei den Dreharbeiten ein bißchen dabei war, weil wir mit dem Schnitt schon in Rom begonnen haben. Ich erinnere mich an den Eindruck, den ich von Godard hatte, und wie er seine Furcht vor dieser großen internationalen Produktion bewältigte. Er hatte große Schwierigkeiten, das Spiel einer Superproduktion zu spielen. Es gab Probleme mit Brigitte Bardot, denn es war nicht deren Art, Filme zu machen. Es war auch der Film, mit dem er nach dem Schnitt die größten Probleme hatte, weil der amerikanische

Co-Produzent mehr Liebesszenen im Film haben wollte. Also mußten drei Szenen nachgedreht werden. Das was das erstemal, daß er Konzessionen machen mußte, und das hat ihm nicht gefallen. Ich habe ihn im Schneideraum mit Carlo Ponti gesehen, wie er die Filmbüchsen durch die Gegend warf, wie Jack Palance im Film.

Wie waren seine Beziehungen zu Fritz Lang?

Godard verhielt sich gegenüber Fritz Lang fast wie ein kleiner Junge. Sehr respektvoll. Er spielt im Film ja auch den Assistenten von Fritz Lang. Das war auch seine Einstellung zu ihm. Man spürt eine Bewunderung für Fritz Lang und gleichzeitig auch die Distanz.

Nach dem »großen« Film LE MÉPRIS *machte er wieder einen »kleinen« Film,* BANDE À PART.

Er hatte keine Lust, nur solche Filme wie LE MÉPRIS zu drehen. Ich erinnere mich, daß er bei BANDE À PART zu uns sagte, dieser Film könne nicht gut im Kino gehen, weil es ein schlecht angezogener Film sei. Was ihn aber nicht gehindert hat, ihn zu machen.

Godard hat sich nie an die traditionellen Regeln des Schnitts gehalten ...

Ja, nehmen Sie zum Beispiel VIVRE SA VIE. Die Szene im Bistro mit der Maschinenpistole. Da kam Godard auf die Idee, eine Art Maschinengewehr-Schnitt zu machen, indem er immer exakt zwei Felder herausschnitt. Er hat das ganz systematisch gemacht, fast mathematisch. Dieses Beispiel systematischer Arbeit gibt es auch in anderen Filmen. In LES CARABINIERS zum Beispiel gibt es einen sogenannten falschen Anschluß. Es ist die Szene mit den Partisanen im Wald, wenn einer der beiden Helden einem Partisanen die Mütze herunterreißt und feststellt, daß es ein Mädchen mit langen blonden Haaren ist. Also, wie er die Mütze herunterreißt, wird in einer Totalen gezeigt, und dann noch einmal in einer Nahaufnahme. Da gibt es einen falschen Anschluß: die Haare fallen zweimal auf die Schultern des Mädchens. Es wäre nicht schwierig gewesen, diese Szene »richtig«, das heißt realistisch zu zeigen. Aber so

Le mépris

war es viel schöner und machte deutlich, was Godard wollte. Ich sah das so: die Person, die etwas gemacht hat, fragt sich, wie sie es gemacht hat, und macht es noch einmal, um zu sehen, wie sie es gemacht hat. Damit diese Szene nicht als beliebiger Einfall angesehen wird, haben wir noch zwei andere »falsche Anschlüsse« in diesem Film. Es gibt also immer eine Art mathematischen Ausgleich in den Filmen Godards.

Man kann sagen, daß es Godard beim Schnitt um einfache und klare Abfolgen ging.

Der Grund, warum Godard in Frankreich nicht viel Erfolg hatte, außer daß man ihn als Kinorevolutionär begriff, war, daß man ihn für naiv hielt. Viele Leute hatten den Eindruck, daß der französische Zuschauer Angst hatte, man würde sich über ihn lustig machen. Ich bin sicher, daß das nicht stimmt. Seine Provokation war nicht von der Art, sich über Leute lustig zu machen. Seine Provokation war, mit den einfachsten Mitteln Poesie zu machen. Auch von Picasso hat man gesagt, er mache sich über Leute lustig. Die Leute verwechseln Einfachheit mit Vereinfachung. Viele Leute dachten, Godard machte vereinfachte Filme, aber es waren einfache Filme, das heißt Filme mit der Absicht, Dinge einfach darzustellen. Das einzige, was der Schnitt leisten kann, ist die Sache einfach zu machen, nicht sie zu komplizieren. UNE FEMME EST UNE FEMME zum Beispiel ist ein Film von einer überraschenden Einfachheit. Es gibt da eine Szene zwischen Marie Dubois und Anna Karina, die sich auf der Straße treffen und dann eine Treppe hochgehen. In dieser Szene gibt es sehr viele Schnitte. Gedreht wurde sie aber so, daß diese Szene viel geradliniger ist. Ich erinnere mich, Godard wollte diese Szene an einem Samstag schneiden, und zwar so, wie sie gedreht worden ist, also sehr einfach. Ich erinnere mich sehr gut, das war der einzige Tag, an dem ich ungern mit ihm gearbeitet habe, nicht weil es Samstag war, sondern weil nichts funktionierte. Wir arbeiteten den ganzen Tag an der Szene, und am Montag haben wir weitergemacht. Und wir machten etwas, das immer komplizierter wurde. Alle Versuche, die Szene einfach zu schneiden, waren vergebens. Es kam immer etwas Kompliziertes heraus. Das passierte mit Godard sehr selten. – Einer der einfachsten Filme in der Art seiner Erzählung ist LES CARABINIERS, wo es die einfache Abfolge von langen Einstellungen, Zwischentiteln und wieder langen Einstellungen gibt. Es gibt da nicht die übliche Montage von verschiedenen Einstellungen. Diese einfache Abfolge von Einstellungen sieht man zum Beispiel in der Szene mit den Geiseln, die aufs Land gebracht werden. Da gibt es an einer Stelle zwischen zwei Einstellungen acht Felder Schwarzfilm. Ich weiß nicht, ob man das merkt. Da war eine einfache Verbindung zwischen zwei Einstellungen nicht möglich, und so kamen wir auf die Lösung mit dem Schwarzfilm. Godard hat da nicht versucht, irgendwelche Zwischenschnitte zu nehmen. Er hat einfach Schwarzfilm genommen, um den Ablauf der Szenen nicht zu verkomplizieren.

Godard arbeitete auch lieber mit Direktton.

UNE FEMME EST UNE FEMME ist eine Mischung aus Direktton und Nachsynchronisation, weil Godard nicht betrügen und eine Nachsynchronisation als Direktton ausgeben wollte. VIVRE SA VIE ist Direktton, LES CARABINIERS ist ganz nachsynchronisiert, und danach hat er keinen einzigen Satz mehr nachsynchronisiert, weil er eine Nachsynchronisation nicht mehr ertragen konnte. Die beiden aufregendsten Filme Godards, was den Ton betrifft, sind UNE FEMME EST UNE FEMME als musikalische Komödie und LES CARABINIERS, wo der gesamte Ton nachgemacht wurde. Wenn ein Fahrzeug auftauchte, mußte der Toningenieur das Geräusch am selben Ort mit demselben Fahrzeug wie während der Dreharbeiten aufnehmen. Es gibt in diesem Film eine große Perfektion des Tons. Es war auch der einzige Film, an dem wir ganze Nächte gearbeitet haben.

Würden Sie sagen, daß Godards Filme auch von den Schauspielern und seiner Beziehung zu ihnen geprägt waren?

Ich glaube, bis zu seiner Trennung von Anna Karina waren die Filme auch geprägt von seiner Beziehung zu Anna Karina. Bei 2 OU 3 CHOSES QUE JE SAIS D'ELLE war es Marina Vlady, und ab LA CHINOISE begann eine neue Phase. Ich glaube, daß das auch Einfluß auf die Konzeption des Films hatte. Eine Art Suche nach einer neuen Persönlichkeit. Das zeigt sich auch im Rhythmus, im Stil des Films. LA CHINOISE war für ihn die Hoffnung für einen Neuanfang.

Welche Art von Schauspielern bevorzugte Godard?

Godard litt unter Schauspielern, die eine zu starke Selbstkontrolle hatten. Er brauchte Schauspieler, die noch eine Art Naivität und Charme hatten. Ich erinnere mich, daß er mit Marina Vlady in 2 OU 3 CHOSES sehr unglücklich war, zum Beispiel in der Szene, wo sie in einer Boutique ein Kleid anprobierte. Als Godard bei den Dreharbeiten »Schnitt« sagte, löste sie sich, wurde offener. Während des Drehens hatte er diesen Zustand bei ihr nicht erreicht. Zu erreichen, daß jemand wieder kindlich wird, damit hat auch der Brief zu tun, den er für das Team von 2 OU 3 CHOSES schrieb. Er legte ihn zu den Dienstplänen, die jeden Tag für die Arbeit aufgestellt wurden, und nannte

2 ou 3 choses que je sais d'elle

ihn »Brief an das gesamte Team, um zu lernen, gemeinsam Filme zu machen«. Er ist vom 18. August 1966 datiert. Aber ich glaube, es war eher ein offener Brief an Marina Vlady. Sie war eine erfahrene Schauspielerin, und er hatte Kontaktschwierigkeiten, und gleichzeitig war er damals verliebt in sie. Es war sehr rührend, weil Godard immer in viel jüngere Mädchen verliebt war, und hier war es eine Frau, die fast in seinem Alter war. Dieser Brief nun war für Marina Vlady gedacht, das ist sicher. Aber er schrieb ihn an das gesamte Team. Das ist typisch Godard. Damals sagte er ihr auch, was die Schauspielerführung betrifft, könne er nur den einen Rat geben: zu Fuß zu den Dreharbeiten zu kommen und nicht mit dem Auto. Weil die Stars, die nur Autos benutzen, nicht mehr in der Lage

Brief an das gesamte Team, um zu lernen, gemeinsam Filme zu machen

Von Jean-Luc Godard

Ich spiele
Du spielst
Wir spielen
Kino.
Du glaubst, es gäb
eine Spielregel,
aber es gibt keine.
Du glaubst also,
es gäbe keine,
aber es gibt doch
eine Spielregel.
Denn du bist ein Kind,
das noch nicht weiß,
was ein Spiel ist,
und daß es
den Erwachsenen vorbehalten ist,
zu denen du schon gehörst,
weil du vergessen hast,
daß es ein Kinderspiel ist.
Worin besteht es?
Es gibt mehrere Antworten.
Hier zwei oder drei:
Sich betrachten
im Spiegel der anderen.
Vergessen und wissen,
schnell und langsam
die Welt
und sich selber.
Denken und reden,
ein seltsames Spiel:
Das ist das Leben!

Übersetzung: Wilfried Reichart

sind, zu gehen oder zu laufen. Das war auch der Grund, warum er von Jean-Pierre Léaud begeistert war, denn der hatte eine elementare Art zu spielen. Léaud war auch nie besser als in den Filmen von Godard.

Wie kam er mit Eddie Constantine in ALPHAVILLE *zurecht?*

Mit Eddie Constantine konnte er nicht viel anfangen. Er hatte große Schwierigkeiten mit ihm. Als er die ersten Muster von ALPHAVILLE sah, war er sehr verzweifelt. Ich erinnere mich, eines Tages kam er in den Schneideraum und sagte, Eddie Constantine ist wie ein Stein, man muß ihn so benutzen und kann mit ihm nichts anderes machen.

... und Jean Yanne in WEEK END*?*

Er verachtete Jean Yanne. Ihn für die Rolle zu nehmen, da war schon viel Grausamkeit dabei. Auch bei Mireille Darc. Aber was Mireille Darc betrifft, war er berührt, weil sie ihr Spiel wundervoll gespielt hat. Er hatte aber von vornherein immer Worte der Verachtung für Jean Yanne und Mireille Darc und die Filme, die sie gemacht hatten.

Er hatte wohl eine schlechte Meinung von Schauspielern?

Ja, weil er der Ansicht war, Schauspieler mit viel Erfahrung haben ihre Ursprünglichkeit verloren. Er akzeptierte nur Jean-Paul Belmondo. Damit hatte er nicht ganz unrecht, denn Belmondo hat etwas Ursprüngliches, was Godard sehr gefiel.

Gibt es Filme von Godard, die Ihnen mehr liegen und andere weniger?

Ich fühle mich Filmen wie LE MÉPRIS, UNE FEMME EST UNE FEMME, LES CARABINIERS und BANDE À PART viel näher, als denen, die kälter sind, wenn man so sagen kann, wie VIVRE SA VIE oder UNE FEMME MARIÉE. Ich habe mit Godard oft darüber gesprochen, und er sagte, daß er mehr visuell-audio sei, und ich mehr audio-visuell. Für mich ist der Ton ganz wichtig, und für ihn als Regisseur das Bild. Und manchmal, wenn wir kleine Probleme beim Schnitt hatten, dann hatte das damit etwas zu tun.

Diese Schwierigkeiten gab es ja bei MADE IN U.S.A. *und* 2 OU 3 CHOSES, *die gleichzeitig entstanden.*

Ja, und die Schwierigkeit dabei war, daß beide Filme völlig verschieden sind. Der eine Film ist eher wie ein Schock, der andere eine Art philosophischer Meditation. Zu dieser Zeit war Godard mit seiner Arbeit sehr unglücklich. Wir haben uns bei der Arbeit auch ein bißchen gestritten, weil er große Schwierigkeiten hatte, sich gleichzeitig mit zwei Filmen zu beschäftigen. Damals sagte er auch, daß er sich im Tonmeister für die Mischung geirrt habe. Er hätte für MADE IN U.S.A. den Tonmeister nehmen sollen, der 2 OU 3 CHOSES gemischt hat und umgekehrt. Der eine hatte große Probleme, den schroffen Rhythmus hinzukriegen. Und für diese Art philosophischer Meditation in 2 OU 3 CHOSES hätte er jemand mit etwas mehr instinktivem Gefühl gebraucht. Ich hatte auch den Eindruck – ich habe ihm das auch gesagt –, daß er sich auch in der Cutterin geirrt hat, denn Françoise Collin, die meine Assistentin war, hat 2 OU 3 CHOSES geschnitten. Sie war sehr jung und sie hätte viel spontaner auf MADE IN U.S.A. eingehen können. Und ich, die ich diese philosophischen Filme mit Godard schon früher machte, wäre vielleicht für 2 OU 3 CHOSES besser geeignet gewesen. Als er MADE IN U.S.A. fertig geschnitten hatte, begann er den Kommentar für 2 OU 3 CHOSES zu schreiben. Die Geburt dieses Kommentars war für ihn sehr mühsam. Er war sehr schlecht gelaunt. Da hat man auch gemerkt, daß die Arbeit nicht ein Teil seiner Individualität, sondern seine ganze Person ist.

In welcher psychischen Situation befand sich Godard, als er WEEK END *drehte?*

Man sagt immer, mit WEEK END habe er die Leute schockieren wollen. Nun, die lange Szene an dem Müllwagen, zwischen dem Araber und dem Schwarzen, damit wollte er ganz bewußt die Leute ärgern. Er hat sich wirklich angestrengt, diese Szene unerträglich zu machen. Bei den anderen Szenen war es nie eine bewußte Provokation. Am Ende von WEEK END hat er übrigens zu dem ganzen Filmteam gesagt: »Ich mache nun keine Filme mehr. Sie müssen sich bei jemand anderem Arbeit suchen.«

In WEEK END *gibt es ja auch diese berühmte Kamerafahrt.*

Man sprach da von der längsten Kamerafahrt des französischen Kinos. Aber Sie haben sicher bemerkt, daß es in der

Mitte der Kamerafahrt Schnitte gibt. Das war ein großes Problem für Godard, denn wenn es die längste Kamerafahrt werden sollte, durfte man die Einstellung nicht unterbrechen. Da aber diese Kamerafahrt mehrmals aufgenommen wurde und es in der einen Einstellung bessere Szenen gab als in der anderen, wurde doch geschnitten. Er schnitt also Zwischentitel ein, um verschiedene Teile der verschiedenen Aufnahmen benutzen zu können. Insgesamt wurde die Kamerafahrt dreimal aufgenommen, aber für den Schnitt haben wir nur zwei Aufnahmen benutzt. Insgesamt besteht die Kamerafahrt nun im Film aus vier Teilen.

War es für Sie schwierig, nach WEEK END *mit anderen Regisseuren zusammenzuarbeiten?*

In Frankreich hat man jetzt Godard gegenüber eine Art schlechtes Gewissen, nachdem man ihn so bewundert hatte. Die Leute lehnen ihn jetzt ab. Als Godard aufhörte, seine Filme zu machen, hatten wir – seine Mitarbeiter – große Schwierigkeiten. Vorher hatte es uns in unserem Beruf geholfen, jetzt schadet es uns. Jetzt kann man hören, daß ein Regisseur zu einem sagt: ich arbeite nicht wie Godard. Ich finde das widerlich, das zu verleugnen, was man einmal bewundert hat.

Sein früherer Produzent Georges de Beauregard wagte es aber immer wieder, mit ihm Filme zu machen.

Beauregard ist eine erstaunliche Person. Eine richtige Spielernatur. Viele werden Produzenten, weil sie eine Leidenschaft für das Kino haben, Beauregard, weil er eine Leidenschaft für das Spielen hat. Einmal sagte er zu Godard: »Agnès Guillemot ist eine merkwürdige Frau. Die liebt Ihre Filme.« Er sagte das, weil er die Filme von Godard nicht mochte. Er verstand sie nicht und liebte sie nicht. Und Godard antwortete ihm: »Es muß doch jemand geben, der meine Filme mag.« Er liebte wohl sehr die Person Godards, aber nicht seine Filme. Doch er machte weiter. Er war tatsächlich überzeugt, Godard würde mit NUMÉRO DEUX den Jahrhundertfilm machen.

Das Gespräch mit Jean-Luc Godard fand am 21. 9. 1978 in Rolle (Schweiz) statt. Die Interviews mit Raoul Coutard und Agnès Guillemot wurden am 3. 10. bzw. 6. 10. 1978 in Paris geführt. Übersetzung: Barbara Arnhold und Wilfried Reichart.

Kommentierte Filmografie
Von Martin Schaub

Hans Lucas

Zwischen dem Filmemachen und dem Schreiben über Film habe es bei ihm nur einen quantitativen Unterschied gegeben, hat Godard, der mit 20 Jahren unter dem Pseudonym Hans Lucas über Film zu schreiben anfing, einmal gesagt. Seine Kollegen von der Nouvelle Vague hatten auch als Kritiker begonnen, aber kaum einer – am ehesten noch Truffaut – hat später seine eigenen Filme mit so vielen Texten begleitet und umspielt wie Godard. Die Filmtexte bis 1967, das heißt von den ersten Versuchen bis zum Begleitmaterial zu LA CHINOISE, sind gesammelt greifbar.[1] Sie reichen von einem Cinephilen-Aufsatz über Joseph Mankiewicz' *Ghost and Mrs. Muir*, *A Letter of Three Wives* und *House of Strangers* bis zu jenem oft zitierten »Manifest« im Presseheft von LA CHINOISE, das eine Hauptlinie in seinem Werk – auch über LA CHINOISE hinaus – klar definiert: »Fünfzig Jahre nach der Oktoberrevolution herrscht das amerikanische Kino über das Kino der Welt. Diesem Sachverhalt ist nichts hinzuzufügen. Außer, daß auf unserer bescheidenen Stufe auch wir zwei oder drei Vietnams inmitten des ungeheuren Imperiums Hollywood-Cinecittà-Mosfilm-Pinewood usw. schaffen müssen, und gleichermaßen ökonomisch wie ästhetisch, das heißt an zwei Fronten kämpfend, nationale, freie Kinos schaffen, Brüder, Genossen und Freunde.«

Dieser Text reflektiert den Stand von Godards politischem und ästhetischem Bewußtsein im Jahre 1967 schwungvoll, aber nicht ungenau. Sucht man ähnlich deutliche Formulierungen in den frühen Texten des Kritikers Godard (1950–1959), um die es hier einzig geht, also eine Art Plattform der ersten Filme, wird man enttäuscht sein. Es sind Kritiken und Aufsätze eines Cinephilen, eklektisch, idealistisch. Zusammen mit Eric Rohmer und Jacques Rivette hatte der zwanzigjährige Godard die *Gazette du Cinéma* gegründet; sie erschien fünfmal in einem halben Jahr. Godards mit »Hans Lucas« gezeichnete Beiträge handelten u. a. von Mankiewicz (Juni), vom (sowjetischen) politischen Film (September), von *Que viva Mexico*, Eisenstein und Kenneth Anger, von Max Ophuls' *La Ronde* und Elia Kazans *Panic in the Streets* (Oktober). Auffällig an all diesen Texten ist der geschwätzige Umgang mit Namen und Werktiteln; Godard, der Cinephile, spricht zu Cinephilen; die Texte leben von der Filmkultur der Habitués in der ersten Reihe der Cinémathèque française. Mehr als die Gedankengänge bleiben einige maßlose Formulierungen in der Erinnerung haften, etwa: »Im Kino denken wir nicht, wir werden gedacht.«

Im Januar 1952 erschien Godards erster Aufsatz in den *Cahiers du Cinéma,* in der noch jungen Hauspostille der französischen Cinephilen, und in *Les Amis du Cinéma* folgten sich bis Oktober 1952 fünf Aufsätze, drei davon von einigem Gewicht. In seiner Interpretation von Hitchcocks *Strangers on a Train* singt Godard das Lob der »Vorherrschaft des Sujets« und bemüht nicht nur Dreyer und Murnau als Zeugen, sondern auch Goethe, Kleist, Dostojewski und Charlotte Brontë. So schlüssig ist alles gar nicht, was Godard da bedenkt, klar hingegen wird bald einmal, wo das alles hinaus soll: »Man muß nur verstehen, daß alle Erfindung in den amerikanischen Filmen, ihre Jugend, darauf beruht, aus dem Sujet wieder den eigentlichen Beweggrund der Inszenierung zu machen, daß das französische Kino immer noch von irgendeinem Glauben an die Satire lebt und daß es Gefahr läuft, über seiner Neigung zum Hübschen und Pittoresken, über seinen Tristan-und-Isolde-Geschichten das Richtige und Wahre zu vernachlässigen, anders ausgedrückt, im Nichts zu enden.«

Dieser Aufsatz verrät als Ganzes die Beschäftigung mit André Bazins Filmtheorie. Sie wird deutlicher in »Verteidigung und Darlegung der klassischen Découpage«, während der Aufsatz »Was ist Kino?« (für *Les Amis du Cinéma*) eher wieder in die ersten Anfänge von Godards Kritikertätigkeit zurückweist. Metaphysik sei die große Mode, schreibt er, und sie mache die schönen Ideen häßlich. Nur wenn der Film die Seele der Dinge male, werde er schön. Ein revolutionäres Verständnis des Menschen gefährde die Schönheit des Films. Die großen Autoren seien zu konservativ gewesen, um das zu leugnen. Sein kurzes Bekenntnis gegen das Ideen-Kino (»Metaphysik« ist nur ein etwas großes Wort) schließt er mit einem Spruch ab, der überdeutlich ausdrückt, woher Godard kommt (und welchen Weg er vor sich hat): »Auf die Frage: Was ist das Kino? antworte ich somit zunächst: der Ausdruck der schönen Gefühle.«

Den frühen *Cahiers*-Aufsatz »Verteidigung und Darlegung der klassischen Découpage« (1952) betrachten wir im Zusammenhang und in seinem Widerspruch mit dem späteren, »Montage, meine schöne Sorge« (Dezember 1956). Zwischen den beiden Texten liegt Godards erste Film-Praxis. Er hat Frankreich verlassen, ist (mit seinem Vater) gereist und dann in die Schweiz zurückgekehrt, wo er auf der Baustelle des Staudamms von Grande-Dixence arbeitete und mit seinem Lohn seinen ersten Film, OPÉRATION BÉTON, finanzierte, darauf beim Westschweizer Fernsehen Kontakt aufnahm, in dem Kurzfilm *Le coup du berger* von Jacques Rivette auftrat und selber seinen ersten Spielfilm, UNE FEMME COQUETTE, produzierte. Zwischen den beiden Aufsätzen über Montage lag also die erste Arbeit am Schneidetisch.

Die Beschäftigung mit der Montage war damals für Godard auch und vor allem eine Beschäftigung mit Bazins ethischen Kriterien; Bazin gab der Inszenierung (mise-en-scène) einen deutlichen Vorrang vor der Montage, die einem letztlich unethischen Mißbrauch der Macht des Filmemachers Tür und Tor öffne. Was bei Bazin als spitze Antithese dasteht, will Godard in eine Synthese überführen. Er tut es in zwei Schritten. Im ersten Aufsatz verhindert Befangenheit eine klare Aussage; die Richtung, in der die Synthese zu finden sein wird, wird allerdings angedeutet. Godard führt Diderot und seine Überzeugung an, daß »die Moral und die Perspektive die beiden entscheidenden Qualitäten des Künstlers sind« und hält fest, daß Baudelaire »nichts anderes sagt, wenn er schreibt, daß das Schöne besteht aus einem ewigen, unveränderlichen Element, dessen Quantität außerordentlich schwer bestimmbar ist, und aus einem relativen Moment, das, je nachdem, die Epoche, die Mode, die Moral, die Leidenschaft, nacheinander oder all das in einem sein kann«. Die Montage erst, spürt man (mehr als daß man es hier begreift), ermöglicht dem Film, die »psychische Realität« zu erfassen.

In »Montage, meine schöne Sorge« faßt Godard das Problem genauer: in einem Film wie *Oktober* ist »der Schnitt vor allem das letzte Wort der Inszenierung (...) Wenn Inszenieren ein Blick ist, dann ist Schneiden ein Herzschlag (...) Ein genial inszenierter Film macht den Eindruck, daß er einfach Stück für Stück aneinandergehängt sei, sicher, aber ein genial montierter Film macht den Eindruck, als sei jegliche Inszenierung weggefallen.« Die physische Realität ist eine Sache der Inszenierung, die psychische die Sache der Montage, die Godard als Verlängerung der Inszenierung sieht – und das bestimmt nicht nur, um Bazin zu gefallen. Auf die kürzeste Formel gebracht, lautet die Synthese jetzt: »Wer dem Reiz der Montage erliegt, erliegt auch der Verführung der kurzen Einstellung. Wie? Indem er den Blick zum entscheidenden Element seines Spiels macht. Anschlüsse machen, die dem Blick folgen, das ist schon fast die Definition der Montage, ihr schönster Ehrgeiz und zugleich ihre Unterwerfung unter die Inszenierung. So läßt man in der Tat die Seele hinter dem Geist hervortreten, die Leidenschaft hinter der Intrige, so gibt man dem Herzen den Vorrang vor der Intelligenz und zerstört dabei den Begriff des Raums zugunsten dessen der Zeit.«

Eines machen die drei (bzw. vier, wenn man »Für ein politisches Kino«, 1950, dazuzählt) theoretischen Aufsätze deutlich: daß Godard eigentlich kein Theoretiker ist. Seine Begabung liegt anderswo. In den Kritiken, die sich in den Jahren 1958 und 1959 – also zur Zeit der drei Kurzfilme TOUS LES GARÇONS S'APPELLENT PATRICK, CHARLOTTE ET SON JULES und UNE HISTOIRE D'EAU und der Vorbereitungen zu A BOUT DE SOUFFLE – häufen (eine regelmäßige Mitarbeit bei der Wochenzeitschrift *Arts* war dazugekommen), überzeugen vor allem die genauen Definitionen von filmischen Vermittlungsmustern, gelungene Überführungen von Logik in Leidenschaft oder von Leidenschaft in Logik, Begriffe, die immer wieder auftauchen.

Der »Informationsgehalt« dieser Texte, ihre Verbindlichkeit sind nicht über jeden Zweifel erhaben. Godards Kritikerarbeit ist mindestens ebenso komprimiert, so fiebrig intensiv und so elliptisch wie die Filme, die nun kommen werden. Sie ist auch schwer nachvollziehbar und rätselhaft, weil da zwischen den Zeilen und in den einzelnen Wörtern selbst die Traurigkeit und die Wut über das französische Kino mitschwingen. Einmal wird Godard deutlich, nennt Namen: in seinem Jubel über die Nomination von François Truffauts *Les 400 coups* für das Festival von Cannes. Dieser Artikel (in *Cahiers du Cinéma*, Mai 1959) deckt endlich auf, welches die Motivation all der aggressiven Andeutungen und Insider-Anspielungen, der elitären Zitate und ahnungsvollen Anmerkungen war.

»Und wenn wir seit fünf Jahren in diesen Spalten die falsche Technik von Gilles Grangier, Ralph Habib, Yves Allegret, Claude Autant-Lara (...) attackieren, dann wollen wir ihnen nichts anderes sagen als: eure Kamerabewegungen sind häßlich, weil eure Sujets falsch sind, eure Schauspieler spielen schlecht, weil eure Dialoge nichts taugen, mit einem Wort, ihr könnt keine Filme machen, weil ihr nicht mehr wißt, was das ist. (...) Wir haben gewonnen, indem wir das Prinzip durchsetzten, daß ein Film von Hitchcock, zum Beispiel, genauso wichtig ist wie ein Buch von Aragon. Die Filmautoren sind dank uns endlich in die Geschichte der Kunst eingezogen. Und von diesem Erfolg habt ihr, die wir bekämpfen, automatisch profitiert. Und wir attackieren euch, weil ihr verraten habt, daß wir euch die Augen geöffnet haben, und ihr sie immer noch geschlossen haltet. Jedesmal, wenn wir eure Filme sehen, finden wir sie so schlecht und so weit entfernt, ästhetisch und moralisch, von dem, was wir erhofften, daß wir uns unserer Liebe zum Kino fast schämen. Wir können euch nicht verzeihen, daß ihr nie Mädchen gefilmt habt, so wie wir sie mögen, Jungen, denen wir täglich begegnen, Eltern, wie wir sie verachten oder bewundern, Kinder, die uns überraschen oder gleichgültig lassen, kurz, die Dinge, so wie sie sind.«

Godard, der Kritiker, ist ein normativer Moralist. Die Richtigkeit seiner Position kann er schreibend nicht beweisen. Nur mit Filmen.

Die Etüden

»Wir alle bei den *Cahiers du Cinéma* verstanden uns als zukünftige Filmemacher. In die Filmclubs und in die Cinémathèque gehen hieß bereits ›Kino-denken‹ und ›ans Kino denken‹. Schreiben bedeutete bereits Filme-machen, denn zwischen Schreiben und Drehen gibt es nur einen quantitativen, nicht einen qualitativen Unterschied.«[2] Betrachtet man Godards ersten Film, OPÉRATION BÉTON, im Licht dieser Erklärung und im Licht der in den *Cahiers* vertretenen »Politik der Autoren«, kann eine Enttäuschung nicht ausbleiben. Denn OPÉRATION BÉTON ist eine in der traurigen Tradition des Industriefilms stehende, »uninspirierte« Arbeit. Nichts ist zu spüren von der idealistischen – und zuweilen penetrant reaktionären – Position der ersten hochfliegenden Aufsätze. Getragen von Bach- und Händel-Musik und verbunden durch einen konventionellen Kulturfilm-Kommentar, folgen sich Einstellung um Einstellung auf Arbeit, Menschen und Maschinen am größten Staudamm Europas. Da ist nichts Spontanes, nichts Individuelles zu entdecken. Es geht offensichtlich nicht darum – wie in den ersten Etüden von Rivette, Rohmer und Chabrol –, »sich auszudrücken«. Man könnte sich im Grunde kaum einen »professionalistischeren« Beginn von Godards Werk vorstellen. Der Film zeigt die Oberfläche der Sache, nicht ihre »Seele«. Godard hatte mit seinem Lohn das Filmmaterial und einen Kameramann bezahlt. Das Baukonsortium war mit seiner professionellen Abbildung offenbar zufrieden und bemühte sich, dem Zwanzigminutenfilm zu einer kommerziellen Auswertung zu verhelfen; der Kurzfilm lief als Vorprogramm zu Vincente Minellis *Tea and Sympathy* und wurde nicht stärker beachtet als alle anderen langweiligen Vorfilme.

Die vier Kurzspielfilme der Jahre 1955–1958 liegen näher bei den Kritikern, näher bei A BOUT DE SOUFFLE, mit dem Godard schließlich ins Bewußtsein der Filmwelt tritt, näher vor allem bei jenen Figuren und bei jener Welt, die Godard kennt und der französische Film jener Zeit eben nicht: »Mädchen, so wie wir sie mögen, Jungen, denen wir täglich begegnen.«

Mit den Einkünften aus OPÉRATION BÉTON lebte Godard eine Zeitlang in Paris, kehrte dann wieder nach Genf zurück, wo er seinen kürzesten Film, UNE FEMME COQUETTE, drehte, den sehr wenige gesehen haben. Die Kurzfilme Godards haben nicht die Bedeutung der frühen Werke von Alain Resnais; Etüden ist das adäquate Etikett. Richard Roud scheint UNE FEMME COQUETTE zu kennen. Protagonistin des Films ist eine junge, respektable Frau, die einem Freund schreibt, was ihr zugestoßen ist. Fasziniert von der Art, wie eine Dirne ihre Kunden anwirbt, hat sie sich selber in der Rolle in einem Park versucht. Ein Typ ist ihr bis an die Haustüre gefolgt. Sie hat ihn eingelassen, wissend, daß ihr Ehemann bald nach Hause kommt; an dieser Stelle endet der Film, der auf eine Maupassant-Novelle zurückgeht, die Godard zehn Jahre später – im »schwedischen« Film-im-Film von MASCULIN-FÉMININ – wieder aufnimmt. Richard Roud meint, der Film sei heute, im Rückblick, faszinierend, man müsse sich aber fragen, wie man seinerzeit auf ihn reagiert hätte; eher negativ, vermutet er, weil man nicht wissen konnte, ob Godard alle die falschen Anschlüsse, die Diskontinuität des Lichts, die doppelt genähten Dialoge, das falsche Timing, die ultrakurzen Einstellungen absichtlich gesetzt hatte, oder ob er es einfach nicht besser konnte. Truffaut, der Freund, erinnert sich, daß Godard sowohl vor wie nach UNE FEMME COQUETTE an seinen Fähigkeiten zweifelte. – Nach Godards nächstem Film, TOUS LES GARÇONS S'APPELLENT PATRICK, versteigt sich derselbe Truffaut zu einem sehr gewagten Vergleich: er erinnert an Jean Vigo.

Das Drehbuch von TOUS LES GARÇONS S'APPELLENT PATRICK stammt von Eric Rohmer; der Film ist eine frühe »moralische Geschichte«. Véronique (Nicole Berger), die in ihrer Wohnung gerade mit der Lektüre des Buches »Die Aesthetik Hegels« beschäftigt ist, wird später im Park von Patrick (Jean-Claude Brialy) angesprochen. (»Ich würde nie auf einen Mann warten, wenn ich Sie wäre.«) Im Café verabreden sie sich für einen Abend. (Hier findet sich bereits ein godardsches Insert, die Titelseite von *Arts* mit dem Titel »Das französische Kino krepiert unter dem Gewicht von falschen Legenden«.) Später erzählt Véroniques Zimmergenossin Charlotte (Anne Colette) von einem jungen Mann, den sie getroffen habe und wiedersehen werde; er heißt Patrick. »Ach, das ist komisch, alle Jungen heißen Patrick«, sagt Véronique. Ein Zwischentitel (»Am nächsten Tag nach den Vorlesungen«) leitet den kurzen Schluß ein: Patrick mit einem dritten Mädchen: »Gehst du heute mit mir aus? Oder morgen?« Eine, zwar sprunghafte, lineare Story wird erzählt, aufgelockert durch Verweise auf Literatur und Film. Mehr ist von TOUS LES GARÇONS S'APPELLENT PATRICK nicht zu berichten, einem Film, der – als kleine »moralische Geschichte« – eher Rohmer »gchört« und Jean-Claude Brialy, der eine (zwei, wenn man die letzte Sequenz dazuzählt) virtuos ironische Verführungsnummer abzieht.

In CHARLOTTE ET SON JULES redet Jean-Paul Belmondo wie um sein Leben, zwanzig Minuten lang. Das heißt: Belmondo bringt die Gesten, und Godard fügt die Sprache hinzu; der Sketch ist nachsynchronisiert, nicht perfekt, so daß Bild und Ton je länger desto mehr auseinanderwachsen. Godard hat den Film in seinem eigenen Hotelzimmer an der Rue de Rennes inszeniert; das Filmmaterial hatte ihm Claude Chabrol überlassen, der eben – mit einer Erbschaft – seinen ersten langen Film, *Le beau Serge*, abgedreht hatte; sozusagen aus dem Nichts entstand diese außerordentliche Talentprobe, die zum erstenmal etwas ahnen ließ von dem, was kommen sollte.

Der Film beginnt mit einer Aufsicht: Charlotte (Anne Colette) entsteigt dem Cabriolet ihres neuen Typen (»Jules« ist so zu übersetzen); Jean (Belmondo) liegt auf seinem Bett, als Charlotte an die Türe klopft und eintritt. »Ich bin's«, sagt sie, aber Jean unterbricht sie und redet und redet; sie kommt mit keinem Wort dazwischen. Mit großen Schritten tigert Jean durchs Zimmer, gestikulierend; die Kamera ist immer auf ihm; Charlotte wird nur gestreift. »Ich wußte, daß du zurückkommst ... Du kannst ohne mich nicht sein ... Weil ich dich liebe, mußt du mich auch lieben ... Du mußt mit mir sein; das ist die kartesianische Logik ... Laß mich meinen Satz zuende machen ... Man sieht doch, daß du zuhörst, mach also keine Geschichten ... Ach was, ich habe es ohnehin über, daß du deine Beine mit meinem Rasierapparat rasierst ... Ich bin böse mit dir ... Nein ich bin's nicht ... Ich kann nicht leben ohne dich ... Bleib bei mir ... Ich weiß, ich bin ein Dreckskerl ... Aber das gefällt dir ja ... Deswegen bist du ja schließlich wiedergekommen.« Von der Arroganz fällt Jean in die Überredung, von da ins Bitten, von da wieder in die Aggressivität (»Was, zum Film willst du? Das finde ich entehrend und darüber hinaus außer Kurs. Es ist wahr. Was ist das Kino? Ein Maulaffengesicht, das in einem kleinen Saal Grimassen schneidet. Man muß schon blöd sein, um sich da begeistern zu können. Ich weiß, was ich sage: das Kino ist eine Scheinkunst.«) Schließlich wird er grob, beleidigend; und da sagt Charlotte: »Nein, ich habe nur meine Zahnbürste holen wollen«, geht zum Lavabo und verschwindet durch die Tür, ohne Gruß.

Daß Godard seinen Schauspieler nachsynchronisierte war eher ein Unglücksfall (Belmondo mußte in den Militärdienst

einrücken, und die Kosten sollten extrem niedrig gehalten werden). So sprang der Autor ein und »erfand« eine seiner unverwechselbaren Spezialitäten, die Spannung zwischen Bild und Wort, eine Spannung, die aus der sanften bis brutalen Verschiebung oder Aus-einandersetzung der beiden Elemente resultiert. Den Effekt erprobte Godard im gleichen Jahr 1958 noch einmal, in UNE HISTOIRE D'EAU. Truffaut hatte an einem Regenwochenende mit zwei Darstellern (Jean-Claude Brialy und Caroline Dim) 800 Meter Film gedreht; fasziniert von Überschwemmungen, war er losgezogen, mußte aber nachher feststellen, daß das Material für ihn unbrauchbar war. Godard rettete es vor der Vernichtung, montierte und »textete« es in kürzester Zeit. Er erfand die Geschichte einer Studentin, die aus der pariser Region in die Stadt zurückkehren will und es mit Autostop versucht; ein Typ nimmt sie mit, und wahrscheinlich wird sie mit ihm die Nacht verbringen. (Darauf weist auch der Titel hin: UNE HISTOIRE D'EAU = *Histoire d'O* von Pauline Réage.) Das Gespräch, das die beiden inmitten der Überschwemmungen führen, hat mit dem Naturereignis wenig zu tun. Der Typ sagt einmal: »Gewöhnlich schere ich mich nicht um das Bild, der Text zählt. Aber dieses Mal habe ich unrecht, weil hier jedes Bild schön ist.« Eine erzählte Anekdote gibt einen weiteren Hinweis auf den Sinn des Experiments: Aragon habe in einer Vorlesung über Petrarca nur von Matisse erzählt, bis ein Student ihn aufforderte, zur Sache zu kommen. Darauf habe Aragon geantwortet, daß Petrarcas Kunst eben genau die der Abschweifung gewesen sei. Truffauts Rohmaterial war ohne Abschweifung nicht zu retten. Erst die Aus-einandersetzung ergab ein Ganzes. Asynchronität, völliges Auseinanderfallen von Ton und Bild, metaphorische Verbindungen halten Text und Bild zusammen oder stoßen sie auseinander: »Hier öffne ich eine Klammer«, sagt Brialy und öffnet die Türe seines Autos; »und jetzt schließe ich sie«, sagt er, wenn er die Autotür schließt.
Nach den Etüden hat sich Godard als Szenarist und Dialogist von Auftrags- und Dokumentarfilmen durchgeschlagen. Einen Monat nach der Uraufführung von *Les 400 coups* hat er Truffaut gebeten, ihm das Exposé von A BOUT DE SOUFFLE zu überlassen, um es dem Produzenten Georges de Beauregard zur Lektüre vorzulegen.

A bout de souffle. 1959

Truffauts Story ging von einem fait divers aus. Ein junger Franzose, der in den USA einen Drugstore überfallen und eine Gefängnisstrafe abgesessen hatte, lernte auf seiner Überfahrt nach Europa eine amerikanische Journalistin kennen, die in Paris Schauspieler interviewen wollte. Nach seiner Ankunft in Paris stahl er ein Diplomatenauto und fuhr damit zurück nach Le Havre; auf dem Weg dorthin erschoß er einen motorisierten Polizisten. Interpol schaltete sich ein; es kam zu einer Großfahndung mit Razzien und den entsprechenden Zeitungsberichten. Schließlich wurde der Polizistenmörder, zufällig, in Paris verhaftet.[3] Truffaut blieb zunächst nahe an dieser Geschichte; in der Version des Exposés, das Godard schließlich benützte, steht bereits das Handlungsgerüst, wie man es aus A BOUT DE SOUFFLE kennt, doch haben kleinere Änderungen und eine entscheidende Wendung stattgefunden. Bei Truffaut packt der Held (der hier Lucien heißt) am Schluß seine Koffer; Patricia teilt ihm nun mit, daß sie nicht mit ihm wegreise, daß sie ihn verraten hat. Der wütende Lucien übernimmt das Auto seines zwielichtigen Komplizen Berruti und fährt weg; vorher beschimpft er Patricia, die ihm zuschaut »und die ihn nicht versteht, da ihr Französisch noch nicht perfekt ist«[4]. Weitere Änderungen scheint Truffaut dem Freund noch am Schneidetisch ausgeredet zu haben. So hatte Godard seinen Polizeiinspektor dem Gehilfen in der Verhaftungsszene befehlen lassen: »Schnell, in die Wirbelsäule!«[5]

Michel Poiccard alias Laszlo Kovacs (Jean-Paul Belmondo) stiehlt in Marseille ein amerikanisches Auto und fährt mit ihm auf der Route nationale 7 nordwärts. Zwei Polizisten auf Motorrädern überholen ihn; genau in diesem Moment fällt der improvisierte Zündkontakt aus. »Stillgestanden oder ich schieße«, sagt Michel und schießt; ein Polizist sackt zusammen; Michel flieht zu Fuß, ohne Jacke. Er kommt mit einem 2 CV in Paris an, »borgt sich« bei einer Freundin ein paar Francs und versucht Kontakt aufzunehmen mit einem Angestellten des Reisebüros Inter-Americana und mit Patricia, die er später auf den Champs-Élysées findet; sie verkauft die *New York Herald Tribune*. Er will sich mit ihr verabreden, doch sie hat ein Rendezvous mit einem Journalisten, der ihr den Einstieg in den Journalistenberuf erleichtern will. Michel findet

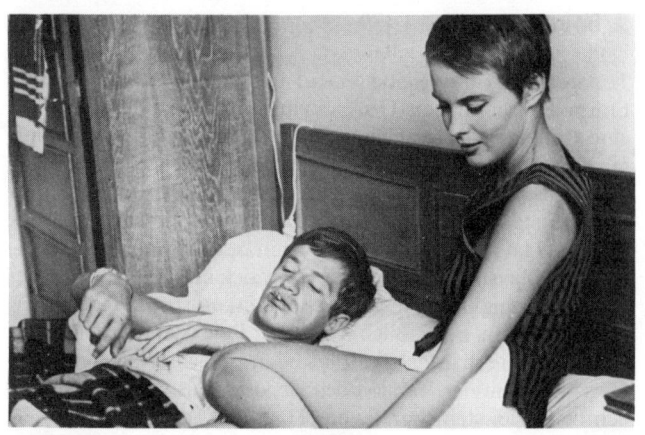

A bout de souffle

seinen Mann bei Inter-Americana; es ist Geld für ihn da, kein Bargeld, ein Scheck, den Michel, nach dem gefahndet wird, nicht selber kassieren kann. Fast bis zum Schluß sucht er dafür einen Mittelsmann, Berruti. Michel verbringt die Nacht im Zimmer Patricias, die erst am Morgen zurückkehrt. Bei Patricia, die er liebt, kann Michel »von sich selber reden«. Er möchte, daß sie mit ihm schläft (auch mit *ihm* schläft); sie zögert. Michel fragt: »Denkst du manchmal an den Tod? Ich, ich denke ohne Unterlaß daran.« Patricia zitiert William

Faulkner: »Between grief and nothing, I will take grief«; Michel würde das Nichts vorziehen, denn »der Kummer ist ein Kompromiß; alles oder nichts«. Michel und Patricia verkriechen sich unter der Bettdecke wie »glückliche Elefanten«, doch Michel meint darauf: »Ich bin müde, ich werde sterben.« Patricia besucht ihre erste Pressekonferenz, Michel versucht einen Wagen loszuwerden, aber das Netz hat sich schon um ihn zusammengezogen; der Käufer will nicht zahlen, weil er Bescheid weiß. Schon wird der Freund im Reisebüro von Inspektor Vital in die Zange genommen. Michel und Patricia ziehen sich in ein Kino zurück. Kurz darauf wird Michel von einem Passanten (Jean-Luc Godard selber) erkannt und verraten. Er wartet nur noch auf das Geld, zuletzt im Studio einer Schwedin, wo er mit Patricia die Nacht verbringt. Am Abend hören die beiden Musik, am Morgen verrät Patricia ihren Freund der Polizei. Um sich zu beweisen, daß sie ihn nicht liebt, wie sie Michel erklärt. Dieser bleibt ganz ruhig, nimmt auf der Straße das Geld in Empfang, das endlich kommt; eine Waffe weist er zurück. Da fahren die Polizisten an. Ein Schuß trifft Michel in die Nieren. Er flieht, immer stärker schwankend, in die Tiefe einer Straße, dann bricht er zusammen. Er sagt: »Das kotzt mich an« und schließt sich selbst, sterbend, die Augen. »Was sagt er?« fragt Patricia, die herbeigeeilt ist. »Er sagt, Sie kotzen ihn an«, übersetzt der Inspektor. Und Patricia fragt, in die Kamera hinein: »Was ist das: ankotzen?«

Godard sagte, A BOUT DE SOUFFLE habe kein Thema, das man in zwei Sätzen definieren könne; der Film erzähle eine Geschichte, und dazu keine einfache; man brauche mindestens zwanzig Minuten, um sie zu resümieren. Später gab er zu, er habe eine Art *Scarface* drehen wollen, und es sei eine *Alice in Wonderland* herausgekommen; heute nennt er den Film »faschistisch«. Angestrebt war eine realistische Kinogeschichte, entstanden ist eine komplizierte Reflexion über ein Thema. Das Thema ist der Tod. Während der klassische Gangsterfilm vom Lebenswillen des Gangsters lebt, bezieht A BOUT DE SOUFFLE seine ganze innere Spannung aus der Tatsache, daß da einer nicht wegläuft, der weglaufen müßte. Anstatt sich zu retten, will Michel Poiccard nur eines: die Liebe Patricias, selbst und gerade weil sie ihm das Leben kostet. Er würde erst fliehen, wenn Patricia ihn begleitete; deshalb erzählt er ihr auch eine Geschichte aus *France-Soir* von einem Betrüger, der mit seiner Freundin alles Geld an der Côte verpraßt, ihr alles gesteht und schließlich zusammen mit ihr verhaftet wird, als sie in der pariser Region Villen knacken. »Die Weiber sind feige«, sagt Michel wiederholt, in der Hoffnung, Patricia werde ihm das Gegenteil beweisen. Nach diesem Beweis will er mit ihr nach Italien fliehen. Liebe oder Tod lautet die Alternative.

Godard ist unfähig, einen realistischen Film zu machen, weil ihm alles zu nahe geht: der Held, von dem er sich fast gewaltsam trennen muß (indem er die Figur des Denunzianten selber interpretiert), und – das vor allem – das Filmemachen selber. Zu jeder Szene fällt dem Cinephilen eine andere Szene ein; alles erscheint im Sucher der Kamera als déjà vu. Oft gibt Godard der cinephilen Erinnerung nach, noch öfter arbeitet er gegen sie, und das heißt auch gegen die herkömmliche Grammatik. Meistens wurde nur am Morgen gedreht, am Nachmittag erfand Godard die Fortsetzung. Die Improvisation setzte sich fort am Drehort, wo ganze Szenen umgestellt wurden, manchmal auch gestrichen. Obwohl die Dreharbeit nur vier Wochen dauerte, leistete sich Godard tagelange Pausen. Er wollte kein Stativ – der ganze Film ist aus der Hand gedreht –, keine Schienen, eine minimale Beleuchtung. Er war der erste, der mit dem neuen »schnellen« Ilford- Material (HP 3) drehte, das damals erst in der Fotografie gebräuchlich war und von der Herstellerfirma speziell für A BOUT DE SOUFFLE in Filmkassetten geladen werden mußte. Godard »zwang« seinen Kameramann Raoul Coutard zu schwersten »Regelverstößen«, zum Beispiel zu Schwenks über die konventionellen Margen hinaus, zu sehr kleinen Achsenverschiebungen, aber auch zu Sprüngen über die Achse (beim Gespräch Patricias mit dem Journalisten); berühmt geworden sind die impulsiven, instinktiven Kamerafahrten auf den Champs-Elysées, wo Godard selbst seinen Kameramann in einem Karren herumschob, und auf der Rue Campagne Première (Schlußszene), so berühmt, daß kaum von den noch eigenartigeren Kamerabewegungen in den Innenräumen gesprochen wird.

Godard brauchte ein »schnelles« Rohmaterial, und er nützte es bis an die Grenze seiner Leistungsfähigkeit aus. Ein Licht wie in Patricias Hotelzimmer hatte man bisher im Film über-

A bout de souffle

haupt noch nie gesehen. Mit halsbrecherischer Improvisation wird in durchweg natürlichen Dekors jene Schnelligkeit erreicht, die die von Godard angerufenen amerikanischen B-Pictures – A BOUT DE SOUFFLE ist den Monogram Pictures gewidmet – im Studio synthetisch herstellen. Die Schnelligkeit, die Godard im Jahr von A BOUT DE SOUFFLE in einer Kritik von Douglas Sirks *A Time to Love and a Time to Die* bewundert, wird notfalls, das heißt wenn sie mit Szenen nicht herstellbar ist, mit extrem verkürzenden Inserts bewerkstelligt. Michel Poiccards impulsives Schießen, der Polizistenmord, wird in drei Einstellungen erledigt; die Verfolgung des Täters hingegen tritt eigentlich nur noch in Zeitungsausschnitten und zuletzt in Leuchtschriften (»Das Netz zieht sich um Michel Poiccard zusammen«; »Paris – Michel Poiccard, Verhaftung steht bevor«) in Erscheinung. Es gibt in A BOUT DE SOUFFLE keine Zeit für Nebensächlichkeiten, aber sie fehlen nicht; in extremer Verkürzung werden Assoziationen ausgelöst, durch Kultur-Verweise: auf Picasso und Renoir, auf Faulkner, Aragon, Rilke, Françoise Sagan und Lenin (»Wir sind Tote auf Urlaub«), vor allem auf Filme; auf die Monogram Pictures und Hammer Productions, auf Robert Aldrichs *The Phoenix* oder *Ten Seconds to Hell*, auf *The Harder They Fall* von Mark Robson, den letzten Film mit Humphrey Bogart, auf die Filme

A bout de souffle

Jean-Pierre Melvilles, der die Rolle des Schriftstellers spielt, an dessen Pressekonferenz Patricia teilnimmt, auf die Nouvelle Vague (Resnais' *Hiroshima mon amour*), auf den Western. Hingegen fehlen fast ganz die Verweise auf das reale soziale und politische Umfeld; eigentlich gibt es nur einen, mit dessen Hilfe man den Film datieren kann: der Besuch Eisenhowers bei de Gaulle, ihr Defilée über die Champs-Élysées zum Grab des Unbekannten Soldaten, das Godard impertinent für seine Zwecke braucht (die Zensur fand »mißbraucht«).

Aus dem »Todesthema« und der Verweiskultur Godards läßt sich gut und gerne eine »Botschaft« von A BOUT DE SOUFFLE ablesen oder doch wenigstens ein Grundton. A BOUT DE SOUFFLE ist der Film eines Mannes ohne konkretes Engagement, ohne Verwurzelung in einem gesellschaftlichen Kontext, und er handelt von seinem Ebenbild. Michel Poiccard ist zwar kein Rebell, wie manchmal behauptet wird; aber er ist ein Mann, der sich und die Rolle, die ihm seine Zeit zu rezitieren aufgibt, nicht liebt und deshalb sich vage einem durch das Kino kultivierten Mythos nähert – einer Fiktion von sich selber –, dem Mythos des unabhängigen großen Einzelgängers, des gegen jeden realen Eingriff gefeiten Außenseiters, des Gesetzlosen. In der Gesetzlosigkeit erwacht die Sehnsucht nach

Mitteilung: Liebe oder Tod. Wenn die Liebe nicht gelingt, ist der Tod willkommen.

Als A BOUT DE SOUFFLE herauskam, stand die Nouvelle Vague mit folgenden Filmen da: *Les 400 coups* von Truffaut, *Le beau Serge* und *Les cousins* von Chabrol, *Hiroshima mon amour* von Resnais, *Les amants* von Louis Malle, *La pointe courte* von Agnès Varda. Alle diese Filme artikulieren die Unordnung der Zeit und des Kinos. Akzeptiert hat diese Unordnung eigentlich nur Godard; das ist es vielleicht, was er später »faschistisch« nannte.

Le petit soldat. 1960

Zur Inhaltsangabe von LE PETIT SOLDAT ist eine Vorbemerkung unerläßlich, weil die meisten Interpretationen dieses unentschiedenen, »unordentlichen« Films von einem alles entscheidenden »Lesefehler« ausgehen. Godard hat nicht viel dazu beigetragen, die Dinge richtigzustellen; sein Verhältnis zu LE PETIT SOLDAT war immer ambivalent. Bruno Forestier, die Hauptfigur des Films, eine Art Verwandter von Michel Poiccard, beginnt (im Off) mit einem viel und zu oft ungenau zitierten Satz: »Für mich ist die Zeit zu handeln vorbei – ich bin älter geworden; die Zeit der Reflexion beginnt.« Zu diesem Satz passiert er die schweizerisch-französische Landesgrenze. Brunos Erzählung begleitet die ganze action des Films, und zwar in der Vergangenheitsform (»Plötzlich dachte ich für mich ...«; »Das Dunkelblau des Himmels erinnerte mich an ein Bild von Paul Klee ...«; »Das erstemal, da ich Véronica traf, sah sie aus, als käme sie direkt aus einem Stück von Jean Giraudoux ...«). Es gibt in diesem Film mit Ausnahme der Szene an der Grenze keine einzige gegenwärtige Einstellung. Der ganze Film ist ein Zurückgehen in die Vergangenheit, eine Rückblende aus der Zeit der Reflexion in eine Zeit der Aktion. Einer schaut zurück auf sich selbst, und Godard schaut ihm dabei zu: es ist die doppelte Distanzierung eines Mannes, der handelte, die Reflexion dieses Mannes und Reflexion über diesen Mann.

Bruno Forestier (Michel Subor), Fotograf, Agent der rechtsextremen OAS, kommt (kam) nach Genf, wo ihn ein neuer Auftrag erwartet (erwartete usf.); seine Auftraggeber bezeichnen ihm ein neues Opfer, den schweizerischen Radiokommentator Palivoda, der FLN-freundliche, »frankreichfeindliche« Kommentare verbreitet hat. Bruno will seinen Auftrag nicht ausführen, aber seine Chefs erinnern ihn an seine Desertion aus der Armee, die in Algerien kämpft. Bruno trifft Véronica und verbringt die Nacht mit ihr in seinem Hotelzimmer; anderntags wird er wieder auf Palivoda angesetzt, aber immer wieder stellt sich – im buchstäblichen Sinne – etwas zwischen ihn und sein Opfer. Die Kollegen beginnen ihn des Doppelspiels zu verdächtigen, selbst als er von einem FLN-Kommando verschleppt und gefoltert wird. Bruno kann fliehen; er begibt sich zu Véronica, die ihm gesteht, sie arbeite für die andere Seite, die aber jetzt zu ihm halten will. Bruno führt nun seinen Auftrag doch aus, gegen zwei falsche Pässe und Flugkarten nach Brasilien. Er erfährt zu spät, daß die OAS-Leute Véronica gekidnapt, gefoltert und getötet haben. »Erst nachdem ich Palivoda getötet hatte, erfuhr ich von dem Tod Véronicas. Es blieb mir nur eines übrig: zu lernen, nicht bitter zu sein. Ich hatte Glück, weil ich eine Menge Zeit vor mir hatte.«

LE PETIT SOLDAT ist Godards Versuch, die eigene in A BOUT DE SOUFFLE noch ausgelebte Unordnung und Verwirrung zu fassen. Doch die Ereignisse nach Beendigung des Films machten die Verwirrung nur noch größer. Die linke Kritik beschuldigte ihn des Faschismus, und die Zensur verbot den Film mit einer völlig verqueren Begründung. (»Zu einem Zeitpunkt, da die ganze französische Jugend aufgerufen ist, in Algerien zu dienen und zu kämpfen, kann man schwerlich zulassen, daß das gegenteilige Verhalten dargelegt, illustriert und schließlich gerechtfertigt wird.«) Der Film wurde erst 1963 freigegeben, mochte Godard auch noch so beteuern, daß es ihm nicht um eine Stellungnahme für oder gegen den Krieg in Algerien, für oder gegen diese oder jene Kriegspartei gehe, sondern um einen Mann, der sich seinen Zwängen zu entziehen versucht, indem er zu denken beginnt. (Die Freigabe übrigens erfolgte nicht ohne Auflagen: man verlangte von Godard, alle Namen in den Radionachrichten, die die Geschichte Brunos begleiten wie die Zeitungsnachrichten die Geschichte Michel Poiccards, zu löschen. Die Löcher auf der Tonspur sind ein erzwungener »Godardismus«.) Es war bestimmt naiv, die beginnende Reflexion eines Chaotikers ausgerechnet im Randgebiet des Algerienkonflikts anzusiedeln; Godard verstellte damit die echte Auseinandersetzung mit den Themen seines zweiten Films.

LE PETIT SOLDAT ist zugleich eine Reflexion über die Gewalt aus den Gewehrläufen wie eine Reflexion über die Gewalt mit der Kamera. Bruno besitzt zwei Fetische: einen Revolver (»ein schöner Gegenstand, schwarz und nicht zu korrumpieren«) und eine Spiegelreflexkamera der Marke Canon (!). Oft genug wird das Zielen mit einem Revolver bildlich verglichen mit dem Visieren mit einer Kamera. Und die Kommentare Brunos, ob sie sich aufs Fotografieren oder aufs Zielen mit dem Revolver beziehen, sind unmißverständlich. Wenn sich immer wieder ein Hindernis ins Schußfeld schiebt, kommentiert er: »Es war, wie mein Freund Raoul Coutard, der brillanteste französische Kameramann, zu sagen pflegte, das Gesetz des maximalen Beschisses.«

Bruno (nicht Godard) sagt auch, wenn er Véronica fotogra-

Le petit soldat

fiert: »Ich habe einen so empfindlichen Film eingelegt, es ist der Agfa Record (das ist auch das Rohmaterial von LE PETIT SOLDAT; der Verf.), daß ich, wenn ich ein Gesicht fotografiere, die Seele dahinter fotografiere.« Véronica dagegen meint, es sei, wie wenn sie von der Polizei verhört würde. Darauf Bruno (der Bruno der action-Periode, muß man es noch sagen?): »Die Fotografie ist die Wahrheit, und der Film, das ist 24mal die Wahrheit pro Sekunde.« Es ist erstaunlich, wie oft dieser

Le petit soldat

Satz aus dem kritischen Kontext gerissen und falsch zitiert wird.

Sein ambivalentes Verhältnis zu der Kunstfigur Bruno faßte Godard zwei Jahre nach Beendigung des Films so: »Ich habe von Dingen gesprochen, die mich etwas angingen als Pariser des Jahres 1960, der nicht zu einer Partei gehörte. Was mich etwas anging, war das Problem des Krieges und seiner moralischen Konsequenzen. Ich habe also einen Mann voller Probleme gezeigt. Er kann sie nicht lösen, aber er kann sie sich stellen, sogar mit seinem konfusen Geist, und das heißt bereits, daß er sie zu lösen versucht. Vielleicht sollte man sich besser zuerst Fragen stellen als sie von vorneherein ablehnen oder sich fähig fühlen, alles zu lösen ... Der Typ ist bizarr, konfus, aber nicht falsch. Er glaubt, seine Lösung sei richtig; ich sage nicht, ob sie es ist oder nicht, ich sage nur, sie sei möglich ... Der Film ist wie ein Tagebuch, ein Notizblock oder der Monolog von einem, der sich vor einer fast anklägerischen Kamera zu rechtfertigen versucht, wie man es vor einem Untersuchungsrichter tut oder beim Psychiater.«[6]

Godard und Bruno Forestier bedauern es, nicht in den dreißiger Jahren gelebt zu haben, als es einen spanischen Bürgerkrieg und »klarere Verhältnisse« gab. Das ist naiv, denn die Verhältnisse waren damals nicht klarer. (Wäre damals alles weniger »konfus« gewesen, hätte es mehr aktive Antifaschisten gegeben.) Weniger naiv ist die Beschreibung eines Mannes, der sich Fragen zu stellen beginnt. Godard erprobt Halbwahrheiten und Hypothesen; sie werden erst in der Auseinandersetzung fruchtbar. Am wenigsten naiv sind in LE PETIT SOLDAT die Überlegungen über das Medium. Godard erschrickt über die Grausamkeit der Fotografie. Seine Kamera versucht zu ergründen, wer und was Anna Karina ist, und beginnt bereits, zu zerstören, was er liebt. Von daher erschließt sich auch wieder das konkrete Hauptthema von LE PETIT SOLDAT, die Tortur. – Man muß manchmal im Kreis herum argumentieren, wie Godard es selber tut, um die »Linie« seiner Filme nachzuzeichnen.

Une femme est une femme. 1961

Emile ist Buchhändler, und Angéla verdient ihr Leben mit Striptease. Sie wohnen, weil es angenehm ist, zusammen und sind glücklich, bis zu dem Tag, an dem Angéla ein Kind will. Emile ist nicht sehr begeistert von der Idee; vielleicht später, aber nicht jetzt. Doch Angéla hat nachgerechnet und weiß, daß es jetzt sein muß. Wenn Emile nicht will, so wird sie ihr Kind mit dem ersten besten machen. Doch der erste beste taugt dann doch nicht. So wendet sich Angéla an den gemeinsamen Freund Alfred Lubitsch. Der ziert sich zwar auch ein wenig, und es gibt einige Mißverständnisse, doch schließlich sind die beiden so weit. Emile, vor die vollendete Tatsache gestellt, will schließlich nicht zurückstehen. »Tu es infame«,

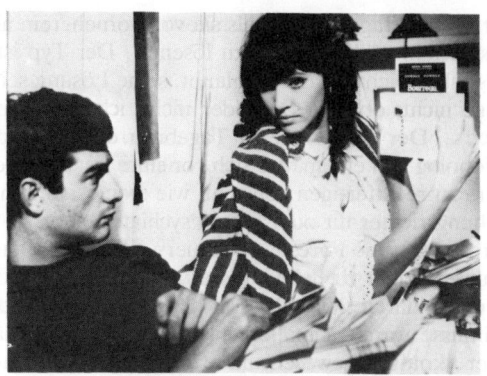

Une femme est une femme

sagt er immerhin. Angéla antwortet: »Non, je suis une femme.«

Godard begann mit den Dreharbeiten für UNE FEMME EST UNE FEMME im November 1960; es war der dritte Film innerhalb von 14 Monaten. Das Treatment allerdings entstand vor A BOUT DE SOUFFLE; Godard hatte es in den *Cahiers du Cinéma* im August 1959 publiziert; Philippe de Broca hat es dann benützt für seine Komödie *Les jeux de l'amour*.

Erst der fertige Film zeigt, was Godard vorschwebte: die Paraphrase eines weiteren klassischen Genres, der Hollywood-Romanze (mit Musical-Einschlägen). Der Freund von Angéla (Anna Karina) und Emile (Jean-Claude Brialy) heißt Alfred Lubitsch – nicht zufällig; mit Lubitschs *Design for Living* hat die Story von UNE FEMME EST UNE FEMME einiges zu tun, auch mit der Lubitsch-Libertinage im allgemeinen. Was den Film attraktiv macht, sind nicht nur die Experimente mit einigen für Godard neuen Elementen, sondern auch die von den ersten Bildern an sicht- und spürbare Liebe zur Hauptdarstellerin, Anna Karina, die Godard am 3. März 1961 in der Nähe von Lausanne heiraten wird. Hat er sie in LE PETIT SOLDAT mit fast quälerischer Intensität befragt, läßt er sie nun sich frei entfalten und teilt so mit, was ihn an der Dänin fasziniert. Noch immer ist die Frau für Godard ein Rätsel, ja ein Mysterium, doch in dem zweiten Film mit Anna Karina versagt er sich die Grübelei, mehr noch: Emiles Ansätze zur Grübelei sind leicht lächerlich.

Godard erobert sich neue Elemente seines Filmemachens: den Direktton, die Farbe, das Cinemascopeformat. Er nennt UNE FEMME EST UNE FEMME einen Versuch zu einem »neorealistischen Musical«. (Godard ist sprachkritisch genug, um zu merken, daß das eine contradictio in adiecto ist.) Schon im Treatment ist der Ton dieses Films angeschlagen, zum Beispiel in der folgenden Passage: »Emile kommt nach Hause. Er hat irgend etwas vergessen. Sie beschließen an irgendeiner Wendung ihres Gesprächs, nicht mehr miteinander zu sprechen. Sie gehen stumm ins Bett. Diverse Gags.« Godard erfindet eine Quantität von Gags, um die ihn die »Meister« des komischen Faches nur beneiden könnten. Zum erstenmal treten Buchstaben, Sätze, das geschriebene Wort als Bildinhalt massiv in Erscheinung, wenn sich Angéla und Emile mit Buchti-

teln beschimpfen, aber auch in einkopierten Titeln. Spielend erschließt sich Godard in UNE FEMME EST UNE FEMME neue Techniken und neue Elemente seines Vokabulars.
Schon 1961 hatte UNE FEMME EST UNE FEMME auch einen nostalgischen Reiz, diese Liebesgeschichte, die eher eine Sehnsucht des Autors artikuliert als eine Erinnerung, diese »Idee eines Musicals« (Godard). Wenn man den Film heute anschaut, allenfalls mit verblichenen Farben (Godard konzentrierte sich zum erstenmal auf die »Hauptfarben« Rot, Blau und Weiß), verdoppelt sich dieser Reiz. UNE FEMME EST UNE FEMME ist bestimmt nicht der Film eines freien und leichten Menschen; dafür kommen die Gags zu dicht, dafür sind die ästhetischen Überlegungen viel zu krampfhaft. Es ist der Film eines Menschen, der frei und leicht sein möchte und genau weiß, daß bei ihm jede Freiheit und Leichtigkeit Ironie ist. Godard hat sich einmal gehen lassen – das entsprechende musikalische Zitat fehlt nicht, ein Chanson von Aznavour.

La paresse. 1961

Die Kurzfilme neuer Filmautoren hatten und haben einen beschränkten Markt; Godards Etüden erging es »kommerziell« zwar oft besser als jenen seiner Kollegen. Aber erst die Mode des Episoden- oder Omnibusfilms kam der kleinen Form entgegen. Anfang 1959 hatte Godard in einem Bericht über das Kurzfilmfestival von Tours geschrieben, was er vom Kurzfilm hielt: nicht viel; er ist »Antikino«. »Der Kurzfilm hat nicht Zeit genug zu denken.« Eine Möglichkeit besteht darin, »ein Gefühl in die Länge zu ziehen«. Vor allem soll der Kurzfilm, wenn er überhaupt Sinn machen soll, nicht einfach ein kurzer Film sein. Der Kurzfilm ist eine Totgeburt, wenn sein Autor nicht versucht, das ganze Kino neu zu beginnen; auch das ist »Antikino«. Godard findet diesen Versuch in allen Kurzfilmen von Alain Resnais; er sieht ihn in anderer Form bei Agnès Varda, bei Jacques Demy und bei Jacques Rozier. Nur einer davon, Jacques Demy, war bei dem Omnibusfilm *Les sept péchés capitaux* dabei, zu dem Godard die 12-Minutenepisode LA PARESSE beisteuerte. Er machte aus seinem Auftrag ein kleines Meisterstück, nicht nur weil er die anderen Episoden verband und damit übertraf mit dem ihm eigenen Witz (»Die Faulheit ist die größte Todsünde, weil sie alle anderen

La paresse

verhindert«), sondern weil er jenen »Geist der Frühe« fand, von dem er zwei Jahre vorher geschrieben hatte, erinnernd an Griffith, an Mack Sennet und Chaplin.

Ein Schauspieler (Eddie Constantine) wird von einem Mädchen (Nicole Mirel) belagert; nach einer Autofahrt von den Studios von Saint-Cloud in die Innenstadt bringt sie den Star immerhin in ihre Wohnung. Aber da ist denn auch Schluß; Eddie will mit ihr nicht ins Bett, er müßte sich ja wieder anziehen. Schon vorher hat er wiederholt jemanden gesucht, der ihm die Schuhe bindet. Die Faulheit verhindert die Wollust, vielleicht auch den Neid, den Zorn und mehr.

Nachdem Godard im gleichen Jahr in UNE FEMME EST UNE FEMME den Ton möglichst direkt, möglichst realistisch angewendet hatte, ging er in LA PARESSE ins andere Extrem; man kann ihn zum Teil nicht lokalisieren; überdies zeigt LA PARESSE einen der schönsten elliptischen jump-cuts, aus einer Straßenunterführung in einen Lift, von dem aus die Straße (nicht die Unterführung) mit dem Fahrzeug Constantines wieder zu sehen ist. Die faulen Bewegungen des Helden zeigt Godard von allen Seiten. Er erfüllt sichtlich die eigenen Forderungen an eine Form des »Antikinos«.

Vivre sa vie. 1962

Nana Renoir (Anna Karina) trifft in einer Bar ihren Ehemann, zu dem sie nicht mehr zurückkehren will, weil sie ihn zu wenig liebt. Sie verkauft seit kurzem Schallplatten, aber sie verdient damit zu wenig; sie kann ihre Miete nicht bezahlen und wird von der Concierge an die Luft gesetzt. Sie geht ins Kino und weint in Dreyers *La passion de Jeanne d'Arc*, schüttelt nachher den Mann ab, der ihr die Kinokarte gekauft hat, aber sie bleibt mit dem Journalisten zusammen, der Fotos von ihr machen soll – sie will zum Film. Nachdem sie im Polizeirevier verhört worden ist, da sie gefundenes Geld einen Moment lang nicht hat zurückgeben wollen, läßt sie sich von einem Mann ansprechen, geht mit ihm in ein Hotel und verdient ihr erstes Geld als Prostituierte. Yvette, eine Freundin, die auf den Strich geht, stellt sie ihrem Zuhälter vor, doch Nana hört nicht zu; sie sieht nur einen jungen Mann, der ihr gefällt, und tanzt für ihn. Später schreibt sie einen Brief an eine Bordellwirtin in der Provinz; der Zuhälter Raoul trifft sie »zufällig« und wird ihr Betreuer. In einem Café unterhält sie sich mit dem Philosophen Brice Parain. Die Liebe, sagt sie, sollte die einzige Wahrheit sein. Sie trifft den jungen Mann wieder, der ihr aus einer Novelle von E. A. Poe vorliest; sie liebt ihn, er möchte, daß sie zu ihm zieht. Sie müßte das nur noch dem Zuhälter klarmachen, doch dieser verschachert sie an einen anderen. Es gibt Streit um den Preis, eine Schießerei, Nana stirbt und bleibt auf der Straße liegen.

Mit VIVRE SA VIE knüpfte Godard wieder an bei seinen Versuchen, Filmgeschichten in der Form von Auseinandersetzungen zu präsentieren. Er wußte genauer als viele seiner kritischen Begleiter, daß UNE FEMME EST UNE FEMME abseits seiner Hauptlinie lag. VIVRE SA VIE ist Godards erster Film-Essay. Bild und Sprache werden konsequent desintegriert und damit erst zueinander in eine bewußte Beziehung gebracht. Godard hat zu diesem Zweck eine ganze Reihe von Techniken und Figuren erfunden oder (aus dem Stummfilm) wieder zum Leben erweckt. Der Untertitel von VIVRE SA VIE lautet »Film in zwölf Bildern«. Nach einem auf die Bedeutung des Films verweisenden Motto von Montaigne (»Man muß sich den anderen leihen und sich selber geben«) resümiert die erste von zwölf Kapitel-

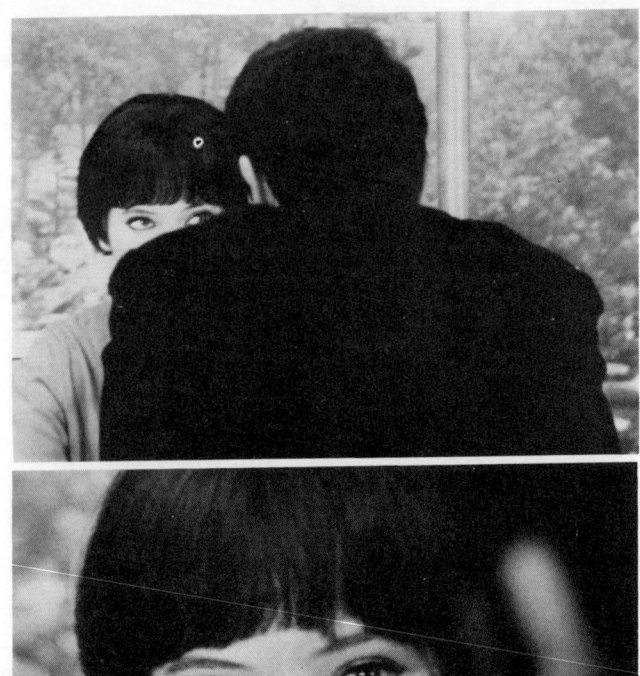

Vivre sa vie

überschriften die erste Serie von plans-séquences (Einstellungs-Sequenzen): »I. Ein Bistro – Nana will Paul verlassen – Der Geldautomat«. Bis auf eine Ausnahme (»Das Glück ist nicht fröhlich«) sind die Kapitelüberschriften allesamt sachlich. Sie sind dazu da, die Geschichte zu entdramatisieren, sie – in brechtscher Manier, wenn nicht gar in brechtschem Sinne – vorzuführen. Schon die erste Einstellung im Bistrot zwingt

Vivre sa vie

den Zuschauer zur distanzierten Betrachtung des Bildes und zur fast ungeteilten Aufmerksamkeit für die Sprache. Sieben Minuten lang verharrt die Kamera hinter Nana und Paul. Dreimal wiederholt Nana eine einfache Frage mit wechselnden Betonungen: »Was kann dir das ausmachen? Was *kann* dir das ausmachen? Was kann *dir* das ausmachen? Was kann dir das *ausmachen*?« Sie kommentiert das darauf: »Ich wollte diesen Satz mit einer genauen Idee sagen. Und ich wußte nicht mehr, welches die beste Art war, um sie auszudrücken, oder vielmehr ich wußte es, aber jetzt weiß ich es nicht mehr ... gerade jetzt, wo ich es wissen müßte.« Unter den Titeln hat man Nana im Profil (nach links), en face und wieder im Profil (nach rechts) gesehen, ausgestellt, wie alles in VIVRE SA VIE ausgestellt wird.

Sprache also, genauer Texte (denn auch der Ausschnitt aus Dreyers *Passion de Jeanne d'Arc* gehört dazu) werden den Bildern gegenübergesetzt, und zwar in den verschiedensten Formen, zuweilen nur illustrativ, aber meistens in einem komplexeren Verhältnis. Oft sind diese Texte im Bild, zum Beispiel wenn Paul den Aufsatz eines kleinen Mädchens zitiert: »Das Huhn ist ein Tier, das sich aus dem Äußeren und dem Inneren zusammensetzt. Wenn man das Äußere wegnimmt, bleibt das Innere. Und wenn man das Innere wegnimmt, dann sieht man die Seele.« Oft gibt es Verschiebungen zwischen Bild und Text: wenn Raoul auf Nanas Fragen über die Prostitution den Report von Marcel Sacotte »Wo steht die Prostitution« zitiert, erscheinen die Bilder mehr oder weniger weit verschoben. Einmal – in der vorletzten Sequenzenfolge – wird das gesprochene Wort aus dem Bild entfernt und durch das geschriebene (Untertitel) ersetzt.

Auffallend und bedeutungsvoll ist die Stelle, in der ein formulierter Text in der Protagonistin Reaktionen auslöst: Nana weint, wenn sie in Dreyers Film die weinende Falconetti sieht, die von dem Mönch Jean (Antonin Artaud) das Todesurteil vernimmt; Nana wird halbnah gezeigt, dann springt das Bild zurück auf die Leinwand, wo in Versalien DER TOD zu lesen ist. Von diesem Moment an sind alle weiteren Ereignisse Stationen einer Passion. Man weiß, Nana wird sterben. Und man sieht, wie Nana sich um die eigene Wahrhaftigkeit bemüht. In dem Caféhaus-Gespräch mit dem Philosophen Brice Parain macht sie den ersten entscheidenden Schritt. Den moralischen Auftrag (»Man ist verantwortlich für das, was man ist und tut«) beginnt sie im Gespräch zu verstehen, aber es ist schon zu spät.

Am wenigsten in die subtile Bild-Text-Dialektik paßt, wie auch Susan Sontag bemerkt[7], das letzte literarische Insert, E. A. Poes Novelle *Das ovale Porträt*. Zwar ist sie ein weiterer Hinweis auf den unvermeidlichen Tod. »Es ist wirklich das

Leben selbst«, ruft der Maler vor dem vollendeten Porträt aus, dreht sich um, um seine Geliebte zu sehen, und sie ist tot. Das hat eher mit Godard und Anna Karina zu tun, mit der schon bei LE PETIT SOLDAT bemerkten Furcht vor der Kamera, die das Leben nimmt, als mit Nana. Der Liebesdialog in Untertiteln, der darauf folgt, scheint mir ein Hinweis darauf zu sein, daß sich Godard dieses Schrittes über den Spielraum seines Films hinaus bewußt gewesen ist. Er unterstreicht die ersten Sätze Nanas: »Je mehr man sagt, desto weniger sagen die Worte.« Paris, in A BOUT DE SOUFFLE und UNE FEMME EST UNE FEMME heiter und leicht, Grau in Grau oder rot-blau-weiß, wird in VIVRE SA VIE schwer, schwarz-weiß. VIVRE SA VIE, das heißt: sein Leben leben, ist unmöglich. Wer sein Leben leben will, tritt einen langen Leidensweg an. Godard zeigt und kommentiert ihn in seinem ersten Film-Essay ohne Mystizismus. Nur die Bilder allein erinnern allenfalls an Robert Bresson, nicht aber die dialektische Sachlichkeit dieser pessimistischen Tableaux der Entfremdung. Hier werden alle Fragen im weltlichen Horizont gestellt. Jeder ist sich selber gegenüber verantwortlich, nicht einem verborgenen Gott. Darin kündigt sich, noch schwach, eine Wendung zum Politischen an.

Le nouveau monde. 1962

In dem Episodenfilm *Rogopag* – was eine Abkürzung der Namen der an dem Film beteiligten Autoren ist: Rossellini, Godard, Pasolini und Gregoretti – skizziert Godard eine Zukunftsvision, LE NOUVEAU MONDE. Der bedeutendste Beitrag zu *Rogopag* ist mit Sicherheit Pasolinis 40-Minutenfilm *La ricotta*; wegen des angeblich blasphemischen Gehalts dieser Episode, die zuerst »Laviamoci il cervello« (Laßt uns unser Gehirn waschen) hieß, hat der ganze Film nicht die Verbreitung gefunden, die er verdiente.
Ein Mann (Jean-Marc Bory) fährt durch Paris – Gare Saint Lazare-Märkte-Pigalle-Champs-Élysées – und stellt einige kleine Änderungen fest, die ihn immer mehr beunruhigen. Die »Cafés« heißen nicht mehr »Cafés«; die Menschen schlucken Pillen, die er nicht besitzt; die Verlobte (Alexandra Stewart) erkennt seine Gesten nicht mehr. Er erfährt aus der Zeitung, daß eine unterirdische Atomexplosion stattgefunden hat. Er

merkt (oder meint zu merken), daß er noch der einzige Mensch in Paris ist, der »normal« reagiert, in Kausilitäten und Finalitäten denkt. Im Hallenbad (Pis-Cine) trifft er die Verlobte; er »überrascht« sie bei Gesten der Zärtlichkeit mit einem Unbekannten, das heißt: ihn überrascht, daß die Gesten nichts mehr bedeuten, wie er, völlig perplex, feststellen muß.

LE NOUVEAU MONDE ist eine erste Skizze zu ALPHAVILLE, ein Film der Angst, der Dämonisierung. Der Sketch beginnt mit einem Heisenberg-Zitat, und Paris ist abweisend, feindlich, kalt, fremd. Dazu hätte es gar nicht der beiden Kopier- oder Kamera-Gags mit Arc de Triomphe und Eiffelturm bedurft; die grafischen Verfremdungen (halbierter Triumphbogen, schwebender Eiffelturm) stehen in Godards Gesamtwerk im übrigen völlig vereinzelt da.

Les carabiniers. 1962/63

Ulysse und Michel-Ange, die mit Cléopâtre und ihrer Tochter Vénus verheiratet sind (zusammenleben), werden von zwei Carabiniers, Poirot und Brassat, Abgesandten des Königs,

Les carabiniers

zum Krieg aufgeboten. Was im Krieg erlaubt sei, fragen die beiden. Alles, ist die Antwort. Was man im Krieg bekommen könne? »Ihr werdet alles haben können, was ihr wollt.« Was man tun könne? Kann man schicke Hosen stehlen? Kann man Spielautomaten stehlen? Kann man Frauen verbrennen? Kann man Unschuldige massakrieren? Die Carabiniers bejahen alle Fragen. So ziehen Ulysse und Michel-Ange, begleitet von den Wünschen der Frauen, in den Krieg: »Bring mir ein Pferd mit.« – »Und mir ein Samtkleid.« – »Und Bänder.« – »Max-Factor-Lippenstift.« – »Und eine Waschmaschine.« Sie schreiben alles auf. Ulysse und Michel-Ange massakrieren Unschuldige, schicken Botschaften nach Hause, vergewaltigen Frauen, schicken Botschaften nach Hause, gehen zum erstenmal ins Kino, bekämpfen die Résistance und kommen schließlich wieder zurück. Ihre Beute: ein Koffer voll Postkarten, die ganze Welt auf Bildern. Das Königreich hat indessen Bankrott gemacht. Als Lohn für ihre Schandtaten bekommen Ulysse und Michel-Ange wertlose Dekorationen. Als sie sich nach all den Schätzen erkundigen, die sie für den König erobert haben, werden sie von Brassat und Poirot in einen Schuppen gelockt und als Kriegsverbrecher liquidiert. Der Film schließt mit einem Schriftinsert (Handschrift Godards): »So schliefen die

Les carabiniers

beiden Brüder für die Ewigkeit ein, im Glauben, daß das Gehirn, verwesend, über den Tod hinaus funktionierte, und daß es die Träume seien, die das Paradies ausmachen.«

Der Film beginnt mit einem Insert, das das ästhetische Programm zusammenfaßt: »Mit der Zeit komme ich immer mehr zur Einfachheit. Ich gebrauche die abgegriffensten Metaphern. Das ist es im Grunde, was ewig ist: Die Sterne sehen aus wie Augen, zum Beispiel, oder der Tod ist wie der Schlaf. (Borges)« Die Formen von Godards Film haben nur wenig zu tun mit dem extrem kleinen Budget; es brauchte kein größeres. Gerade die hohen Budgets, die kostspieligen Rekonstruktionen der gewöhnlichen Kriegsfilme erschienen Godard obszön. Er erzählt den Gang des Kriegs in Schriftinserts, Botschaften der beiden dummen Helden an ihre Frauen; er zeigt die beiden in extrem einfachen und extrem brutalen, weil hirnlosen Aktionen; diese Aktionen rahmt er ein mit Archivaufnahmen aus dem Zweiten Weltkrieg: lauter Zeichen (nicht Imitationen), zu denen man sich ein Objekt vorzustellen hat. (Gemäß dem Satz von Brice Parain, der dem Kritiker Godard in seinem frühen Aufsatz »Für ein politisches Kino«, 1950, so essentiell erschien. Es ist der einzige aus Godards frühesten Äußerungen und Überlegungen, der durchs ganze Werk axiomatisch festgehalten wird: »Das Zeichen nötigt uns, für seine Bedeutung ein Objekt uns vorzustellen.«)
LES CARABINIERS ist womöglich noch asketischer als VIVRE SA VIE und mit allen denkbaren Mitteln als Essay über die Abbildung, spezifischer als Essay über die Abbildung des Krieges gekennzeichnet. Die Fabel ist, darum macht ein Resümee vielleicht doch einen gewissen Sinn, so primitiv, daß sie nicht das Motiv für den ganzen Film gewesen sein kann. Sie geht zurück auf ein Bühnenstück von Benjamino Joppolo, das Roberto Rossellini Godard mitgeteilt hat; das Drehbuch stammt von Rossellini, Jean Gruault und Godard. In der Filmfassung des Stoffs wurde vor allem die foto-realistische Abbildung des Kriegs zum Problem und zum Gegenstand. LES CARABINIERS ist, wenn man es genau nimmt, eher ein Film über Kriegsfilme als ein Film über den Krieg.
Kaum je ist ein Film Godards heftiger angegriffen worden als LES CARABINIERS, den sogar die differenziertesten französischen Kritiker gründlich mißverstanden. Godard antwortete –

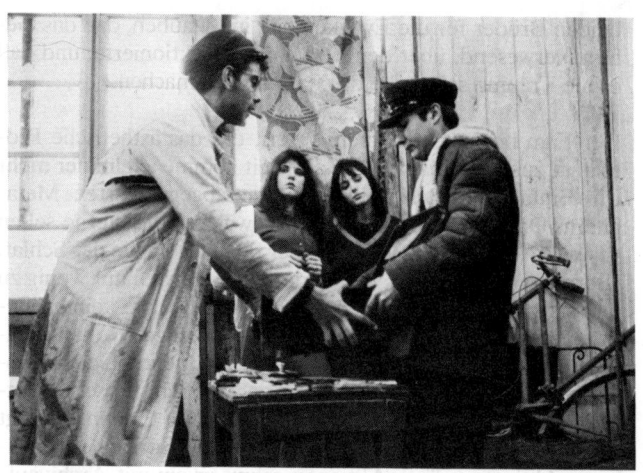

Les carabiniers

auch das ist einmalig – in einem Aufsatz in den *Cahiers*.[8] Dem Vorwurf, LES CARABINIERS sei ein »zusammengepfuschter Film, den der Autor Jean Vigo zu widmen wagt«, hält er einen Auszug aus einer Kritik von Vigos *L'Atalante* entgegen: »Dieser konfuse, unzusammenhängende, absichtlich ungereimte, lange, langweilige und nicht für einen Sous kommerzielle Film.« Später kommt er auf Wesentlicheres. In seiner Antwort an Claude Mauriac, der sich zum Anwalt der Kriegstoten machte, deren Bilder Godard benützt hatte (»Arme Tote, wirkliche Tote, geopferte Jugend, zerstörte Liebe: zu welch widerlichen Statistenrollen müssen diese sterblichen Hüllen herhalten und in was für einer erbärmlichen Farce!«) führte Godard unter anderem aus: »Das Bewußtsein ist (...) immer mehr oder weniger subjektiv (...) Und damit rechnen immer alle Filme, vor allem aber die Kriegsfilme. Das erklärt, weshalb derselbe Wochenschau-Tote dem Zuschauer von LES CARABINIERS Unbehagen bereitet, während er dem Zuschauer von *Mourir à Madrid* (Film von Frédéric Rossif über den spanischen Bürgerkrieg; d. Verf.) begeistert. Er bereitet Unbehagen, weil er bleibt, was er ist, unbedeutend, das heißt ohne Bedeutung, während ihm in *Mourir à Madrid* eine Bedeutung gegeben wird, die vielleicht seinem Leben entspricht, vielleicht auch nicht. So etwas nenne ich Betrug – wenn dieser auch mit reinen Händen begangen wird. (...) Filmen bedeutet also nichts anderes als ein Ereignis als Zeichen zu erfassen, es in einer ganz bestimmten Sekunde zu erfassen, in der (...) die Bedeutung frei aus dem Zeichen, das sie bedingt und vorbestimmt, geboren wird.« Es gebe nur einen einzigen falschen Anschluß in dem ganzen Film, entgegnete er einem anderen Kritiker, und im Gegensatz zu anderen Kriegsfilmen keinen einzigen falschen Ton; sogar die Botschaften der beiden Helden seien echt: Zitate aus Briefen von Soldaten der deutschen Wehrmacht. Schließlich schilderte er den ahnungslosen Kritikern, die die schlechte Fotografie von LES CARABINIERS moniert hatten, die höchst komplizierte, raffinierte und sinnvolle Bildtechnik seines Films. Wenn man es richtig bedenkt, waren diese Ausführungen Aufforderungen zur Abdankung, an die Adresse einer noch immer in der finstersten Konventionalität steckenden Filmkritik. Wenn nicht das, so immerhin der unumstößliche Beweis, daß man Godards Filme spätestens seit LE PETIT SOLDAT, aber eigentlich gar nie als intuitive, spontaneistische Arbeiten mißverstehen darf. Schon die Qualifikation »instinktiv« bei A BOUT DE SOUFFLE ist irreführend. (Es sei denn, man setze einen durch Hunderte von Filmen konditionierten Instinkt an.)

Le grand escroc. 1963

Ich kann mich bei LE GRAND ESCROC, Godards Beitrag zu dem internationalen Episodenfilm *Les plus belles escroqueries du monde* (die weiteren Beiträger sind Hiromichi Horikawa, Roman Polanski, Ugo Gregoretti und Claude Chabrol) nur an der 1965 publizierten Dialogliste[9], an einigen Stills und an den wenigen Bildern orientieren, die Ferdinand (in Gesellschaft von Jean-Pierre Léaud) in PIERROT LE FOU in einem Kino von Nizza sieht. LE GRAND ESCROC lief nicht im vorgesehenen Rahmen, sondern als Vorfilm zu King Vidors *Our Daily Bread*.
LE GRAND ESCROC ist eine Satire auf das cinéma vérité. Die Hauptfigur (Jean Seberg) heißt Patricia (weil sie so heißt in A BOUT DE SOUFFLE) Leacock (wie der Champion des uncontrolled cinema). Gesponsered von *Readers Digest* arbeitet sie in Marrakesch für den achten Kanal von WXYZ-TV in San Francisco, filmt vor sich her, unverstellt, ohne Eingriffe, ohne

Inszenierung, die »Wahrheit«, nur die »Wahrheit«, aber sie begreift nichts. Der große Gauner (Charles Denner), der gefälschtes Geld unter die Armen verteilt, biedert sich sogar an (indem er sich wehrt): »Sie stehlen mir also etwas (mein Bild), und Sie, Sie auch, verkaufen es anderen.« Um ein »ruhiges Gewissen zu haben«, erzählt Patricia die Geschichte dem Kriminalkommissar erst viel später, zu spät, und die Zusammenhänge begreift sie noch immer nicht. Patricia bekehrt sich nach der eigenen Erfahrung mit der veristischen Abbildung zur Fiktion, mit einem Shakespeare-Vers.
Es handle sich um einen ganz und gar theoretischen Film, hat Godard erklärt. Seine geschriebenen theoretischen Überlegungen zum cinéma vérité aus dieser Zeit scheinen überzeugender. Zum Beispiel: »Es nützt nichts, scharfe Bilder zu haben, wenn man verschwommene Ideen hat. Leacocks Mangel an Subjektivität führt ihn letztlich zum Verlust der Objektivität. Er weiß nicht einmal mehr, daß er ein metteur en scène ist, daß die reine Reportage nicht existiert.«

Le mépris. 1963

Der amerikanische Produzent Prokosch (Jack Palance) ruft den Filmschreiber Paul Javal (Michel Piccoli) zu Hilfe, weil er meint, sein Regisseur (Fritz Lang als Fritz Lang) mache ihm einen kommerziell völlig untauglichen, altmodischen Odysseus-Film. Nach dem ersten Zusammentreffen des Produzenten und des Drehbuchschreibers spielt sich die für die Ehegeschichte Javals wenigstens äußerlich entscheidende Szene ab. Prokosch lädt Javal und seine Frau Camille (Brigitte Bardot) in seine Villa ein; er fährt einen Alfa Romeo mit nur zwei Sitzen; Paul klemmt sich nicht auf den Notsitz, sondern schickt seine Frau mit dem Produzenten voraus und nimmt ein Taxi, mit dem er sich verspätet. Ein Unfall auf dem Weg sei daran schuld, sagt er; niemand kann das überprüfen. Camille jedenfalls ist beleidigt. In der Ehszene in der noch nicht fertig eingerichteten und noch nicht bezahlten Dreizimmerwohnung der Javals zeigt sich, daß die Liebe tot ist; Camille nimmt mit Sicherheit an, daß Paul sie dem Produzenten hat anbieten wollen oder doch mindestens mit der Möglichkeit gerechnet hat. Die Dreharbeiten finden auf Capri statt; mehr widerwillig

Le mépris

fährt Camille mit. Paul meint nun, den modernen Dreh für den Odysseus-Film herausgefunden zu haben: Odysseus ist ein Neurotiker, hat Eheschwierigkeiten. Camille schreibt ihrem Mann schließlich einen Abschiedsbrief – sie ist überzeugt, daß er sie hat verramschen wollen, und daß er sich selber verramscht – und fährt mit Prokosch zurück nach Rom. Bei einem Autounfall kommen beide ums Leben.

Die Story stammt aus einem Roman von Alberto Moravia, »einem vulgären und hübschen Bahnhofroman, voll von klassischen, altmodischen Gefühlen trotz der Modernität der Begebenheiten. Aber mit dieser Art von Literatur dreht man oft die schönsten Filme« (Godard)[10]. Moravias »sozialkritischer« Roman erfährt einige Änderungen, äußere und innere. Die wichtigste scheint mir zu sein, daß der Ich-Erzähler bei Moravia, dem der Leser zu trauen hat, im Film äußerst suspekt wird, schon in den ersten Sequenzen.
LE MÉPRIS ist zu einem Kult-Film geworden, und es ist schwer, hinter seinen Oberflächenreiz zu kommen. Man kann den Film als einen Film über das Filmemachen lesen (und speziell über die Herstellung von LE MÉPRIS); das ergibt ein außerordentlich vielschichtiges Spiel. Michel Piccoli erzählt zum Bei-

spiel, daß Godard ihn mit seinem eigenen Hut, seiner Krawatte und seinen Schuhen habe spielen lassen wollen. Es ist nicht nur deswegen klar, daß Godard sich selber als der Filmemacher vorkommt, der, um sein »Brot zu verdienen, auf den Markt geht, wo Lügen gekauft werden«. (Das Brecht-Zitat in LE MÉPRIS aus Langs Mund, darüber könnte man viel sagen.) LE MÉPRIS, Godards erster Million-Dollar-Film, ist eine Carlo Ponti-Joseph E. Levine-Produktion, und Raoul Coutard hat den Film einen Million-Dollar-Brief an die Adresse Anna Karinas genannt. Prokosch ist zum Teil ohne Zweifel eine Karikatur Levines, der mit Historienfilmen zum Großproduzenten geworden ist. Die Einsprüche, die Ponti und Levine gegen Godards Film vorzubringen hatten, nahm Godard schon vorweg. »Wir beide verstehen das zwar, aber wird es auch das Publikum verstehen«, läßt Godard Prokosch zu seinem Regisseur sagen. Mit LE MÉPRIS hat Godard viel Ärger gehabt; ganz offensichtlich sind die Nacktbilder von Brigitte Bardot – Fritz Lang spricht das Brecht-Zitat übrigens, wenn (diese andere) B. B. zu sehen ist – nur auf Drängen des Produzenten in den Film gekommen; daß sich Godard äußerst raffiniert aus der Affäre zog, war ihm nur ein schwacher Trost.

Die italienische Version des Films hat Godard nie anerkannt,

Le mépris

weil sie eine weitere Dimension dieses vor lauter Raffinement beinahe auseinanderbrechenden Kunstgebildes glatt unterschlug. Es gibt in LE MÉPRIS eine fünfte Hauptfigur: Francesca Vanini, Sekretärin und Leibeigene Prokoschs, die als Übersetzerin zwischen Camille und Paul einerseits und Prokosch oder Lang andererseits, aber auch zwischen Lang (wenn der französisch oder deutsch spricht) und Prokosch, schließlich auch zwischen allen Genannten und der italienischen Umgebung funktioniert. Godard hat diese Figur nicht nur erfunden, um sich vor der italienischen (und deutschen) Unart der Nachsynchronisation zu schützen, sondern um das Problem der Sprache und ihres Verrats, das er in VIVRE SA VIE in den Umrissen erkannt hatte, auch hier weiterzuverfolgen. Die Italiener haben dann doch alle Figuren italienisch sprechen lassen und für die Produktions-Sekretärin irgendwelche nichtssagenden Sätze erfunden.

Das war dann doch zu viel für Godard; er hätte sich selber verachten müssen, hätte er auch dafür noch seinen Namen hergegeben; schon das ganze Abenteuer mit Ponti und Levine war genug. Es stellte mit aller Deutlichkeit die Alternative von Prostitution und Verantwortung (wie es Anna Karina in VIVRE SA VIE formuliert hatte). Godard hat seine Haut so teuer wie möglich verkauft – indem er Schönheit schuf, den Altmeister gegen den neureichen Produzenten verteidigte, ein Labyrinth von Verweisen und Anspielungen konstruierte, aber er hatte sich »hoffnungsvoll eingereiht zwischen die Verkäufer« (Brecht).

Bande à part. 1964

Frantz (Sami Frey), der das au-pair-Mädchen Odile (Anna Karina) vom Englischkurs kennt, macht seinen Freund Arthur (Pierre Brasseur) mit ihm bekannt, nicht reinen Herzens; es geht um einen Haufen Geld, den ein Untermieter (oder was auch immer) der Herrschaft, der zwielichtigen Madame Victoria, die zweifelhafte Kontakte mit der albanischen Botschaft unterhält, in seinem Zimmer hortet. In der nächsten Englischstunde, in die sich Arthur einschmuggelt, beginnt eine Liebesgeschichte; Arthur schickt während eines Diktats rührend zutrauliche Billetts zu Odile hinüber. Die drei beschließen, den Nachmittag zusammen zu verbringen, den Schauplatz des

Bande à part

Coups, den Arthur und Frantz planen, zu besichtigen und später ins Café zu gehen. Hier albern sie ein wenig herum, legen zuerst eine Schweigeminute und dann einen Madison zu dritt ein. Arthur begleitet Odile ein Stück weit, sie singt ein Lied, liegt dann mit Arthur im Bett und fährt später mit einem Taxi nach Hause. Arthur hingegen merkt, daß Frantz seinem Onkel von der Sache erzählt haben muß, die sie planen. Am anderen Tag treffen sich die drei wieder, reden wieder von dem Coup und statten dem Louvre einen Besuch ab, der neun Minuten und dreiundvierzig Sekunden dauert (Weltrekord). Darauf drängt Arthur zur Tat, aber nichts läuft, wie es laufen sollte: zuerst ist Tante Victoria im Haus, und das Zimmer von Monsieur Stolz ist verschlossen; dann ist die Geldkommode leer; die Tante erscheint und muß überwältigt werden; zuletzt, als sie das Geld nach längerem Suchen immerhin gefunden haben, kreuzt noch der Onkel von Arthur auf; in einer Schießerei kommen Arthur und sein Onkel um, und das meiste Geld geht verloren. Odile meint, das Leben ekle sie an; Frantz hingegen findet keinen Grund zur Verzweiflung und überzeugt Odile. Sie fahren nach Süden. Am Ende sieht man einen Dampfer, mitten auf dem Meer, dann eine Weltkugel, und im Kommentar hört man das Versprechen, daß im nächsten Film – in Cinemascope – die Abenteuer von Frantz und Odile in heißen Ländern erzählt werden.

Bande à part

BANDE À PART ist der heiterste Film Godards, nicht wegen seiner Story (eigentlich ist die gar nicht so heiter), sondern wegen der ironischen leichten Art, mit der Godard spielerisch mit den Formen, die er in den vorangegangenen Filmen entwickelt hat, umgeht. Er selbst spricht einen Kommentar, der ergänzt, ironisiert, ansatzweise interpretiert und vor allem immer wieder darauf hinweist, daß alles, was da geschieht, auch anders verlaufen könnte. Was er im Zusammenhang mit VIVRE SA VIE gesagt hat, daß es darum gegangen sei, den Gang der Gedanken zu filmen, trifft auf BANDE À PART ebenso zu wie auf LE MÉPRIS. Eine Meta-Film-Komödie und eine Meta-Film-Tragödie; in beiden ist die Entstehung ebenso Gegenstand wie das Resultat. In BANDE À PART weist der leichte, spielerische, ironisch-distanzierte Kommentar ebenso auf die Entstehung wie die äußerst raffinierte Schwarzweiß-Fotografie von Raoul Coutard (z. B. bei den Autofahrten).

Frieda Grafe hat ausgerechnet – und zu recht – bei dem Leichtgewicht BANDE À PART darauf hingewiesen, daß es sich da um eine in »pure Form aufgegangene Idee« handle: »den anderen in seiner jeweiligen Realität zu respektieren und zu akzeptieren, ihm den Spielraum zu lassen, den er zu seiner

Bande à part

Selbstverwirklichung braucht; und weiter dann noch das Eingeständnis, daß der Film erst mit der Partizipation des Zuschauers existieren kann.«[11]

Une femme mariée. 1964

Charlotte (Macha Méril) ist eine Frau von 27 Jahren; sie ist zum zweitenmal verheiratet. Ihr Mann, Pierre (Philippe Leroy) ist ebenfalls zum zweitenmal verheiratet und hat einen Sohn aus erster Ehe. Charlotte ist Redakteurin einer Frauenzeitschrift, Pierre ist Privatpilot. Charlotte hat auch einen Geliebten, Robert (Bernard Noël); er ist Schauspieler. Der Film zeigt 24 Stunden im Leben dieser Frau. Sie ist zuerst mit dem Geliebten zusammen; wiederholt das Taxi wechselnd, wie ein Dieb oder ein Agent, fährt sie zum Flugplatz, holt ihren Mann ab und verbringt mit ihm und seinem Klienten, dem Journalisten Roger Leenhardt (Roger Leenhardt), den er zum Frankfurter Auschwitz-Prozeß begleitet hatte, den Abend. Nachher ist sie mit ihrem Mann zusammen. Am anderen Tag erfährt sie von ihrem Arzt, daß sie schwanger ist; sie weiß nicht, von

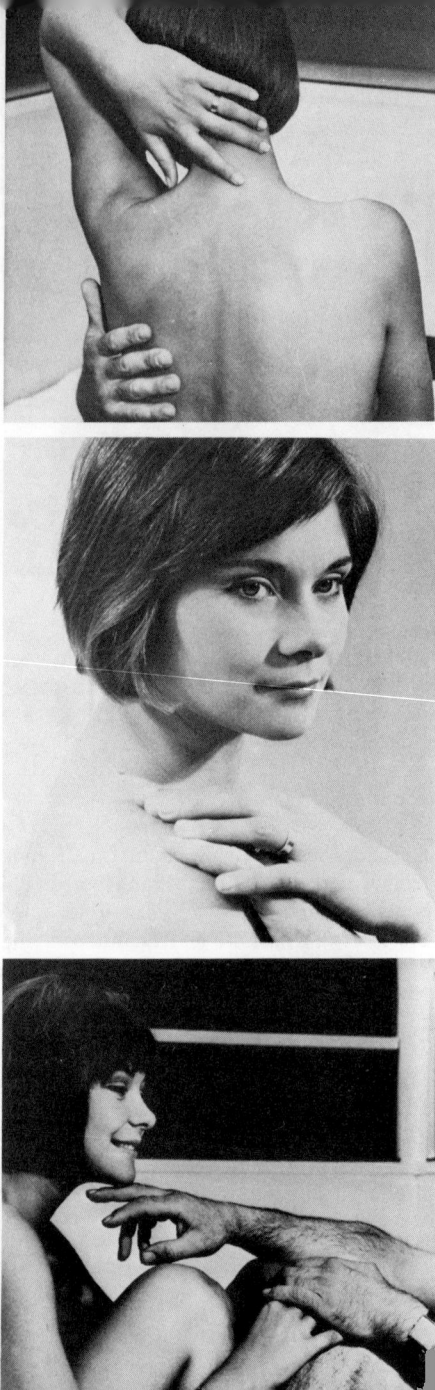

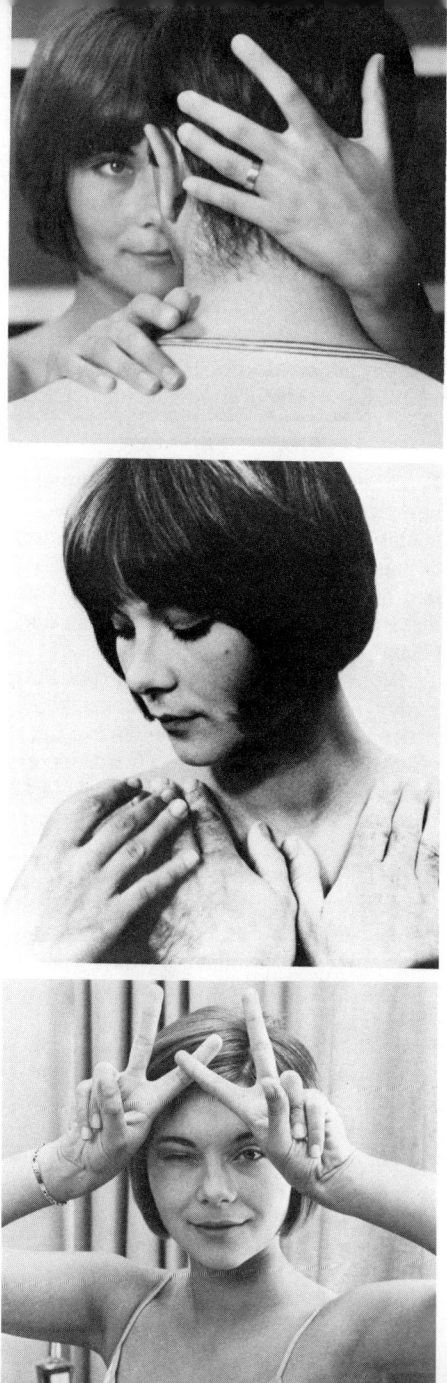

wem. Schließlich trifft sie ihren Geliebten noch einmal. Die beiden haben sich im Kino des Flughafens Orly verabredet, wo der KZ-Film von Alain Resnais, *Nuit et brouillard,* gezeigt wird; dann sieht man sie in einem Zimmer des Flughafenhotels. Robert wird sehr bald nach Marseille abfliegen, wo er eine Rolle in Racines *Bérénice* spielt. Charlotte und Robert lesen mit verteilten Rollen eine Abschiedsszene aus diesem Stück. Robert sagt: »Du hast Tränen in den Augen«; darauf sie: »Ja, ich weine«; und er: »Komm! Ende! Ich muß gehen.« Charlotte, schon außerhalb des Bildes, hat das letzte Wort: »Ja ... Ja ... Ende.« Dann erscheint auf der Leinwand das Wort Ende.

Leinwand und Leintuch: dreimal sind sie identisch, in den drei fast deckungsgleichen Liebesszenen am Anfang, in der Mitte und am Schluß. Anfang und Schluß sind »seitenverkehrt«; einerseits: Charlottes Hand mit einem breiten Ehering schiebt sich langsam ins Bild, Roberts Hand kommt von der Seite; andererseits: Robert zieht seine Hand aus dem Bild, Charlotte zieht ihre Hand auch aus dem Bild.
Eine vierte Sequenz ist formal mit den drei Bettsequenzen verbunden, die Kinosequenz. Die Leinwand des Flughafenkinos ist mit der Leinwand, auf die – irgendwo auf der ganzen Welt – UNE FEMME MARIÉE projiziert wird, identisch; Weiß, dann ein Bild aus *Nuit et brouillard,* ein Stacheldrahtzaun, die Kommentarstimme: »Auch eine friedliche Landschaft ...«
Auschwitz und die Betten, gestern und heute haben sehr wohl etwas miteinander zu schaffen; wenigstens dieser Gedanke soll im Zuschauer abgerufen werden. Formal sind diese vier Einstellungen das überzeugendste Zeichen, das Godard bis dahin gefunden hat, um Film kenntlich zu machen als Projektion, das Filmbild als Zeichen für ein zu imaginierendes Objekt (Brice Parain).
»Ich habe eben einen Film fertiggestellt, LA FEMME MARIÉE, wo die Subjekte als Objekte angeschaut werden, wo Taxijagden mit ethnologischen Interviews abwechseln, wo das Schauspiel des Lebens sich schließlich mit dessen Analysen vermischt, kurz einen Film, in dem sich das Kino frei und glücklich darüber, nur das zu sein, was es ist, entfaltet.«[12]
Zwischen Robert und Pierre gibt es keinen Unterschied, besser: vermag Charlotte keinen Unterschied zu machen. Die bei-

den Männer unterscheiden sich nur durch ihre Geschichte, aber Geschichte interessiert Charlotte nicht. Wenn sie ihren Mann am Flugplatz abholt, erklärt Roger Leenhardt, warum er in Frankfurt war: »Ich wollte eine Sitzung des Prozesses sehen. Haben Sie schon von Auschwitz gehört?« Charlotte: »Ach ja, Thalidomid?« Leenhardt: »Nein, nicht ganz. Wissen Sie, das ist diese alte Geschichte von Auschwitz.« Charlotte: »Ach ja, Hitler, ja ...« Später, in einem der sieben eingeschobenen »ethnologischen Interviews«, unter dem Titel »Gegenwart«, sagt Charlotte: »Die Erinnerung und all das ... das braucht man nicht. Ich mag die Gegenwart lieber. Das ist aufregender, die Gegenwart ... Deshalb liebe ich die Gegenwart; in der Gegenwart habe ich keine Zeit zu überlegen, kann ich nicht denken ...« Die Tiere möge sie, sagt Charlotte, weil sie immer schön seien und nie verstehen müssen. Sie habe schon falsche Sachen gemacht, aber geschämt habe sie sich immer erst später: »Im Augenblick selbst nicht. Deshalb liebe ich die Gegenwart.« Während sie Robert liebt, ganz am Anfang, fragt sie: »Warum redest du andauernd?« Ihre Sehnsucht nach der stummen Geste, dem Aufgehobensein drückt sich immer wieder aus. Sprache setzt Erinnerung voraus, und sie provoziert Mißverständnisse. Immer wenn Charlotte »in der Gegenwart aufgeht«, ertönen ein paar Takte aus Beethoven-Streichquartetten (op. 59).

Une femme mariée

Nun ist aber dieses Aufgehen, die Liebe gefährdet, bereits
Lüge, Einbildung; Godard insistiert – wie bereits in LES CARA-
BINIERS – auf der Tatsache, daß das »Haben« das »Sein« verdrängt hat. Er demystifiziert auf eine wahrhaft geniale Weise
das genaue Zeichen in der modernen Gesellschaft für diesen
Tatbestand: die Werbung. Der ganze Film ist fotografiert in
der Art von Werbespots; sauberer geht es nicht mehr. Zugleich ist UNE FEMME MARIÉE aber eine dezidierte Attacke auf
die Werbung. Ausgerechnet Charlotte, die nicht reden
möchte, schön sein möchte wie ein Tier, ist in ihrer Gegenwart
den Leit- und Vorbildern ausgeliefert, den ständigen Einflüsterungen. Sie mißt nach, ob das Dreieck von Halsansatz und
Brustwarzen wirklich gleichseitig sei. Sie schwärmt von der
BH-Abteilung von Printemps, sie blättert in Frauenzeitschrif-
ten, die nicht aus zwei Dritteln, sondern aus drei Dritteln Reklame für Dessous besteht. Der BH wird überhaupt zum allge-
genwärtigen Zeichen für den zum bloßen Konsum degradier-
ten Lebensgenuß, die sexgewordene Liebe.
Godard fügt alle Teilaspekte zu einer unmißverständlichen
Collage zusammen, zu einer bitteren Klage über eine Zeit, die
sich mit Riesenschritten der Entindividualisierung und Gleich-
schaltung nähert. So ist die äußerst gewagte, für viele auch
geschmacklose Assoziation zu Auschwitz schließlich zu verstehen. Godards nächster Film, ALPHAVILLE, greift voraus in einen
Zustand, in der die Tendenzen von 1964 – der Untertitel von
UNE FEMME MARIÉE lautet »Fragmente eines Films, der 1964
gedreht wurde« – sich durchgesetzt haben. UNE FEMME MARIÉE
hingegen ist die Klage eines Romantikers – sozusagen »in
Reinschrift«. Frankreichs Zensur verlangte 1964 die Ände-
rung des Originaltitels LA FEMME MARIÉE in UNE FEMME MARIÉE.
Sie hatte die Tragweite von Godards Film besser verstanden
als viele Kritiker.

Montparnasse-Levallois. 1965

Die Story von MONTPARNASSE-LEVALLOIS erzählt Alfred Lu-
bitsch-Jean-Paul Belmondo bereits in UNE FEMME EST UNE
FEMME: Ein Mädchen schickt gleichzeitig zwei Briefe an ihre
beiden Freunde ab. Kurz nachdem sie sie im Briefkasten ver-
senkt hat, realisiert sie, daß sie die Briefe respektive die Um-

Montparnasse-Levallois

schläge vertauscht hat. Sie rennt los, um den Empfängern zu sagen, sie sollten die Briefe vergessen, alles sei ein Mißverständnis. Doch sie hat die Briefe (oder die Briefumschläge) gar nicht verwechselt. Das macht die Sache nicht besser; beide Männer jagen sie zum Teufel.

Godard arbeitete ausgerechnet mit einem der Brüder Maysles, Al, zusammen, einem Vertreter des uncontrolled cinema, dem LE GRAND ESCROC »gewidmet« gewesen war. Er bearbeitet die fiktive Geschichte mit den Mitteln des cinéma vérité, mit einer dicht an der Sache bleibenden Kamera und Realton. Der eine Liebhaber des Mädchens ist Schlosser, der andere Eisenplastiker; das ergibt die großen Gemeinsamkeiten und die kleinen Unterschiede zwischen den beiden Männern.
Der Unterschied zwischen Maysles' uncontrolled cinema und Godard wird sichtbar an dem Versuch, lange Sequenzen (Maysles) in filmische Sätze mit Einschüben, Kommas, Unterordnung, Pausen und Ausrufezeichen (Godard) überzuführen. MONTPARNASSE-LEVALLOIS hat eigentlich keinen Autor, und die zwölf Minuten sind nur mäßig amüsant wie die anderen Beiträge dieses Episodenfilms von Godard, Barbet Schroeder, Rouch, Chabrol, Douchet und Rohmer auch. *Paris vu par...* scheint im nachhinein eher interessant als Debüt eines jungen französischen Produzenten, Barbet Schroeder, der damals gerade 22 Jahre alt geworden war.

Alphaville (une étrange aventure de Lemmy Caution). 1965

Eines Nachts, »um 24 Uhr und 17 Minuten Ozeanische Zeit« kommt Iwan Johnson (Eddie Constantine), Reporter des »Figaro-Pravda«, nach Alphaville; er sucht nach seinem Vorgänger, Henri Dickson, und er sucht den Professor von Braun, der vor seiner Entführung nach Alphaville Nosferatu hieß. Von Braun hat für Alphaville einen gigantischen Computer entwickelt, der hier jede Bewegung und jeden Gedanken lenkt. Iwan Johnson alias Lemmy Caution entdeckt Henri Dickson, völlig betrunken, am Ende seiner Kräfte und erfährt, daß auch dessen Vorgänger, Dick Tracy und Flash Gordon (französisch: Guy Leclair) umgekommen sind. Bevor Henri Dickson stirbt, verrät er Lemmy Caution, daß der Computer Alpha 60 nur durch sich selbst vernichtet werden kann; er vermacht ihm auch sein Exemplar von Paul Eluards *Capitale de la douleur*. Eine Schauexekution überzeugt Lemmy Caution, daß es zu handeln gilt. Die Todeskandidaten halten romantische Schlußworte; sie sprechen von Individualismus, von Tränen und von Liebe. Daß sie Liebende, Poeten, Individualisten, Gerührte gewesen sind, hat für die Todesurteile gereicht. Lemmy Caution bringt den Computer durcheinander, indem er ihn bei einer Einvernahme mit ehrlichen, aber systemfremden Ant-

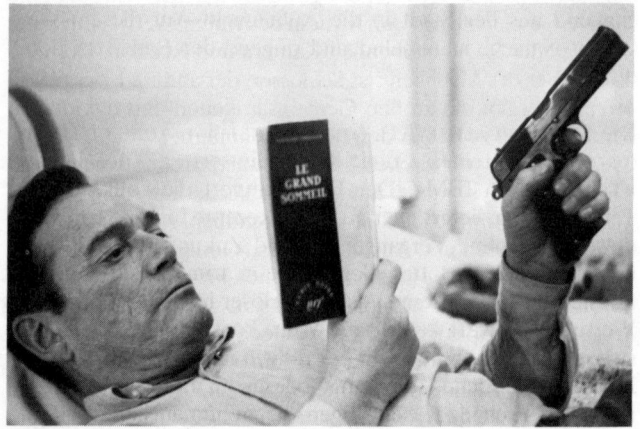

Alphaville

Alphaville

worten füttert. »Was verwandelt Nacht in Tag?« fragt Alpha 60. »Die Poesie«, antwortet Lemmy Caution. »Was ist Ihre Religion?« – »Ich glaube an die spontanen Reaktionen meines Gewissens (oder Bewußtseins; im Original: conscience. Anm. d. Verf.).« Schließlich lehrt er die Tochter von Brauns, Natacha (Anna Karina), die Begriffe der Poesie und der Liebe. Im Durcheinander des überforderten Computers zieht Lemmy seine automatische Pistole; er schießt seinen Weg frei zu Natacha und aus der Stadt in die Außenwelt. Auf diesem Weg spricht Natacha stammelnd und ringend den Satz »Ich liebe dich«.

Die Story von ALPHAVILLE (UNE ÉTRANGE AVENTURE DE LEMMY CAUTION) ist reiner Comic-Strip; ein erster Titel lautete »Tarzan gegen IBM«. Der Film statuiert die vollkommene Technisierung, liefert aber auch die Rezepte für eine Erlösung dieser Welt ohne Vergangenheit und Zukunft (eine Weiterführung von Charlottes Gegenwart in UNE FEMME MARIÉE): Poesie und Liebe. Lemmy ist ein Erlöser im Namen der alten Werte; er entwirft keine neue Welt. Poesie und Liebe lassen sich von der Maschine nicht bewältigen und überwältigen; das ist die romantische Botschaft Godards im Jahr 1965. Es gilt nicht, die Technik zu bewältigen, sie zu humanisieren; es gilt, sie zu überwältigen, ihren totalitären Anspruch mit einem anderen totalitären Anspruch, dem der Poesie und der Liebe, zu zerstören.

Mehr als die simple Botschaft von ALPHAVILLE interessiert die Art und Weise, mit der Godard Alphaville »antizipiert«. (Im Grunde ist ALPHAVILLE gar kein Zukunftsfilm aus der Gegenwart, sondern ein Gegenwartsfilm aus der Zukunft.) Eluards *Capitale de la douleur* ist Paris, und aus dem Paris des Jahres 1965 macht Godard Alphaville. Er seziert das nächtliche Paris und setzt es neu wieder zusammen. Das Verwaltungsgebäude der ESSO, die Maison de la Radio, die Flughafengebäude in Orly, die Autoroute du Sud, ein Hallenschwimmbad werden zu einer Metropolis ohne Kunstbauten; vor allem durch Zwischenschnitte auf ins Gigantische vergößerte Details gelingt es Godard, das Vertraute ins Fremde wegzurücken. Diese Dämonisierung akzentuiert die poetische Botschaft in einer Weise, die wohl nicht einmal dem Godard des Jahres 1965 (in dem schließlich auch PIERROT LE FOU entstand) lieb gewesen sein dürfte. Ein Ventilator in einer Lüftungsklappe wird zum Computer Alpha 60, und die Leuchtschriften und vor allem wieder die Sprache erschaffen ein ganzes Stadt-Staatsystem. Im Süden Alphavilles scheint die ewige Sonne, »im Norden der Stadt fällt Schnee«, es gibt eine Rue Enrico Fermi und einen Boulevard Heisenberg, einen Bahnhof der Rohstoffe (oder des spaltbaren Materials?), einen Park der Mathematik. Geldautomaten spucken »Merci«-Kärtchen aus; Mädchen – (Ver)Führerinnen ersten, zweiten und dritten Grades – tragen Nummern, im Zentralgebäude erhalten die Gefährdeten Nachhilfestunden in Logik. Mit spielerischer Leichtigkeit hat Godard aus Versatzstücken der Gegenwart ein synthetisches, aber nichtsdestoweniger beängstigendes Utopia montiert. Nicht weniger synthetisch ist allerdings auch der, der ausgezogen ist, um Alphaville zu zerstören und die Menschheit zu retten: automatische Pistole, schnelle Fäuste, Eluard in der Trenchcoat-Tasche, Lemmy Caution, ein Ritter ohne Furcht und Tadel. Er hat sich schon immer für seine Mädchen geschlagen; nun wird seine gerade, sentimentale und unreflektierte Art zu der einzigen Verheißung der Erlösung. Er trägt die Botschaft der Poesie und der Liebe in die entmenschte Welt. Und Eddie Constantine, der wie immer Lemmy Caution spielt, meint es offensichtlich ernst.

Godard habe in einem früheren Stadium der Realisation von

Alphaville

ALPHAVILLE Lemmy Caution sterben lassen wollen. Dann wäre ALPHAVILLE vielleicht zu jener schwarzen Komödie geworden, als die sie jetzt nur teilweise wirkt. Poesie und Liebe hätten angesichts der Bedrohung der Menschlichkeit lächerlich werden können. Ich halte die unbestätigte Information über diesen Schluß für möglich. Godard hatte ja in seiner ersten Lemmy Caution-Paraphrase, LA PARESSE, auch keinen übertriebenen Respekt vor der populär-reaktionären Kunstfigur gezeigt.

Pierrot le fou. 1965

Ferdinand (Jean-Paul Belmondo) wohnt im Komfort; er hat eine Frau, hat zwei Kinder; die Wohnung ist groß und ordentlich möbliert; das Dienstmädchen Odile hält sie sauber, wenn sie nicht gerade im Kino ist. Ferdinand hat beim Fernsehen gearbeitet, ist aber im Moment arbeitslos. Der Schwiegervater gibt eine Party; Ferdinand muß hin, wegen der geschäftlichen Kontakte. Ein Babysitter kommt für das Kind. Die Party ist grauenhaft; die Gäste reden wie Inserate und Werbespots.

Nur der Partygast Sam Fuller (Sam Fuller) fällt aus dem Rahmen. Er definiert das Kino: »Ein Film ist wie ein Schlachtfeld – Liebe, Haß, action, Gewalt und Tod. In einem Wort Emotion.« Ferdinand verläßt die Party, trifft zu Hause den Babysitter, Marianne (Anna Karina), die er vor fünfeinhalb Jahren (»im Oktober«) schon gekannt hat. Er verbringt die Nacht mit ihr, findet anderntags eine Leiche in ihrer Wohnung, merkt, daß da nichts zu erklären ist, und fährt mit Marianne gegen Süden. Das Geld geht aus; sie erschwindeln sich eine Tankfüllung, lassen dann aber den Wagen stehen, zünden ihn an und gehen zu Fuß weiter, um die Spuren zu verwischen. Später stehlen sie einen Ford Galaxie 62, und man findet sie auf einer Insel im Mittelmeer, mit einem Fuchs und einem Papagei, mit Büchern. Marianne langweilt sich, drängt zum Aufbruch, da sie ihren Bruder Fred treffen will, der an der Côte, irgendwo an der Côte, lebt; eines Tages verschwindet sie. Ferdinand, den Marianne beharrlich Pierrot nennt, obwohl er es jedesmal zurückweist, nimmt Arbeit im Hafen von Toulon an; da taucht Marianne wieder auf. Sie weiß jetzt, wo Fred zu finden ist, aber zunächst muß ihr Ferdinand noch zwei Typen vom Hals schaffen, die offenbar mit dem Toten in ihrer Wohnung zu tun haben. Später entdeckt er, daß der angebliche Bruder Fred Mariannes Geliebter ist. Er verfolgt die beiden und tötet sie. Er ruft noch einmal zu Hause an und erkundigt sich, ob es den Kindern gut gehe. Dann schmiert er sich das Gesicht mit blauer Farbe ein, umwickelt den Kopf mit zwei Dynamitgürteln und jagt sich in die Luft. Die Kamera schwenkt hinaus aufs Meer; man hört Marianne und Ferdinand – vereint – Verse von Arthur Rimbaud flüstern: »Sie ist gefunden, die Ewigkeit; es ist das verschwundene Meer mit der Sonne.«

Obwohl sich PIERROT LE FOU an das konventionelle epische Muster der Reise hält, und obwohl man die von Marianne und Ferdinand gefahrene Route auf einer Landkarte nachzeichnen könnte, trifft eine Nacherzählung der Story am Wesentlichen vorbei. Godard macht den Zuschauer schon in den ersten Sätzen darauf aufmerksam. Ferdinand liest seiner Tochter aus Élie Faures Kunstgeschichte vor: »Als Velasquez fünfzig Jahre alt war, malte er keine bestimmten Gegenstände mehr. Er umkreiste die Gegenstände mit der Luft und der Dämmerung; er spürte im Schatten und in durchsichtigen Hintergründen die farbigen Regungen auf, die er zum unsichtbaren Zentrum seiner schweigenden Symphonie machte ... Der Raum regiert ...« Und später imaginiert er eine neue Art von Roman: »Ich habe die Idee eines Romans gefunden. Nicht mehr das Leben der Leute beschreiben, nur noch das Leben, das Leben allein; das, was zwischen den Menschen ist, den Raum, den Ton und die Farben. Dahin möchte ich kommen. Joyce hat es versucht, aber man muß das noch besser machen können.«

Ein Werbetext für PIERROT LE FOU, den Godard wahrscheinlich selber geschrieben hat, weist auf den besonderen Platz dieses Films im bisherigen Werk des Filmemachers hin: »PIERROT LE FOU, das ist ein Kleiner Soldat, der mit Verachtung entdeckt, daß man Sein Leben leben muß, daß Eine Frau eine Frau ist, und daß man in einer Neuen Welt eine Außenseiterbande werden muß, um sich nicht Außer Atem wiederzufinden.« Kalauer hin oder her: hier wird formuliert, daß PIERROT LE FOU die Fortsetzung und die Summe fast aller bisherigen Filme sein soll. Godard hat sie in kürzester Zeit hingeworfen. Er sei nie so aufgeregt gewesen vor einem Film, sagte er. Wie in einem Fiebertraum muß PIERROT LE FOU entstanden sein: sieben Wochen – vom Mai bis in den Juli 1965 – wurde gedreht, dann montiert, die Mischung wurde an einem einzigen Tag gemacht; am 29. August 1965 lief PIERROT LE FOU auf dem Festival von Venedig. Völlig frei verfügt Godard über alle ihm schon geläufigen Formen und über einige dazu; er entscheidet sich schnell für alles und akzeptiert die Improvisationen seiner Darsteller. Er skizziert ein vorläufiges Fazit seiner »romantischen Periode«. PIERROT LE FOU, sagt er, sei die Geschichte des letzten romantischen Paars, der letzten Nachfahren von *La Nouvelle Héloise,* von *Werther* und von *Hermann und Dorothea.*

Prüfen wir nach: Michel Poiccard wollte mit Patricia (A BOUT DE SOUFFLE) in den Süden fahren; wie Bruno Forestier und Veronica Dreyer (LE PETIT SOLDAT) bewegen sich Ferdinand und Marianne am Rande einer politisch-kriminellen Szene; die Singeinlagen sowie die dominanten Farben Rot und Blau erinnern an UNE FEMME EST UNE FEMME; die Sprache von Ferdinands Frau und der Partygäste ist eine Wiederaufnahme von UNE FEMME MARIÉE; Sam Fuller tritt an die Stelle von Fritz Lang, und die Schlußeinstellung des neuen Films ist fast identisch mit jener von LE MÉPRIS: Liebe, Tod und Flucht sind die dominanten Metaphern von ALPHAVILLE; und zum Schluß von BANDE À PART hatte Godard eine Fortsetzung unter südlichem Himmel in Farbe und auf Breitwand versprochen.

Noch nie hatte Godard zuvor alles, was er am Wege seiner Helden und an seinem Wege fand, so bedenkenlos (und manchmal unbesonnen) in den Film integriert. Die Zwischenräume sind oft so verstellt von Kino, Malerei und Literatur und Musik (»Die Literatur kommt vor der Musik«, sagt Ferdi-

nand), daß die exemplarische Geschichte von Ferdinand und Marianne sich zu verlieren droht. Aber dennoch ist sie da, wird immer wieder aufgenommen und zu ihrem vorbestimmten Ende geführt. Bis zu PIERROT LE FOU (mit Ausnahme von UNE FEMME EST UNE FEMME und UNE FEMME MARIÉE) ist der Fluchtpunkt immer derselbe: der Tod. Ferdinand ist in seiner Liebessehnsucht eine Inkarnation der Verzweiflung. Als er sich das Gesicht bereits mit blauer Farbe eingeschmiert hat, wendet er sich noch einmal an den Zuschauer: »Was ich ...,

was ich noch zu sagen hätte ... ach, wozu eigentlich?« Und wenn er dennoch, blind, nach der brennenden Lunte sucht, um vielleicht doch zurückzukehren, tut er's ohne Überzeugung. Ferdinand hat versucht, dem Leben mit Reflexion beizukommen (er führt ein Tagebuch), um sich klar zu werden über sich selber und über seine Liebe, erfolglos. Er ist weder sich noch Marianne beigekommen. »Du hast nur Worte für mich«, hat sie gesagt, »aber ich sehe dich mit Empfindungen an.« Darauf weiß Ferdinand keine Antwort; die Liebe zerbricht, und der Tod ist die einzige Möglichkeit.

Anstatt all die Zwischenräume – Zitate aus Literatur, Kino und Malerei – auszuleuchten, anstatt aufzuzählen, was Godard mit all dem macht, was am Weg von Ferdinand/Pierrot und Marianne liegt – die Reklametafeln, Personen, die in der Manier des cinéma vérité in den Film hineingezogen werden, die Landschaften und die Autos, das Meer und Vietnam, die Sketches und private jokes, die Gesangs- und Tanzeinlagen –, all diese Bilder und Töne, die den Gang der Geschichte aufhalten, vorantreiben, kommentieren, vergessen machen, sei versucht, eine einzige Linie durchzuziehen, die Lebens- und die Todeslinie dieses großzügigsten und schönsten Films von Godards romantischer Periode: die Farben Blau und Rot.

Schon die Titel erscheinen in den Hauptfarben; in alphabetischer Reihenfolge leuchten zuerst alle »A«, dann alle »B« usw. auf schwarzem Hintergrund auf; nur der Titel PIERROT LE FOU erscheint blau, denn das Blau ist seine Farbe; dann räumt Godard alle Buchstaben aus bis auf die zwei O (in Erinnerung wohl an Rimbauds Vokal-Gedicht »A noir, E blanc, I rouge, U vert, O bleu: voyelles ...«).

Marianne ist die Farbe Rot zugeordnet, Ferdinand das romantische Blau. In Mariannes Wohnung liegt ein Toter; rotes Blut rinnt aus seinem Nacken. Mit dem roten Peugeot Mariannes fahren die beiden an einer Unfallstelle vorbei, wo die Leichen blutrot in den Trümmern hängen (»Kein Blut, Rot«, meinte Godard in einem Interview[13]). In den Zeichen der Konsumwelt dominiert das Rot, aber in einer langen Einstellung sieht man Ferdinand und Marianne durchs grüne Gras dem blauen Horizont entgegenschreiten. Durch das blaue Wasser eines Flusses waten sie – nach Indianerart, um die Spuren zu verwischen – ihrem Paradies entgegen, einer Insel inmitten des blauen Mittelmeers. Ferdinand wird von den Gangstern mit

Mariannes rotem Kleid gefoltert. Wenn er schließlich selber tötet, trägt er ein rotes T-Shirt; die zweite Dynamitladung, mit der er seinen blau eingeschmierten Kopf umwickelt, ist rot. Den Tod filmt Godard aus der Ferne; nach der Explosion schwenkt die Kamera langsam nach rechts, ins Blau des Meeres, das sich mit dem Blau des Himmels vermischt. Dann erst folgen die abschließenden Rimbaud-Verse.

In PIERROT LE FOU hat Godard sein ganzes Problem formuliert, in Rot und in Blau. Ferdinand hat seine Bürgerwelt nicht mehr ertragen und ist Pierrot geworden, aber Pierrot kann nur sterben: der Romantiker ist tragisch oder komisch. Man kann dieser Welt den »blauen Traum« entgegenhalten, aber die kümmert sich nicht darum. Godard wird eine andere Farbe wählen, allerdings nicht das Rot Mariannes.

Masculin-féminin. 1965/66

Paul (Jean-Pierre Léaud), der soeben aus dem Militärdienst zurückgekehrt ist, ist zwar aus der Partei ausgetreten, doch nicht entpolitisiert. Von seinem Freund Robert (Michel Debord) wird er täglich aufgefordert, seinen Romantizismus aufzugeben und sich umzusehen, was sich um ihn herum – im französischen Wahlwinter 1965 – tut: »Nicht das Bewußtsein des Menschen bestimmt seine Existenz, sondern die soziale Existenz bestimmt sein Bewußtsein.« Madeleine (Chantal Goya) arbeitet bei einer Jugendzeitung und besingt ihre erste Schallplatte. Paul, der nach einem kurzen Job bei der Zeitung seinen Idealismus der Wirklichkeit aussetzt, interviewt im Auftrag eines Meinungsforschungsinstitutes Elsa Leroy, »Mademoiselle 19 ans« des Jahres 1965. Er wohnt bei Madeleine und ihren Freundinnen Catherine und Elisabeth. Robert interessiert sich für Catherine, aber eigentlich mehr für die soziale Existenz, die sein Bewußtsein bestimmt. Paul erfährt die Welt in verschiedenen, ihn verletzenden Einzelheiten. Mit einem Bergman-Film kann er nichts anfangen, nicht nur weil er in einem falschen Format projiziert wird. Er zweifelt dann auch an seiner Arbeit als Meinungsforscher. Er kommt auf rätselhafte Weise um, bei der Besichtigung der Wohnung, die er gekauft hat. Madeleine ist schwanger.

Godard nennt MASCULIN-FÉMININ einen Film in »fünfzehn präzisen Ereignissen«. Wer aus diesen Ereignissen, die sich leicht durchnumerieren lassen, die Geschichte von Paul und Madeleine destilliert, wird noch mehr als bei der Geschichte von Ferdinand und Marianne in PIERROT LE FOU festhalten müssen, daß er nur einen Aspekt unter vielen herausgreift. Die Geschichte von Paul und Madeleine unterscheidet sich so wesentlich gar nicht von den früher erzählten; der Unterschied liegt in dem Material, in das diese Geschichte eingebettet ist. So kommt die materialistische Ideologie in den Aussagen Roberts über Brecht (hier: *Kleines Organon*) in Godards Werk. Daß er gewillt ist, seinen Film in der sozialen Realität zu verankern, läßt sich schon an der Wahl der Schauspieler ablesen. Chantal Goya (Madeleine) war eine damals gerade aufkommende junge Schlagersängerin.

Das Interview mit Elsa Leroy – ein »Interview mit einem Konsumprodukt«, wie es im Film heißt – formuliert vielleicht am genauesten, was Godard von der soziologischen Methode des cinéma vérité hält; er wendet diese Methode nur zum Schein an oder um ihre Grenzen, ja ihre Gefährlichkeit zu demonstrieren; im übrigen hält er sich vor allem an die »präzisen Einzelheiten«, auch und vor allem an die »nichtssagenden«. Paul konfrontiert »Mademoiselle 19 ans«, ein Produkt aus

Normen, mit Fragen, die von den gleichen Normsetters, die »Mademoiselle 19 ans« geprägt haben, aufgestellt worden sind. Das Interview behauptet damit nichts weniger als die Unwahrheit der Soziologie, die nicht mit dem Einzelnen rechnet. Elsa Leroy hat sich später über ihre Behandlung durch Godard beklagt. Nimmt man ihren Auftritt plan, das heißt als lebenden Beweis für das politische Desinteresse der französischen Jugend des Jahres 1965, war die Klage berechtigt. Nimmt man es für das, was es zweifellos ist, kann man sagen, daß Godard dieses »Konsumprodukt« auf raffinierte Weise in Schutz nimmt vor jenen, die es zum Konsumprodukt gemacht haben.

Die Wahrheit, meint Godard noch immer, die Wahrheit von MASCULIN-FÉMININ spricht aus den inszenierten präzisen Einzelheiten. Über die französische Jugend im Wahlwinter 1965 erfährt man mehr aus den Handlungen und Gesprächen der erfundenen Personen, an kleinsten Details ihres Äußeren und ihrer Äußerungen. Natürlich sind sie auch »Vertreter« der Schicht und Altersgruppe, der sich Godard in MASCULIN-FÉMININ zum erstenmal zuwendet (sie sind schätzungsweise rund ein Dutzend Jahre jünger als die Godard-Helden bis PIERROT LE FOU); Godard bezeichnet sie in einem oft zitierten Zwischentitel als »Kinder von Marx und Coca Cola«, was von ferne auch an PIERROT erinnert und die Geschichte vom Mann im Mond, der sich verbarrikadiert gegen die Astro- beziehungsweise Kosmonauten mit ihrem Marx und ihrem Coca Cola. Sie sind »Vertreter« also, aber interessant, wahr, verbindlich werden sie erst dadurch, daß sie Charakterzüge haben, die von der Soziologie nicht entdeckt werden können, weil sie sich nicht dafür interessiert in ihrer fatalen Ausrichtung auf die Repräsentativität. Wahr werden Paul und Madeleine, Elisabeth, Catherine und Robert, weil sie Einzelne sind.

Fünf Einzelne führen eben gerade vor, wie schwierig es – im Winter 1965 in Paris – ist, gemeinsam zu sein. Die Form des Films, sein extrem fragmentarischer Charakter ist Ausdruck dieser Schwierigkeit. Für Godard ist in dem genau bezeichneten historischen Moment und Ort in seiner Biografie nichts anderes möglich als diese Sicht auf die »Gesellschaft«, die keine Gemeinschaft mehr ist. Die hilflose Vereinzelung durfte und konnte nicht durch eine kontinuierliche Story »überwun-

Masculin-féminin

den« werden, die einen »Sinn« vorgespiegelt hätte. Wenn Paul – aus Zufall? willentlich? – von dem Balkon einer Neubauwohnung gestürzt und tot ist, sagt Madeleine bei der Polizei aus, sie sei schwanger von Paul; sie wisse nicht, was sie jetzt tun werde; eine Freundin habe zu Stricknadeln geraten. Aber Madeleine wiederholt, fast tonlos, den Satz: »J'hésite«.

Masculin-féminin

Masculin-féminin

»J'hésite« (ich zögere) – das ist die sinnvollste Antwort, die Madeleine dem um sinnvolle Antworten bemühten Kriminalkommissar geben kann. Auch Godard hat keine andere. Der Druck des Anonymen, Unfaßbaren, Kollektiven ist so groß geworden, daß er sich nicht mehr zu allgemeinen Einschätzungen in der Form von Boumots verleiten läßt. Er rettet – wie Alexander J. Seiler gezeigt hat[14] – das Private. Das einzige, was gegen die Zwänge hilft, »ist die konkrete Gebärde, die Eingebung des Augenblicks. Je nichtiger das Private, um so wichtiger wird es.«

In der »präzisen Einzelheit Nummer 6«, die aus drei ganz kurzen Einstellungen und einer fast sechs Minuten langen Plansequenz besteht, wird diese Konzentration auf das Private, die Verteidigung des Selbst fast programmatisch klar. Paul, Madeleine und Elisabeth sitzen an der Bar, dann gehen die beiden Mädchen weg, und ein fremdes Mädchen kommt auf Paul zu, fragt ihn, ob er sich mit ihr zusammen im Fotoautomat aufnehmen lassen wolle. Warum nicht, sagt Paul. Die Kamera wartet vor der Kabine, wo das Mädchen eine eigenartige Offerte macht: für 150 Francs würde sie vor dem Fotoapparat den Pullover ausziehen; Paul lehnt ab in der typischen, fahrigen Léaud-Art, geht kurz auf und ab und verschwindet in einer Schallplattenaufnahme-Kabine, wo er sein Gedicht an Madeleine aufnimmt: »Ich möchte mit dir leben, / und du wirst nicht zum Rendezvous kommen, / heute abend. / Die Sterne über uns, Madeleine, / und wir hier in der Stadt. / Madeleine. / Stell dir vor, es ist geschrieben wie: / Astor, die Zigarette des modernen Menschen. / Erinnere dich, du kamst aus dem Schwimmbad. / Dieselbe Platte drehte sich, erinnere dich, / erinnere dich. / 5. Dezember 1965. Die Sterne. / Ich möchte mit dir leben. / Ja, wie du braun bist im Bikini. / Wir werden Babyfoot spielen. / Ah, ja, schau, das Flugwesen. / Du schminkst die Lippen, schmiegst dich an mich. / Wir fliegen. / Hallo, hier der Kontrollturm. / Boeing 737 ruft Caravelle, / Paul ruft Madeleine!«[15] Dann wankt ein fremder Mann auf Paul zu und ersticht sich mit einem Messer, das er zuerst auf Paul gerichtet hatte. Wo Godard früher in Bildungsassoziationen verfiel, wird er jetzt gegenwärtig, nur gegenwärtig. MASCULIN-FÉMININ ist datierbar wie die CINÉTRACTS vom Mai 1968 es sein werden. MASCULIN-FÉMININ ist eine Zeitung.

Made in U.S.A. 1966

Die Story, so sie überhaupt von Interesse ist, kann in wenigen Sätzen erzählt werden: Paula Nelson (Anna Karina) bricht ins französische Antlantic Cité auf, um Richard, ihren Verlobten, zu suchen, der sich dort versteckt hat. Paula muß aber feststellen, daß Richard ermordet worden ist. Jede Person, die ihr begegnet, kommt als Täter oder Zeuge in Frage, und möglicherweise beseitigt Paula selbst die wichtigsten Informanten. Jedenfalls ist Klarheit nicht zu schaffen (ein absurder Dialog in einer Bar macht das zeichenhaft deutlich), und Paula kehrt in die »Sicherheit« von Paris zurück.

Godards Entwicklung verläuft nicht linear. Von MASCULIN-FÉ´MININ leiten nur ganz schwache Fäden hinüber zu MADE IN U.S.A. Und das ist nicht nur auf die ziemlich einzigartige Entstehungsgeschichte zurückzuführen: Godard arbeitete schon an 2 OU 3 CHOSES QUE JE SAIS D'ELLE, als ihn Georges de Beauregard, der einige seiner wichtigsten Filme produziert hatte, zu Hilfe rief. Eben war Rivettes *La religieuse* verboten worden, und Beauregard war in einem finanziellen Engpaß,

Made in U.S.A.

aus dem ihm nur ein »Quickie« helfen konnte. Godard war der einzige, der ihn herstellen konnte; Beauregard wußte es, und Godard auch. So entstand in Eile ein Drehbuch, mit dem man Geld finden konnte.

Wenn sich Godard in MASCULIN-FÉMININ spürbar von den vorfabrizierten Kulturbausteinen entfernt, so gilt für MADE IN U.S.A. wieder das Gegenteil. Das beginnt schon mit der Widmung: MADE IN U.S.A. ist Nick (Ray) und Samuel (Fuller) gewidmet, »die in mir die Ehrfurcht vor dem Bild und dem Ton wachsen ließen«. Anna Karina spielt eine Journalistin-Detektivin mit weißem Trenchcoat: Godard hatte kurz vorher Humphrey Bogart in Howard Hawks *The Big Sleep* wieder gesehen. Die Namen einiger anderer Personen mögen andeuten, wie sehr Godard wieder mit vorfabrizierten Elementen umging: Richard Widmark, Donald Siegel, David Goodis (Autor des Romans *Tirez sur le pianiste*), Inspektor Aldrich, Doris Mizoguchi; es tauchen aber auch zwei zwielichtige Figuren auf, und sie hießen Robert McNamara und Richard Nixon.

Als »reale« Bausteine des Films, der wie ein Erzählfilm beginnt und in der totalen Desorientierung endet, mit der Frage: »Also was denn?«, sind folgende Geschichten, Sachverhalte, Situationen auszumachen: die Amerikanisierung Europas; die Affäre Ben Barka, die noch immer undurchsichtig ist, aber definitiv die Existenz einer »parallelen« Polizei bewies; der rätselhafte Tod eines Hauptzeugen des Prozesses (Figon); der Kennedy-Mord mit der umstrittenen Anzahl von Tätern.

MADE IN U.S.A. ist der letzte Film Godards mit Anna Karina. Er filmt sie wie gebannt und liest in ihrem Gesicht möglicherweise die ganze Essenz des Films; für den Zuschauer hingegen wird alles ungegenständliche Graphik wie die supergraphics, die die Leinwand immer wieder füllen, die Zeichen der Coca-Kolonisation, die bildformatfüllenden kalligrafischen Inserts, das Rot des Blutes (und Pseudoblutes) und der Reklame, die monochromen Wände, die Leuchtschriften.

Wie ALPHAVILLE ist MADE IN U.S.A. ein Film der Angst, doch hier verschaffen Liebe und Poesie keinen Ausweg mehr. Die Undurchsichtigkeit des Stoffes greift ungehemmt in die Form des Films hinüber. MADE IN U.S.A. ist ein hilfloser Schrei. *Die Linke im Jahr Null* (ein Buchtitel) wird wiederholt zitiert, ohnmächtig, nicht hoffnungsvoll. (Natürlich ist auch MADE IN U.S.A. eine Zeitung.)

2 ou 3 choses que je sais d'elle. 1966

Vierundzwanzig Stunden im Leben einer Frau. Juliette Janson (Marina Vlady), die mit Mann und Kind in einem modernen Komplex an der Peripherie von Paris wohnt. Als Gelegenheitsprostituierte – vorläufig, bis es nicht mehr nötig ist – hält sie das Haushaltsbudget ausgeglichen, da ihr Mann Robert (Roger Montsoret) »keinen Ehrgeiz hat«. Sie verläßt am Morgen, nachdem sie den kleinen Sohn bei einem älteren Hausbewohner deponiert hat, die Siedlung und fährt in die Stadt: Kleiderboutique, Café, Stundenhotel, Friseur, Autowerkstatt (wo Robert arbeitet), Hotel Prince-de-Galles, Café. Abends kehrt sie mit Robert wieder in die Wohnanlage zurück, versorgt den Sohn und geht mit Robert zu Bett.

Prostitution ist eine Hauptmetapher in Godards Welt. Marginal oder zentral tritt sie in Erscheinung in UNE FEMME COQUETTE, UNE FEMME EST UNE FEMME, VIVRE SA VIE, LE MÉPRIS, UNE FEMME MARIÉE, ALPHAVILLE, MASCULIN-FÉMININ und in dem Sketch, der im gleichen Jahr 1967 (wie MADE IN U.S.A. und 2 OU 3 CHOSES) herauskommt: ANTICIPATION, Godards Beitrag zu dem Omnibusfilm *Le plus vieux métier du monde*. Prostitution ist nicht nur das »älteste Gewerbe«; Prostitution ist, wie Godard in verschiedenen begleitenden oder interpretierenden Texten zu 2 OU 3 CHOSES ausführt, das Prinzip der spätkapitalistischen Gesellschaft: »Um auf diesen Film über die großen Komplexe zurückzukommen: was mich dabei am meisten erregt hat, ist die Tatsache, daß die Anekdote, die er beschreibt, im Grunde auf eine meiner am tiefsten verwurzelten Ideen zurückkommt. Die Idee, daß einer, der in der heutigen pariser Gesellschaft leben will, gezwungen ist, auf welchem Niveau auch immer, sich auf diese oder die andere Weise zu prostituieren oder darüber hinaus nach Gesetzen leben muß, die jene der Prostitution in Erinnerung rufen.«[16]

Die »Anekdote« ist auf ein Minimum reduziert, sie ist im Grunde nur ein Vorwand, um über alles zu sprechen, alles zu zeigen, alles zu denken. »Im Laufe eines Films – in seinem Diskurs, das heißt in seinem diskontinuierlichen Lauf (dans son discours, c'est-à-dire son cours discontinu) – möchte ich alles machen, vom Sport über die Politik bis zum Kleinhandel sogar. (...) Man kann alles in einen Film hineinpacken, man muß alles in einen Film hineinpacken. Wenn man mich fragt, warum ich von Vietnam rede oder reden lasse, von Jacques Anquetil (dem Radrennfahrer; Anm. d. Verf.), von einer Frau, die ihren Mann betrügt, dann verweise ich die Person, die mich das fragt, auf ihren gewöhnlichen Alltag. Da ist alles drin. Und alles nebeneinander. Darum zieht mich auch das Fernsehen so an.«[16] Die »Geschichte« von Juliette Janson ist also nichts als der Grund, von dem die »Töne und Bilder« (Godard zieht es von 1967 an vor, nicht mehr von Film oder Fernsehen zu sprechen, sondern von Tönen und Bildern) abstoßen, und auf den sie wieder zurückkehren.

Godards Kamera ist in der ersten Sequenz ein klares Gegenüber; neu, einleuchtend ist dann die Annäherung an die Person Marina Vladys und die Figur der Juliette Janson: »Sie, das ist Marina Vlady«, flüstert Godard im Off, »sie ist Schauspielerin. Sie trägt einen nachtblauen Pullover mit zwei gelben Streifen. Ihre Haare sind kastanienbraun oder hellbraun. Ich weiß es nicht genau.« Durch den ganzen Film insistiert Godard darauf: ich sehe es so, aber ich weiß es nicht genau. Der Zuschauer sieht immer zugleich einen Film und die Entstehung dieses Films. Beispielsweise in der Szene, wo Juliette vor der Garage vorfährt, in der ihr Mann arbeitet. Godard fragt sich und den Zuschauer, wie man dieses unbedeutende Ereignis zeigen könne, und er führt auch verschiedene Lösungen vor, die sich nur unwesentlich voneinander unterscheiden und beinahe als Wiederholungen wirken. Es gibt immer mehr Interferenzen zwischen dem Bild und der Sprache. »Man kann gleichsam sagen, daß in der heutigen Gesellschaft leben sozusagen leben in einem enormen Comic-Strip bedeutet. Und doch genügt die Sprache als solche nicht, ein Bild präzis zu determinieren. Zum Beispiel (...) wie kann man sagen oder zeigen, daß an diesem Nachmittag Juliette und Marie zu der Garage an der Porte des Ternes gekommen sind, wo der Mann von Juliette arbeitet ... Sinn und Unsinn ... Ja ... Wie kann man genau sagen, was geschehen ist. Sicher, da ist Juliette ..., da ist ihr Mann ..., da ist die Garage ... Aber sind es diese Wörter und diese Bilder, die man brauchen soll? Sind sie die einzigen? Gibt es keine anderen? Spreche ich zu laut? Schaue ich von zu nah oder von zu weit?« Gleich darauf läßt Godard eine junge Frau das Bild durchqueren; hinter ihr sind Plakate für Kléber-Colombes-Pneus und für Eyquem-Dunlop-Zünd-

2 ou 3 choses que je sais d'elle

kerzen zu sehen. Und er flüstert: »Es gibt da auch eine andere junge Frau, von der wir nichts wissen. Wir wüßten nicht einmal, wie das sagen in aller Ehrlichkeit.«
Unvermittelt wenden sich verschiedentlich solche Figuren, von denen man nichts weiß und die in der »Geschichte« nichts verloren haben, an die Kamera, an den Zuschauer: eine Verkäuferin in der Boutique, ein junger Mann im Café, eine Kundin beim Friseur. Sie sprechen von Dingen, die nicht zur Geschichte gehören, die aber in den Film gehören, weil alles Platz haben muß, jedes Bild und jeder Ton.
Die Diskontinuität, der fragmentarische Charakter, die man Godard früher immer wieder vorgeworfen hat, bekommen in 2 OU 3 CHOSES einen genauen, politischen Sinn. Er war ausgegangen von einem Report in der linksliberalen Pariser Wochenzeitung *Le Nouvel Observateur*, der feststellte, wie viele Pariserinnen sich und ihre Familien mit Gelegenheitsprostitution über Wasser halten; sie hatten in der französischen Hauptstadt bereits einen Namen: Sternschnuppen. Und er war ausgegangen von einem offiziellen Plan zur Neustrukturierung der pariser Region. (Sie ist im übrigen die »elle« im Titel, nicht etwa Juliette.) Das eine Motiv hat zu der rudimentären

Geschichte geführt, das andere zu einer ethnografischen Erhebung mit Bildern und Tönen, zum Kontext. »Die soziale Existenz bestimmt das Bewußtsein des Menschen«, hatte Robert in MASCULIN-FÉMININ gesagt; Godard arbeitet zum erstenmal bewußt nach dieser Erkenntnis, findet die Ausgänge aus dem Privaten und die überzeugenden filmischen Formen. (Ich habe die beiden Flaubert-Figuren Bouvard und Pécuchet, die Godard in 2 OU 3 CHOSES einführt, immer auch als eine Art ironische Selbstkritik gelesen. Sie stehen für die desorganisierte, sinnlose Art, mit der der Zeitgenosse über die Bildungsgüter verfügt, die in seiner Reichweite liegen. Godards Bouvard und Pécuchet haben vor sich – im Café – einen Berg von Taschenbüchern aufgebaut und ziehen daraus einen Satz nach dem anderen hervor. Inhalte, Sätze, Gedanken sind zwar da, aber nicht die Möglichkeit, mit ihnen und aus ihnen einen Sinn zu machen.)

Indem Godard den Zuschauer auf seine Seite der Kamera zieht und ihm mit seinen geflüsterten Kommentaren Fenster auf die Bilder öffnet, macht er ihn zum Mitautor, und zwar in einem Maße, wie es ihm bis jetzt weder besonders am Herzen gelegen noch gelungen war. Er führt ihn mit Bildern und Tönen verschiedentlich an Punkte, an denen sich (politisches) Gewissen bilden muß.

Berühmt ist die Großaufnahme einer Kaffeetasse im Bistro: in verschiedenen Stufen rückt sie der Autor näher und näher; der Zuschauer vergißt den geografischen Rahmen (das Café), später auch den Tassenrand, sieht nur noch in die dunkle Flüssigkeit, die sich da, immer undefinierbarer, dreht. Gleichzeitig werden die Kreise, die der Kommentar zieht, immer weiter, bis in die größten vorstellbaren Dimensionen. »Nur die Welt heute, wo die Revolutionen unmöglich sind, wo blutige Kriege mich bedrohen, wo der Kapitalismus nicht mehr so ganz seiner sicher ist ... und die Arbeiterklasse auf dem Rückzug, wo der Fortschritt ... die gewaltigen Fortschritte der Wissenschaft den künftigen Jahrhunderten eine quälende Gegenwart verleihen ..., wo die Zukunft näher ist als die Gegenwart, wo die fernen Galaxien vor meiner Tür stehen. ›Mein Ebenbild ... mein Bruder‹ ... Wo beginnt, aber wo beginnt was? Gott erschuf Himmel und Erde. Sicher ... Aber das ist etwas leicht und feige. Man muß das besser sagen können. Sagen, daß die Grenzen der Sprache die Grenzen der Welt sind ..., meiner

2 ou 3 choses que je sais d'elle

Sprache, meiner Welt. Und daß ich, indem ich spreche, die Welt begrenze, bestimme. Und wenn der logische und mystische Tod diese Grenze aufheben wird ... und es keine Frage und keine Antworten mehr geben wird, wenn alles verschwommen sein wird. Aber zum Glück können die Sachen wieder klar werden, und zwar mit dem Eintreten des Bewußtseins. Dann wird alles andere folgen.«

Die Reise mit Juliette von der Peripherie ins Stadtzentrum wird eine Reise mit vielen Halten bei vielen Aussichtspunkten: auf die Zerstörung der Stadt und der Lebenszusammenhänge, auf die Einflüsterungen der Konsumgesellschaft und das Fanal dieser Gesellschaft, den Vietnamkrieg, auf die Bedürfnisse und die Fremdbestimmungen – ins Zentrum von Godards Bewußtsein in diesem genau datierbaren Augenblick des Jahres 1966. »Da man mich auf den Punkt Null zurückzwingt, werde ich von da wieder aufbrechen müssen«, lautet der letzte Satz des Kommentars. Robert und Juliette haben im Bett noch einen Dialog von Scheinlebendigen geführt, haben sich je eine Zigarette angesteckt. Der Schlußkommentar liegt über der extremen Nahaufnahme der Zigarettenglut, auf dem Bild eines Buchdeckels der Serie *Idées*; dann folgt – stumm – das Bild einer Kaugummipackung »Hollywood« und ein Zoom rückwärts: eine »Stadt« aus farbenprächtigen bekannten Verpackungen auf einem grünen Rasen. Dann das Wort FIN, wie schon in MADE IN U.S.A. in den Trikolorefarben Blau, Weiß, Rot.

Anticipation (ou l'amour en l'an 2000). 1966/67

Zum Episodenfilm *Le plus vieux métier du monde*, den man gerne und leicht vergißt, hat Godard die letzte, die utopische Episode beigesteuert. Die Produzenten und Verleiher haben

Dreharbeiten Anticipation

das Stück dann einfach weggelassen, denn Godard hatte sich
nicht prostituiert. ANTICIPATION ist ein Epigramm über die
Liebe und den Film geworden.
Der 15-Minutenfilm beginnt tiefschwarz; die Leinwand verschwindet und belebt sich erst nach einiger Zeit mit hart kopierten grünen (Negativ-)Bildern. Ein Flugzeug aus der Galaxis 46 kommt an; wenn die Passagiere aussteigen, wechselt die Farbe, ins Rot (»sowjetische Farbe«, sagt der Kommentar). Reisender 14, John Demetrios (Jacques Charrier), Transitgast auf der Reise nach Galaxis 2 oder 7, wird ins Hotel gebracht und bedient. Er sucht sich im reichhaltigen Angebot eine Frau aus, nicht die richtige auf Anhieb, denn sie versteht sich nur auf die Gesten der Liebe. (Übrigens ist da alles blau: »amerikanische Farbe«.) John Demetrius verlangt eine andere Frau; sie spricht zwar, aber kennt die Gesten nicht. (Jetzt ist das Bild gelb: »chinesische Farbe«.) Da sie beim Sprechen die Lippen bewegt, kann der Reisende mit ihr die erste Liebesgeste wiedererfinden, den Kuß. Jetzt fließen die »natürlichen« Farben ins Bild ein.
Weil die Harmonie von Körper und Geist zerstört ist, weil es Entfremdung gibt, gibt es auch Prostitution; sie ist das Bild dieses Tatbestandes. Die Zukunft – und die Zukunft sieht bei Godard seit ALPHAVILLE immer aus wie die Gegenwart; auch MADE IN U.S.A. und 2 OU 3 CHOSES sind nur minimal, ins Jahr 1969, vordatiert –, die Zukunft wird unmenschlich sein, wenn sie die Harmonie nicht wiederherstellt. ANTICIPATION erinnert noch einmal an die romantischen Vorstellungen Godards.

La chinoise, ou plutôt à la chinoise. 1967

Fünf junge Franzosen haben sich sozusagen zu Exerzitien mit den Worten des Vorsitzenden Mao Tse-Tung in eine große Bürgerwohnung zurückgezogen. Sie steht leer, weil die Besitzer in den Ferien sind. Véronique ist Bürgerstochter, studiert Philosophie in Nanterre; sie weiß, daß sie keine richtige Verbindung zur Arbeiterklasse hat; sie schwankt zwischen der Erarbeitung der richtigen Theorien und dem Gewaltakt, der zu den richtigen Polarisierungen führen wird. Serge oder Kirilov ist Maler; er will an zwei Fronten kämpfen, an der Kunstfront und an der politischen; als ihm der terroristische Akt vorenthalten wird, bringt er sich um, denn im erreichten Kommunismus ist die Freiheit ganz; er nimmt sie voraus. Henri ist Naturwissenschaftler; er distanziert sich vom Terror, bekennt sich zum Revisionismus (und somit zur französischen KP) und wird aus der Kommune ausgeschlossen; er will in der Industrie Arbeit suchen, an der Basis politisieren oder seine Fähigkeiten der DDR zur Verfügung stellen. Yvonne kommt vom Lande; sie hat sich als Dienstmädchen und Prostituierte verkauft und lebt nun bei den Kommunarden in ähnlicher sozialer Funktion, doch hier macht ihr die Arbeit mehr Spaß; überall sonst waren die Wohnungen dunkel, hier ist sie hell, und die Leute sind sympathisch. Guillaume schließlich träumt von einem nachbrechtischen sozialistischen Theater; die Chinesen haben ihm dafür einige Hinweise gegeben; außerdem lernt er von Véronique, die er liebt. Véronique führt das von der Gruppe geplante Attentat schließlich durch, begeht aber einen groben Fehler. Ob der Terrorakt politische Folgen haben wird, bleibt ungewiß. Véronique meint immerhin, sie habe »einen großen Sprung vorwärts getan, den ersten auf einem langen Marsch«.

Godard sieht den jungen Leuten bei ihren Übungen zu und stellt den Teilnehmern – meistens von außen, aber nicht nur skeptisch, sondern auch sympathisierend – Fragen. Die Antworten, muß man annehmen, sind zum großen Teil von ihm selbst formuliert worden. LA CHINOISE ist das Theater im Kopf des Autors, sein inneres Hörspiel mit fünf Stimmen an einem Punkt seines Werks, den er in den beiden großen Filmen des Vorjahrs als »Punkt Null« bezeichnet hatte.
Obwohl LA CHINOISE alle Zeichen eines experimentellen Revolutionstheaters trägt, ist dieser »film en train de se faire« – ein im Entstehen begriffener Film; so auch der Untertitel – gründlich mißverstanden worden, als ein Bekenntnisfilm nämlich. Das ist LA CHINOISE keineswegs; man wird das heute leichter feststellen können. Einen filmischen Kommentar zu LA CHINOISE jedenfalls hat Godard noch im gleichen Jahr gedreht, seinen Beitrag zum Omnibusfilm *Loin du Viet-nam*, ein Beitrag, in dem er seinen politischen Ort genau bestimmt. Wenn man Godard auch in LA CHINOISE sucht, wird man ihn am ehesten in der Figur des Guillaume (Meister) entdecken, dem

La chinoise

La chinoise

Schauspieler in der Sommerkommune Aden-Arabie; er sucht nichts mehr und nichts weniger als ein »sozialistisches Theater«, eines nämlich, das die Brücke schlägt vom »Gefängnis Kultur« zum »Gefängnis Fabrik«; er macht schließlich ein Hausierer-Theater, spricht mit Racine-Versen zu einer Frau, die von ihrem Mann verlassen worden ist; »es ist Zeit, sich den

logischen Argumenten anzuschließen«, sagt er im klassischen Versmaß. Das Hausierer-Theater weist dabei auf Godards Arbeit am Ende der sechziger Jahre voraus.
Am 17. März 1967 hatte Godard die Uraufführung von 2 ou 3 choses que je sais d'elle im Rahmen der »Nuit des Sciences Politiques« stattfinden lassen. Das ist ein Hinweis auf die Kreise, in denen er nun verkehrte. Damals jedenfalls war er schon mit den Dreharbeiten zu la chinoise beschäftigt. Er hatte den Film zuerst mit echten jungen französischen Maoisten in ihren eigenen Rollen machen wollen, doch diese trauten dem bürgerlichen Filmemacher nicht genug. So arbeitete Godard wieder mit Schauspielern, allerdings mit neuen Gesichtern; eines davon wird sich einige Zeit (bis tout va bien) in seinen Filmen halten: das eigenartig verstockte, trotzige, kindlich rundliche von Anne Wiazemsky, die Godard nach la chinoise heiratete. Sie spielt Véronique, die kompromißlose politische Träumerin. Godards erste Frau, Anna Karina, hatte mit der Rolle der Véronica in le petit soldat begonnen. Privatestes konnte also auch jetzt noch in die Filme hineinspielen; die echten Maoisten hatten allen Grund, auf der Hut zu sein.
Die fünf Darsteller von la chinoise (neben Anne Wiazemsky: Lex de Brujin, Michel Séméniako, Juliet Berto und Jean-Pierre Léaud) spielen Rollen, die mehr oder weniger von ihren eigenen Optionen des Jahres 1967 entfernt sind. Zweimal konfrontiert Godard seine Rollenträger – und das heißt zwei Stimmen in seinem Kopftheater – mit echten politischen Figuren. Der schwarze Studentenführer Omar Diop (Mitglied des »Groupe du 23 mars«) hält einen »Gastvortrag« im Kommune-Theater; und Véronique, die radikale Träumerin, wird von Godard den realistischen Einwänden von Francis Jeanson ausgesetzt, dem Chefredakteur der *Temps modernes*.
la chinoise ist die kunstvolle Projektion eines Bewußtseinsstandes, der von den Nachrichten über den Krieg in Vietnam, von den Nachrichten über die chinesische Kulturrevolution einerseits und andererseits von der Anschauung der Nachahmungsversuche in der nächsten Nähe bestimmt ist. Godard stellt sich resolut auf den leeren Platz, den er mit den letzten Filmen geschaffen hat, auf die eigene tabula rasa und läßt seine widerstreitenden Überlegungen sich konkretisieren in Schauspielern, die eine Rolle übernehmen. Es ist mir unverständlich, weshalb man damals behauptete, Godard habe in la

CHINOISE Partei ergriffen für die maoistische Jugendbewegung Frankreichs (wenn Sich-Befassen nicht schon Parteiergreifen heißt). Deutlich nennt er zum Schluß den Film LA CHINOISE das »Ende eines Beginns«.
Ein Jahr nach den Dreharbeiten von LA CHINOISE merkten viele erst, daß Godard der feinste Seismograph des französischen Kulturlebens gewesen war; als die Sprüche, die die Kunstfiguren von LA CHINOISE auf Mauern gespritzt hatten, in altehrwürdigen Kulturinstitutionen rezitiert wurden. »Warum«, fragt Véronique Yvonne, »wäschst du die Teller ab?« – »Damit sie sauber sind.« – »Gut, Yvonne, du hast alles verstanden.« – »Also, Frankreich im Jahr 1967, das ist ein wenig wie schmutzige Teller?« – »Ja.«

Caméra-œil. 1967

Ein Kollektiv von rund 150 französischen Filmtechnikern und Filmmachern veröffentlichte mit dem Gemeinschaftswerk *Loin du Viet-nam* keinen Episoden-, sondern einen Montagefilm, dessen Koordination in den Händen von Chris Marker lag. Godards Beitrag ist leicht aus dem Ganzen herauszutrennen. Es handelt sich um einen Monolog, ein bemerkenswert langsames, ja schmerzhaftes Statement des Filmers, der eben 2 OU 3 CHOSES uraufgeführt hat und mit der Arbeit seines Kulturrevolutionstheaters LA CHINOISE beschäftigt ist. Godard sitzt hinter einer schweren Mitchell-Kamera und redet direkt in eine zweite Kamera, das heißt zum Zuschauer. Das Bild, das gelegentlich mit Zwischenschnitten (Material aus LA CHINOISE) unterbrochen wird, skizziert die angestrebte Identität von Inhalt und Form, illustriert die Ferne von Vietnam (wo man bestimmt nicht mit einer Mitchell arbeiten könnte). Godards Statement ist zugleich Selbstkritik, Selbstinterpretation und Selbstbestimmung für die Zukunft.
Er erzählt, daß vor eineinhalb Jahren sein Gesuch um Einreiseerlaubnis von Nordvietnam abgelehnt worden sei, weil er ideologisch offenbar zu unberechenbar war; er akzeptiert diesen Entscheid Hanois. Seine Antwort habe darin bestanden, in jeden Film – passend oder unpassend – das Bild des unterdrückten, leidenden und kämpfenden Vietnam einzuführen. Er habe sich entschlossen, weiter in Paris Filme zu machen; es

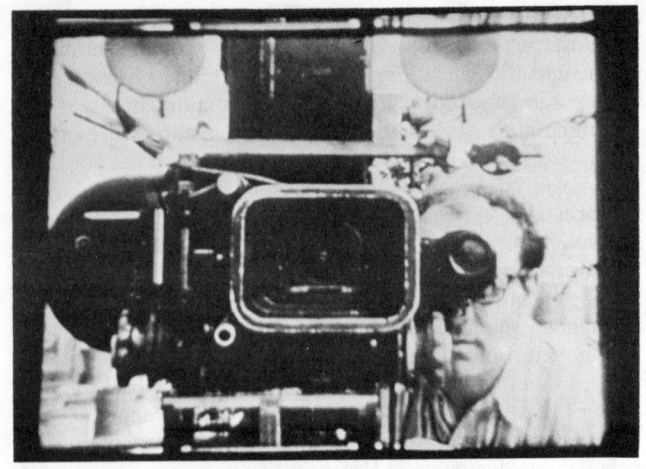

Caméra-œil

sei schwierig »über Bomben zu reden, wenn sie einem nicht auf den eigenen Kopf fallen«. Man könne gut sagen, daß einem das Herz blute, wenn man an Vietnam denke, aber dieses Herzblut sage nichts im Vergleich mit dem Blut eines Verwundeten. Er könne nur Kino machen und sich von Vietnam ergreifen lassen, sich »darüber klar werden, welchen Platz es einnimmt in unserem Leben, überall«. Man müsse Vietnam in sich selber schaffen. Godard gibt zu, daß er es nicht immer getan hat; man hätte 1966 Filme über die Streiks in Besançon und Saint-Nazaire machen müssen. Das sei Vietnam in Frankreich. Doch er als Cineast sei abgeschnitten von der Arbeiterklasse; die Arbeiter würden seine Filme nicht kennen, würden nicht merken, daß er sich gegen den wirtschaftlichen und ästhetischen Imperialismus des amerikanischen Kinos zur Wehr setze. Er sitze in einem kulturellen Gefängnis, die Arbeiter in einem wirtschaftlichen. Aber jeder könne – in Befolgung des Aufrufs von Che Guevara – sein eigenes Vietnam schaffen. Vietnam sei ein Symbol des Widerstands und der Auflehnung. »Régis Debray schreit nicht, Che Guevara auch nicht, sie sind wahre Revolutionäre. Wir, die es nicht sein können oder noch nicht, müssen eben zuhören und die Schreie so oft wie möglich weitergeben. Stop. Ende der Aufnahme.«

Ich halte CAMÉRA-ŒIL für das ehrlichste Statement eines europäischen Kulturschaffenden zu Vietnam. Zusammen mit dem Manifest zu LA CHINOISE bezeichnet es genau die Ohnmacht und die Macht eines sich politisierenden Künstlers in seinem Kampf an zwei Fronten, der ökonomischen und der ästhetischen.

Amore. 1967

Es ist erstaunlich, daß Godard im Jahr von LA CHINOISE, CA=MÉRA-OEIL und WEEK END noch Zeit fand und Lust hatte, einen Beitrag zu einem neuen französisch-italienischen Episodenfilm zu liefern. Das Produkt ist entsprechend schematisch geraten, offensichtlich das Resultat einer Freundschaft mit den anderen Beiträgern zu *Amore e rabbia* (ex: »Vangelo '70«). (Diese Freundschaft wurde jährlich bei der Mostra internazionale del nuovo cinema in Pesaro erneuert.)
Der Originaltitel des Sketches erklärt die Struktur des kurzen Films: L'ALLER ET RETOUR ANDATA E RITORNO DES ENFANTS PRODIGUES DEI FIGLI PRODIGHI heißt Auszug und Rückkehr der verlorenen Kinder französisch und italienisch. Auf einer Dachterrasse treffen sich »der Mann der dritten Welt« und die Bürgerstochter; er spricht italienisch, sie französisch. Auf der

Amore

gleichen Terrasse findet sich ein anderes Paar; es übersetzt, kommentiert, ergänzt die Diskussion des Hauptpaars in die entsprechende andere Sprache.
Er »ist« die Revolution, sie die »bürgerliche Demokratie«. Sie können nicht zusammenbleiben, gehen auseinander, dorthin, wo sie hingehören. Andeutungsweise zeigt sich bereits der Didaktismus späterer Godard-Filme, doch stärker kommt die Skepsis gegenüber dem Medium zum Ausdruck. Das Kino ist so alt wie Stalin, wie Churchill, Roosevelt, Kossygin und de Gaulle. Zu alt für die neue Welt.

Week end. 1967

Nach einem Vorspiel – in den französischen Nationalfarben: der Lenker eines blau-weißen Mini wird vom Lenker eines roten Matra wegen einer verbeulten Stoßstange halb tot geschlagen; man sieht das in extremer Aufsicht; der stilistische Spielraum wird eingegrenzt – beginnt der Film beinahe klassisch, mit einer relativ ordentlichen Exposition. Man erfährt, daß beide, Corinne und Roland, schon verschiedentlich Anschläge aufeinander versucht haben; beide haben sie Geliebte; und Corinne schläft mit ihrem Mann nur noch, damit der sich in Sicherheit wiegt. Ihrem Geliebten hingegen schildert sie detailliert eine Orgie, die in einem Mercedes begonnen und – buchstäblich – in der Gosse geendet hat. Ihn macht sie offensichtlich nur noch an; mehr braucht er nicht. Roland und Corinne beschließen dann einen Waffenstillstand; es geht schließlich darum, den Vater Corinnes zu begraben und zu beerben. Sie machen sich an einem Samstag, um 10 Uhr vormittags, auf den Weg nach Oinville. – Es folgt das inzwischen legendäre fast zehn Minuten dauernde Travelling seitwärts, entlang einer stehenden Autokolonne – von sicheren Schienen aus – mit einem rücksichtslos sich durchkämpfenden Roland am Steuer seines Facel Vega und dem ersten monumentalen Car-Crash zum Schluß; das alles liegt noch in der Ordnung der Uhr-Zeit. Selbst die Karambolage zwischen einem teuren Triumph-Zweisitzer (mit Chrysler-Spezialmotor) und einem

Traktor auf dem Dorf paßt in die »Weekend-Zeit«. Doch dann werden die Sprengsätze gezündet. Unter den Klängen einer scheußlich intonierten Internationale und nach den Schriftinserts »Faux-tographie« und »Klassenkampf« gruppieren sich Bauern und Städter, Fußgänger und Automobilisten, Opfer und Täter zu einem grotesken Familienbild. Wenn Corinne und Roland ihren eigenen Wagen zu Schrott gefahren haben und stehen lassen müssen, beginnt eine andere Zeitrechnung. Die Zwischentitel sagen es deutlich: »Von der französischen Revolution zu gaullistischen Weekends« – »Sonntag« – »Geschichte für Montag« – »Bei Lewis Carroll« – »Ein Dienstag im Hundertjährigen Krieg« – »Die Woche mit vier Donnerstagen« – »Robinsons Freitag« – »Thermidor«, »Pluviose«, »Vendémiaire«. Godard schleudert seinen Film aus der Chronologie in einen nicht gerade zeitlosen, aber doch viel großräumigeren Symbolismus. Die Odyssee geht weiter. Corinne und Roland haben Begegnungen mit der Kultur, mit der Vergangenheit, mit der Prophetie und der Dritten Welt; schließlich begegnen sie ihren Richtern, den »Mao-Hippies« des FLSO. – Die Kunst begegnet den beiden Wanderern im Untergang zweimal. Zuerst haben sie sich einen Autostopper aufgehalst, der sich – mit Fotoapparat und Revolver – als Filmregisseur ausweist. Er verkündet das Ende des grammatikalischen Zeitalters und eine neue Epoche mit großen Leistungen, vor allem auf dem Gebiet des Films. Von dem Sohn Gottes und des Alexandre Dumas verlangen Corinne und Roland ein Wunder, und dieser verwandelt einen Autofriedhof in eine Schafherde – mit einem Film-Schnitt; der neue Gott ist ja Filmregisseur; »Der Würgeengel« lautet der entsprechende Zwischentitel. – Das lange Seitwärtstravelling längs der blutgetränkten Autostraße findet eine kontrapunktische Entsprechung in einem doppelten 360°-Rundschwenk in einem Bauernhof, in dessen Zentrum Paul Gegauff (der Szenarist Chabrols) auf einem Bechsteinflügel mehr dilletantisch als werkgerecht eine Mozart-Sonate spielt: Harmonie als Dissonanz zum Dissonanten (wie Adorno sagt). Das sei die Musik, sagt Gegauff, auf die die Musik der Stones aufbaue: eine schwache Hoffnung; man vergißt diesen harmonischen Vorwurf an eine chaotische Welt bald wieder. – Dem kulturellen Erbe begegnen Corinne und Roland in den Projektionen Saint-Just und Emily Brontë. Ihr Idealismus und Romantizismus gehen effektlos unter. Ob man einen Menschen anzünden dürfe, einen Philosophen, fragt Roland – rhetorisch –, und schon brennt Emily Brontë. Da brennen einige Filme des Romantikers Godard in der Wiese. – Die beiden Farbigen, die den Abfall einer unmenschlichen Überflußgesellschaft transportieren, prophezeihen den gewissenlosen, aggressiven Konsumenten den blutigen Untergang, Fanon und Malcom X zitierend. Corinne und Roland betteln sie um Lebensmittel an; der Kongolese gibt Roland gerade einen einzigen Bissen von seinem Sandwich ab, und als dieser mehr verlangt, sagt er ihm: »Schau, das ist genau soviel, wie die westliche Welt der dritten Welt als Wirtschaftshilfe zugesteht.« Der Araber führt die Klassengesellschaft auf Privatbesitz, die monogame Familie und den Staat zurück. – Im Urwald des Departements Seine-et-Oise begegnen Corinne und Roland jenen, die den Grausamkeiten der zivilisierten Welt mit eigenen Grausamkeiten begegnen, im Namen einer primitiven Gerechtigkeit (»Totem und Tabu« lautet ein Zwischentitel). Der Koch der Urwald-Kommune, der den Kannibalismus schmackhaft macht, heißt Ernest; pervertierter Geist vom Geiste Ches beseelt die jungen Todesengel. Immerhin: sie wohnen im Wald. Grün dominiert.

Die Landschaft – soviel ist sicher – wird sich gegen die Städte wenden. Das haben schon die »Chinesen« in LA CHINOISE behauptet oder dem Vorsitzenden oder Che und Fidel nachgebetet. Da scheint etwas auf von dem verlorenen Romantizismus Godards. Von Identifikation mit der einen oder anderen Option kann bestimmt nicht die Rede sein: Mozart, Saint-Just, Fanon und Malcolm X., Terrorismus? Wohl alle zusammen werden die Rächer des Weltgeistes sein und diese Gesellschaft »erledigen«.

Was also ist WEEK END, der letzte Film Godards vor dem Mai 1968? Die Verhöhnung der Bourgeoisie? Das Autodafé des »Godardismus« (»Fin de cinéma« lautet immerhin der Schlußtitel)? Radikale Kulturkritik im weltweiten Rahmen? Zeugnis der Verzweiflung jenes Künstlers, der wie kein anderer in den sechziger Jahren Repression und Angst, Sehnsüchte und Ideale formuliert hatte und dennoch, wie er in *Loin du Viet-nam* eingesteht, von den Massen abgeschnitten war? Eingeständnis der Ohnmacht? Absurde Entfaltung der eigenen Methoden und Techniken vor dem offenen Grab der Bourgeoisie? Schwarzer Humor, ja Zynismus im eigenen Untergang? WEEK END ist alles das.

Enno Patalas hat seiner Kritik von WEEK END[17] einen pariser Mauerspruch vom Mai 1968 vorangestellt: »Un seul week-end non-révolutionnaire est infiniment plus sanglant qu'un mois de révolution permanente.« (Ein einziges nichtrevolutionäres Wochenende ist unendlich viel blutiger als ein Monat permanente Revolution.) Tatsächlich macht WEEK END diese Rechnung auf. Jeder Zuschauer soll sich entscheiden: »für die Barbarei oder für den militanten Humanismus, für den blutigen Todeskampf der Bourgeoisie oder für die ebenfalls blutige Geburt einer neuen Gesellschaft.«[18] Die Bourgeoisie zerfleischt sich selber; ihr ist mit Kunst und Zivilisation nicht mehr zu helfen. Godard faßt den zum eigenen Tod absteigenden Weg der bürgerlichen Gesellschaft ins Bild einer Odyssee in die Irre. Roland und Corinne schlagen sich rücksichtslos zuerst durch ein motorisiertes französisches Wochenende, dann durch sämtlichen Zivilisationsschutt an das Ende der Straße durch, und da werden sie in Empfang genommen von Guerilleros, die das Sterben der Bourgeoisie ungerührt beschleunigen, ohne es freilich explizit im Namen einer neuen, sagen wir einmal menschlicheren Ordnung zu tun (allenfalls sind die Mitglieder des Front de Libération de Seine-et-Oise, FLSO, nichts anderes als Bürgerschrecks, also noch schrecklichere Bürger).

Als einen »Film verirrt im Kosmos« bezeichnet Godard WEEK END, und in einem zweiten Untertitel als einen Film, »gefunden auf dem Schrotthaufen«. Logischerweise verzichtet er auch auf den Vorspann mit Namen von Autor, Technikern und Darstellern. Er hat in nicht *er*funden, er hat ihn *ge*funden. Deshalb ist er »wahr«; die Gegenwart selbst hat diesen Film gemacht, anonym und kollektiv. Der eigentliche Autor ist unsere Zeit. Oder einer von einem fremden Stern, der das Debakel aufgezeichnet hat; dann wären »wir« immerhin noch die Darsteller (in ihren eigenen Rollen).

»Ende der Geschichte«, »Ende des Kinos« sagen die letzten Titel von WEEK END, in dem Godard keine Gegenwelten mehr skizziert. Der analytische Teil seiner Persönlichkeit ist jetzt dominant geworden, und damit auch der selbstkritische. Nur hier und da – und da noch undeutlich, unsicher – provoziert seine Gegenwartsanalyse die Erinnerung an eine harmonische

Welt oder die Sehnsucht nach neuen Harmonien. Letztlich bleibt WEEK END trotz allem ein unerbittliches Bild einer Welt ohne Perspektive, ohne Überlebenschance. Von ähnlichen Analysen aus wurde im Mai 1968 der Ruf laut: »Die Phantasie (l'imagination; natürlich) an die Macht!«

Der Wendepunkt

Bis ins Jahr 1967 lassen sich die Filme Godards noch einigermaßen chronologisch ordnen und darstellen, obwohl schon die Reihenfolge von ANTICIPATION, LA CHINOISE, CAMÉRA-ŒIL, L'ALLER ET RETOUR (AMORE) und WEEK END Probleme aufgab; die Beendigung der Dreharbeiten wurde da etwas willkürlich zum Kriterium der Abfolge gemacht. Im gleichen Jahr 1967 begannen noch die Arbeiten zu dem Film, der später als LE GAI SAVOIR herauskam, aber zwischen Drehbeginn und Fertigstellung fällt der große Wendepunkt im Schaffen Godards. Die pariser Mai-Ereignisse 1968 lockten ihn aus der letzten Reserve heraus: ab Mai 1968 verfügte er frei über seinen Produktionsrhythmus, fing neue Filme an, wenn andere noch in Arbeit waren, ließ Material liegen, für kurze, längere Zeit oder für immer. Die Verbreitung erfuhr entsprechende Veränderungen. Einige Filme waren nur für eine bestimmte Gelegenheit, für eine bestimmte Zielgruppe bestimmt und zirkulierten lediglich im parallelen Kino, andere fanden eine bescheidene Verbreitung über die kommerziellen Kanäle und TV-Studioprogramme. Kurz: für die chronologische Darstellung wird alles ein bißchen unübersichtlich. Man muß eine eigene, möglichst sinnvolle Ordnung finden. Wir ziehen LE GAI SAVOIR – als Vor-Mai-Projekt – ebenso wie ONE PLUS ONE als Verlegenheitsfilm und Nachläufer von WEEK END vor und schließen daran ein Kapitel »Die ›unsichtbaren‹ Filme«. Ein Kompromiß also, der erstens dem Umstand Rechnung trägt, daß Godard vom Mai 1968 an nicht mehr in Werkeinheiten vorangeht, sondern permanent »Bilder und Töne« produziert, die nicht notwendigerweise zu abgeschlossenen Werken führen, und zweitens der Tatsache, daß Godard nicht mehr so deutlich wie bis 1967 als alleiniger Autor eines Filmes zu bezeichnen ist.

Le gai savoir. 1967/68

Keine Geschichte, eine Versuchsanordnung: Emile Rousseau (Jean-Pierre Léaud) und Patricia Lumumba (Juliet Berto) treffen sich an sieben Abenden im schwarzen Niemandsland eines Filmstudios und diskutieren; sie versuchen Klarheit zu schaffen über die Sprache der Bilder und Töne, über das Hören und das Sehen. Godard, unsichtbar, hilft ihnen dabei, führt ihnen Bild-Ton-Kombinationen vor, diesen ABC-Schützen des audiovisuellen Zeitalters, die Töne, Wörter, Bilder, Hören, Sehen, Denken, Abbildung, Wirklichkeit zu isolieren und wieder zusammenzufügen versuchen. (Im Wort isolieren steckt das Wort Insel, sagt Godard. Emile und Patricia – das sind Robinson und Freitag auf einer von Godard geschaffenen Insel.) Ihre Aufgabe ist schwierig, denn der Experimentator wirft, mehr assoziativ als systematisch geordnet, das heterogenste Anschauungsmaterial ins Spiel. Was dem Autor beziehungsweise Emile und Patricia vom breiten Strom der Bilder und Töne ans Ufer geschwemmt wird, wird einer materialistischen Analyse unterzogen.

Wie in allen früheren Filmen zieht Godard alles, was er erreichen kann, an Land und steckt es in seinen Film. Doch anders als in den früheren, sozusagen auf einer früheren Stufe. Während in den mehr narrativen Filmen nur das Resultat der Anverwandlung gezeigt wurde, soll hier der Prozeß der Anverwandlung vorgeführt werden. Die einzige Realszene neben dem Dialog Emiles und Patricias illustriert – in übrigens recht fragwürdiger Weise – den Prozeß des Findens: nacheinander werden ein Knabe und ein Alter, ein Clochard überdies, mit einer Reihe von Reizwörtern konfrontiert; sie sollen ihre Assoziationen mitteilen. Während der Junge eine ganze Reihe von schnellen und auch überraschenden Reaktionen zeigt (»Revolution« – »Oktober«), schaltet der Alte kaum mehr. Ähnlich wie dem Alten ergeht es dem Zuschauer mit LE GAI SAVOIR oft auch. So viel wird so schnell an ihm vorbeigezogen, daß er nur hin und wieder reagieren, begreifen oder neu begreifen kann. (Es ist fast wie im Leben.) Vor allem demonstriert LE GAI SAVOIR, welche Schwierigkeiten das Reden in Bildern, Tönen und Wörtern machen muß, sobald die Selbstreflektion des Films eingesetzt hat. Der von Godard oft beru-

Le gai savoir

fene Punkt Null will und kann keine Rückkehr zu den Brüdern Lumière sein.

Patricia, Emile und Godard sprechen von einem Dreijahresprogramm: im ersten Jahr sollen Bilder und Töne gesammelt werden, im zweiten sollen sie kritisiert, das heißt auseinandergenommen, reduziert, ersetzt, neu zusammengesetzt werden, und erst fürs dritte Jahr sind ein paar Stücke »wiedergeborenen Films« in Aussicht gestellt. Das ist in etwa das Programm Godards von 1968 bis 1971, wobei er sich nicht an die Stufenfolge halten wird.

Der ursprüngliche Titel des Films, den die ORTF (in Kooperation mit dem Süddeutschen Rundfunk) bei Godard in Auftrag gab, lautete »Emile 68«. Godard beabsichtigte von allem Anfang an eine »Wallfahrt zu den Quellen des Audiovisuellen«. Er schrieb: »Er und sie, beide sind vor die Unmöglichkeit gestellt, ihr normales Leben weiterzuleben (sie wurde aus der Fabrik entlassen, er von der Universität geschickt); sie beschließen verstehen zu lernen, was in ihnen und um sie herum vorgeht. Dabei lassen sie sich von dem unabhängigsten aller Philosophen erleuchten: von Jean-Jacques Rousseau ...«[19] Der Titel LE GAI SAVOIR kam im Frühling 1968 dazu, wobei Nietzsche den »unabhängigsten Philosophen« keineswegs verdrängt hat; der Filmtitel erinnert vor allem an die fragmentarische Form von Nietzsches »Fröhlicher Wissenschaft«. Die Dialoge sind in den *Cahiers du Cinéma* im Mai 1968 publiziert worden. Der Film ist wahrscheinlich im Herbst 1968 fertiggestellt worden; die ORTF hat ihn nicht ausgestrahlt; der Süddeutsche Rundfunk hingegen machte ihn Ende 1969 bekannt, nachdem er im Sommer bei den Berliner Filmfestspielen uraufgeführt worden war.

One plus One. 1968

Der Film weist folgende Elemente auf: rund ein halbes Dutzend Studioaufnahmen (in dreizehn Einstellungen) einer Schallplattenproduktion des Stücks »Sympathy for the Devil« mit den Rolling Stones; ein Black-Power-Sprechstück mit blutigen Einlagen auf dem Areal eines Autofriedhofs; eine Szene (in zwei Teilen) in einem Pornobuchladen in Soho; ein langes Interview mit einer Frau namens Eve Democracy in einem Wald oder Park. Über den ganzen Film verteilt liest eine Off-Stimme aus einem porno-politischen Buch und schreibt ein Mädchen in ganz kurzen Einstellungen Parolen auf Mauern, Wände, Scheiben und Autos. Zum Schluß wird die Darstellerin der Eve Democracy und des Mädchens, das Slogans schreibt, Anne Wiazemsky – sie spielt jetzt eine mit einem Gewehr bewaffnete Filmschauspielerin (in ONE PLUS ONE? in irgendeinem Film?) – von einem Filmteam gejagt. Es fallen Schüsse. Ein Nordafrikaner schleppt die Zusammengebrochene mit sich, die Filmequipe verfolgt die beiden, einer gießt rote Farbe auf ihr weißes Kleid und legt sie auf einen Kamerakran, der sie in den blauen Himmel hebt. Links und rechts von ihrem Körper wehen eine rote und eine schwarze Fahne.

Den Vertrag für seinen ersten englischen Film muß Godard schon 1967 abgeschlossen haben; sonst gäbe es ONE PLUS ONE kaum, denn es ist nicht anzunehmen, daß Godard unter anderen Umständen bereits am 30. Mai 1968 in London Dreharbeiten aufgenommen hätte. Er war in London und wollte in Paris sein. Die Aufnahmen mußten zweimal unterbrochen werden: einmal saß Brian Jones von den Rolling Stones und ein andermal saß Terence Stamp wegen Vergehen gegen das Rauschmittelgesetz ein, dann fing das Aufnahmestudio der

Rolling Stones Feuer. (In den Zwangspausen hat Godard UN FILM COMME LES AUTRES gedreht, der genau zeigt, wie weit er sich von ONE PLUS ONE bereits entfernt hatte.)
Zunächst war ein Film mit den Beatles vorgesehen gewesen, ein »Film zum Problem Abtreibung«; doch nachdem die einschlägigen Gesetze in Großbritannien geändert worden waren, kam ein Film mit dieser Thematik nicht mehr in Betracht. Aber die Beatles oder die Rolling Stones mußten es sein. Die jungen Produzenten konnten die Stones gewinnen. Godard mußte beginnen. Er erklärte, und das war der erste Reflex vom Mai 1968, er wolle einen extrem einfachen Film machen – zehn Einstellungen zu acht Minuten oder acht zu zehn –, beinahe etwas wie einen Amateurfilm. »Was ich vor allem will, ist: die Idee der Kultur zerstören. Kultur ist ein Alibi des Imperialismus.«
Eine kohärente Interpretation von ONE PLUS ONE ist schwierig, wenn nicht gar unmöglich. Sicher scheint mir lediglich, daß die Bilder und Töne der Stones-Proben einen gewissen Gegensatz zu allem anderen Material formulieren sollen; nicht sie sind problematisch. Die anderen Elemente sperren sich gegen schlüssige Einordnung. Auf den Trümmern der weißen Zivilisation, dem Autofriedhof, der wie ein Resultat von WEEK END wirkt, wächst die Black-Power-Politik; sie ist bereits in den beiden Müllarbeitern von WEEK END zum erstenmal angesprochen worden. ONE PLUS ONE stellt zunächst die Widersprüche dar: ein Schwarzer liest aus einer Jazzgeschichte, die beweisen will, daß schwarze Musik immer wieder pervertiert und verniedlicht, vor allem aber gestohlen worden ist von den Weißen; ein anderer liest Sätze aus Eldridge Cleavers *Seele auf Eis*, die Beschreibung der Kolonisierung des schwarzen Mannes durch die weiße Frau (»Es sitzt so tief in mir drin, daß ich gar nicht mehr versuche, davon loszukommen. Ich lasse zehn Niggerweiber stehen für eine einzige weiße Frau. Noch nie hat eine schwarze Frau mich so erregt wie eine Weiße.«) Langsam setzen sich die Parolen der Black-Power-Bewegung gegen die Widersprüche durch. Gewehre werden in einer Reihe weitergereicht, einmal hin (wobei man die Kette beachtet), einmal zurück (wobei das Gewehr ins Zentrum rückt); drei weiße Mädchen werden unterworfen und umgebracht.
Der im Off verlesene Polit-Porno läßt sich zu den Szenen im Buchladen assoziieren; beide Elemente zusammen erfüllen

One plus one

eine Funktion, die in früheren Filmen Godards Anmerkungen über das Trivialkino zukamen. Die Unterhaltungsindustrie ist (bleibt) faschistoid: der Ladeninhaber, gespielt übrigens vom Produzenten Iain Quarrier in Vertretung von Terence Stamp, liest aus Hitlers *Mein Kampf*, begrüßt und verabschiedet die Kunden mit dem Hitlergruß. Diese Kultur ist am Ende, unrettbar, eine faule Frucht, die nächstens fällt. Das Interview mit Eve Democracy kann ich nur lesen als eine weitere Verhöhnung der Medien; auf alle modischen Fragen antwortet die hart bedrängte liberale Demokratie nur mit Ja oder mit Nein. Sie ist überreif für das Ende, ein Ende zwischen Rot und Schwarz. Und das Mädchen, das Parolen auf die Wände malt oder sprüht? Es ist die (studentische) Verbündete der Aufständischen; sie schreibt die neuen Zeichen an die Wand: LOVE, SDS (gebildet aus Buchstaben der britischen Filmzeitschrift *Sight and Sound* und in der Bedeutung: Students for a Democratic Society), aber auch ACID, IT (in der Bedeutung »Do it!« von Jerry Rubin?) und schließlich »Under the stones the beach«, womit der direkteste Verweis auf den pariser Mai

One plus one

gegeben wird, auf den Mai 68 und den Wandspruch »Sous les pavés la plage« – unter dem Pflaster ist der Strand.
Die Proben und Aufnahmen der Rolling Stones für »Sympathy for the Devil« sind fast ein Film für sich. Wim Wenders hat auf den utopischen Charakter dieser Aufnahmen hingewiesen[20], auf die wortlose Kommunikation der Musiker untereinander. Aber das ist nur ein Aspekt der Sache. Der andere, womöglich noch deutlichere ist die Tatsache, daß das Stück nie in der endgültigen Form ertönt. Die Stones-Proben scheinen mir auch Sinnbild für das Stich- und Schlagwort von der »permanenten Revolution« zu sein; vom immer neuen Beginn und vom Gehen im Kreise war schließlich schon in LA CHINOISE die Rede gewesen. Der Produzent von ONE PLUS ONE hat später den Film unter dem Titel »Sympathy for the Devil« herausgebracht; er hat das letzte Bild eingefroren und ihm das fertige Stück unterlegt. Godard hat sich bei seinem Produzenten mit einer Ohrfeige revanchiert, ein handfestes Zeichen dafür, daß ihm eben mehr an dem unvollendeten Prozeß und an einer gewissen Frustration oder Spannung gelegen hatte.

171

Die »unsichtbaren« Filme

Die Ohrfeige, die Godard dem Produzenten von ONE PLUS ONE gab, war zugleich ein Schlußsignal: die Zusammenarbeit des Filmemachers mit den Filmproduzenten, dem Kapital, der Industrie war beendet. Nach 1968 hat Godard keinen in herkömmlichem Sinne kommerziellen Film mehr gedreht, mit einer halbwegs ganzen und einer halben Ausnahme: TOUT VA BIEN (1972) und NUMÉRO DEUX (1975), der als Video-Produktion entstand und erst nachträglich auf Filmmaterial übertragen wurde. »Unsichtbar« sind die Filme nach 1968, weil sie – die Konsequenz wurde von beiden Seiten gezogen – nicht mehr im üblichen Rahmen der etablierten Verbreitungssysteme (Filmverleih) dem allgemeinen Kinopublikum zugänglich gemacht wurden.

Cinétracts. 1968

Nachdem Godard am 18. Mai 1968 tatkräftig zum Abbruch des Filmfestivals von Cannes beigetragen hatte – man konnte ihn da gemeinsam mit François Truffaut den Vorhang im Palais du Festival zuhalten sehen; aber das Tonkabel schnitt ein anderer durch –, reiste er auf direktem Weg nach Paris. Dort begann er, wie andere Filmemacher auch – denn alle waren durch die Affäre Langlois, die staatlich verfügte Amtsenthebung des Leiters der Cinémathèque Française, der Vaterfigur der Nouvelle Vague genügend motiviert –, die Ereignisse in

Cinétracts *Cinétracts*

den Straßen zu filmen. Da auch die Filmlabors bestreikt wurden, mußte in der Vollversammlung der Etats généraux du cinéma zunächst eine Ausnahmeregelung für die aktuellen Aufnahmen durchgesetzt werden. Das änderte nichts daran, daß an Filme mit allem Komfort kein Denken war. Im Mai/Juni 1968 entstanden in und um Paris schätzungsweise 200 kleine Filme. Meistens standen für den einzelnen Kurzfilm nur eine bis zwei 30-Meter-Rollen Schwarzweißfilm zur Verfügung. Da an Mischung und raffinierten Schnitt nicht zu denken war, wurden die meisten CINÉTRACTS in der Kamera montiert, das heißt gleich bei der Aufnahme.

Es ist zu einem Cinephilen-Unterhaltungsspiel geworden, Godards Beiträge zu der schnellen Produktion von anonymen stummen Kurzfilmen, die ebenso schnell zirkulierten, wie sie entstanden, zu eruieren. Dieser Fetischismus soll hier nicht auch noch betrieben werden. Doch man muß festhalten, daß Godard eine Menge der auch von anderen in den CINÉTRACTS angewendeten Techniken und Tricks in seinen Filmen seit PIERROT LE FOU, wo zum erstenmal die eigene Handschrift zum Bildinhalt geworden war, »entdeckt« hatte. Dieser Handschrift begegnet man in den CINÉTRACTS häufig, und vor allem auch der von Godard in den letzten Filmen wieder belebten Attraktionsmontage. Die CINÉTRACTS sprechen eine knappe, oft auch eine ironische Sprache; ihr Ziel ist die Demaskierung der falschen und die Durchsetzung der richtigen Bilder. Aber es gab auch ganz einfache Tracts, »reine Dokumente«, was immer das heißt.

Wichtig scheint mir, daß im Mai/Juni 1968 »zufällig« Theorie

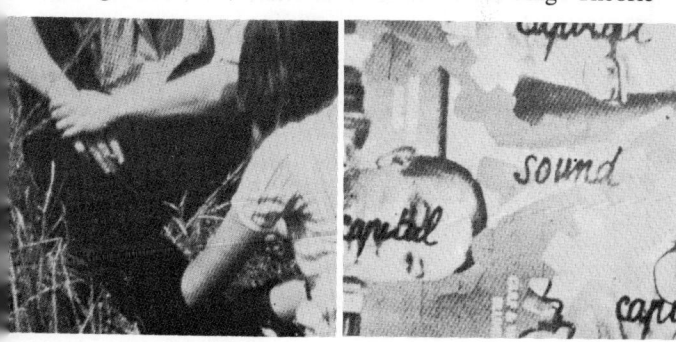

Un film comme les autres *British Sounds*

und Praxis im Werk Godards zusammenfallen. Von nun an lautet für ihn die Frage nie mehr, wie man politische Filme machen soll, sondern wie man politisch politische Filme herstellen kann.

Un film comme les autres. 1968

Auf einer Wiese diskutieren drei Studenten aus Nanterre und zwei Arbeiter von Renault-Flins: über den Mai und die Zeit danach. Die im Gras sitzenden Personen sind so kadriert, daß man ihre Gesichter (fast) nie sieht und bestimmt nie erkennt. Zwischen die farbige Aufzeichnung des Gesprächs ist Schwarzweißmaterial aus den CINÉTRACTS geschnitten, als Erinnerung. Ab und zu hört man neben dem Gespräch her Zitate von Shakespeare bis Mao. Oft aber sieht man nichts und versteht man nichts.

Der Mauerspruch »Godard est le plus con des metteurs-en-scène suisses« (Godard ist das größte Arschloch unter den Schweizer Filmregisseuren) war noch nicht verblaßt, als der Filmemacher schon über das kurze Revolutionsfieber hinaus war und im Juli/August den fast zweistündigen UN FILM COMME LES AUTRES drehte und montierte. Es wurde ein Saal-Leerer ersten Ranges, aber die Frustrationserscheinungen bei den Zuschauern waren nicht nur unvermeidlich, sondern wohl auch geplant. Man hat UN FILM COMME LES AUTRES einen therapeutischen Film genannt. Von den meisten verworfen oder ignoriert, hat er immerhin eine gewisse Unterstützung in der neuen Zeitschrift *Cinéthique* gefunden, die Godards Arbeit später mit besonderer Aufmerksamkeit verfolgte.[21] Godard ist der einzige Cineast, der nach den Etats généraux du cinéma die ganze Ausrichtung seiner Arbeit gründlich änderte.

One A.M./1 PM. 1968/1972

Der Film ist eine – in Einzelheiten interessante und sogar amüsante – Reportage, in der man beispielsweise Eldridge Cleaver sich über alle Filmemacher (die ganze Film-Mafia, inklusive Godard) beklagen hört, in der man sieht, wie Godard schwarze Schulkinder in einer Bedford-Stuyvesant-Schule »manipuliert« und wie einem Dachkonzert der Jefferson Airplaine (»free music, free love!«) von New Yorker Polizisten ein Ende bereitet wird. »Knock off the music. Everybody off the roof. I don't mind, it sounds nice, but the city can't stand it. If they don't stop it we'll just lock them up.« Und eine große Polizistenhand deckt das Kameraauge zu.

Godard war kurz nach der Fertigstellung von ONE PLUS ONE, im Herbst 1968, in New York aufgetaucht. Er wollte mit den früher von ihm ironisierten Champions des uncontrolled cinema, D. A. Pennebaker und Richard Leacock, einen Film über die neue amerikanische Linke drehen. Der Film sollte Sequenzen mit Tom Hayden, Eldrige Cleaver, LeRoi Jones, mit The Jefferson Airplaine und dem Schauspieler Rip Torn enthalten. Ein großer Teil der Aufnahmen wurde auch gedreht. Doch dann verließ Godard – übrigens fast gleichzeitig mit Eldridge Cleaver, der in sein algerisches Exil ging – die Vereinigten Staaten, nachdem es zu grundsätzlichen Auseinandersetzungen mit Pennebaker-Leacock gekommen war. Godard hat ONE A.M. (ONE AMERICAN MOVIE) nie fertiggestellt. – Jahre später nahmen sich Leacock und Pennebaker das Material wieder vor und montierten daraus 1 PM (ONE PARALLEL MOVIE). Dieser Film zeigt einerseits einiges Material, das Godard hätte benützen wollen, andererseits Godard bei der Arbeit, weil die ewigen Reporter Leacock und Pennebaker sich nie an Godards Maxime gehalten haben, daß es nicht darum gehen könne, Bilder und Töne zu erhaschen, sondern immer nur darum, Bilder und Töne zu konstruieren. 1 PM hat bestimmt nicht im entferntesten die Form, die ONE A.M. hätte haben sollen.

Für Godard bedeutete ONE A.M. den Beginn der Zusammenarbeit mit Jean-Pierre Gorin, der schon lange in den Kulissen gestanden hatte. Gorin, entlassener Literaturkritiker von *Le Monde* – er zeigte dort vor allem Neuerscheinungen an –, gehörte zur Gruppe, die die *Cahiers marxistes-léninistes* herausgab, stand also in der Nähe der UJCML (Union des jeunes communistes marxistes-léninistes), die ihrerseits eine Organisation der Splittergruppe der KP, nämlich des PCF/ML (Parti communiste français marxiste-léniniste) war. (Ich schreibe, in diesem Zusammenhang, nicht gern das Wort »Maoisten« hin, weil es einem durchaus europäischen politischen Konflikt einen exotischen Anstrich gibt.) Godard und Gorin gaben sich den Namen Groupe Dziga Vertov. Zu der Gruppe hat kaum jemals jemand anderes gehört, abgesehen von Freunden und Technikern, und doch genügt schon dieser kleine Zusammenschluß, daß man von Godard in den nächsten Jahren nicht als dem alleinigen Autor der Filme reden darf. Wenn im folgenden dennoch oft von Godard die Rede ist, wäre jedesmal auch Gorin dazuzudenken, bis ins Jahr 1973, als sie sich wieder trennten und Godard den Versuch erneuerte, nun auf eine politischere Weise, seine Identität zu definieren.

ONE A.M. ist nicht das einzige Projekt, das vom Groupe Dziga Vertov (aus verschiedenen Gründen) nicht begonnen oder nicht zu Ende geführt wurde. Die Begegnung von Godard und Gorin hatte mit einem Entwurf Gorins zu einem 24-Stunden-Film, »Communications«, begonnen, der nach ONE A.M. erfolglos dem kanadischen Fernsehen angetragen wurde. 1968 wollten Godard/Gorin zudem noch einen Film in Kuba drehen. Der unvollendete Film, der noch am längsten in den Filmografien der Gruppe geführt wurde, ist hingegen »Jusqu'à la victoire«, ein Film über die Palästinafrage, der 1970 nach langen Verhandlungen mit den verschiedenen politischen Gruppen auch großenteils gedreht wurde, dann aber in den neuen politischen Komplikationen richtiggehend verlorenging und erst 1975, in ICI ET AILLEURS, in anderer Form, wieder auftaucht. Ein Film mit dem Titel »18th Brumaire« war zwar mit dem amerikanischen Produzenten von VLADIMIR ET ROSA (1971) noch vereinbart worden, wurde aber nie angefangen. Der

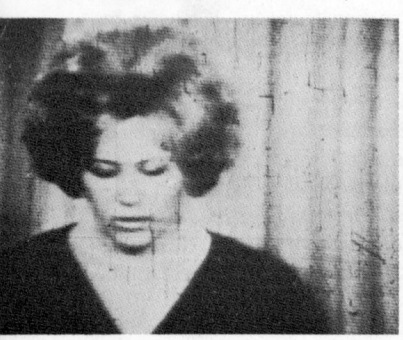

Pravda

Pravda

Groupe Dziga Vertov suchte, wie man sieht, die richtigen Töne und die richtigen Bilder vor allem in außerfranzösischen Projekten. Die Route der Gruppe läßt sich etwa folgendermaßen nachzeichnen: Frankreich – USA – Kanada – (Kuba?) – Großbritannien – Tschechoslowakei – Italien – Jordanien. Erst mit TOUT VA BIEN (1972) ließen sich Godard/Gorin wieder auf einen französischen Stoff ein.

British Sounds. 1969

Der von der South London Weekend Television bei dem Groupe Dziga Vertov (und das heißt natürlich bei Godard, dessen Marktwert nicht wegdiskutiert werden kann) bestellte einstündige Fernsehfilm scheint – ich habe den Film nicht gesehen und stütze mich auf Berichte[22] – explizit einen neuen Beginn der Filmsprache zu versuchen. Ein Marx-Zitat (»Die Bourgeoisie stellt die Welt nach ihrem Bild her. Genossen, beginnen wir mit der Zerstörung dieses Bildes«) formuliert programmatisch die Zielsetzung. Sechs Bilder werden mit Tönen und Worten unterstrichen, kommentiert, illustriert und ironisiert. Die erste Sequenz zum Beispiel zeigt in einem langen Travelling ein Montageband bei der British Motor Company; die im Direkttonverfahren aufgenommenen Arbeitsgeräusche werden überlagert von zwei Stimmen, einer männlichen, die das Kommunistische Manifest liest, und der Stimme eines Kindes, das verschiedene Stationen in der Geschichte des Klassenkampfes in England stichwortartig umreißt. Die

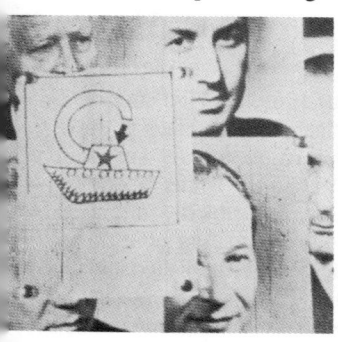

Pravda   *Pravda*

zweite Sequenz besteht aus drei langen Einstellungen: ein Treppenhaus mit einer nackten Frau, die quer durch die Einstellung geht, diese Frau am Telefon und schließlich eine Nahaufnahme von Bauch, Schenkeln und Geschlecht der Frau; im Off ertönen wieder zwei Stimmen, eine weibliche, die von der Ausbeutung der Frau spricht, und eine männliche, die das Gesehene und Gehörte auf den Begriff bringt usw. Eine identische Einstellung eröffnet und beschließt den Film: eine Faust zerschlägt eine britische Fahne aus Papier.

BRITISH SOUNDS (der Film erscheint zuweilen in Filmografien auch unter dem modischeren Titel »See You at Mao« versucht ein Gleichgewicht von Bild und Ton, doch es kündigt sich bereits die Suprematie des Off-Tons an (das heißt des begleitenden und interpretierenden Kommentars). Offensichtlich setzen Godard/Gorin in BRITISH SOUNDS auf eine einfache produktive Dialektik von Bild und Ton, die sich im Gespräch der Zuschauer mit dem Film und unter ihnen selber fortsetzen soll: ein Zielgruppenfilm, wie man sie gleichzeitig auch in der Bundesrepublik produzierte. Rückblickend meint Godard, BRITISH SOUNDS sei, was seine additive Formulierung einiger Probleme in einer soziologischen Terminologie betrifft, ein unpolitischer Film. Politisch sei der Film insofern, als seine einfache Struktur jedem erlaube, sich aus einer bourgeoisen Situation zu einer proletarischen Stellungnahme zu entwickeln. »Politischer Film insofern, als man sich ihm, dem Klassenobjekt, gegenüber als Klassensubjekt diesem Objekt gegenüber definieren muß.«

Pravda. 1969

Ein Film über die CSSR im Jahr 1969, ein Film aus drei Teilen: der erste besteht aus hastigen Bildern eines politischen Touristen, der zweite soll die Situation konkret analysieren, der dritte legt »richtige Töne über falsche Bilder. Jeder Teil – im Idealfall sogar jedes Bild – soll die Kritik des vorangegangenen sein. Vladimir (Lenin?) und Rosa (Luxemburg?) kommentieren den dialektischen Gang der gedanklichen und filmischen Ereignisse (wie Emile und Patricia in LE GAI SAVOIR). Nach rund fünfzig Einstellungen, die vom Kommentar, oft witzig, oft weniger witzig, begleitet worden sind, setzt die

Selbstkritik des Films ein oder, wie Vladimir – aus dem Off – erklärt, die Überführung des »sinnlichen Bewußtseins in ein rationales«. Die irritierenden Bilder, von den Panam- und Olivetti-Reklamen über die Hertz-Autovermietung bis zum *Angélique*-Film im Kino sind Symptome einer »Krankheit«. Aber um welche Krankheit handelt es sich, wenn die Studenten von Humanismus sprechen und nicht von Kommunismus, wenn die unheilige Allianz von Taylorismus (Arbeitsteilung) und Stachanovismus herrscht? Die Krankheit heißt Revisionismus, potenzierter sogar, da der tschechische Revisionismus vom sowjetischen kolonisiert worden ist. Im dritten Teil übertönen »richtige Töne« (*Peking-Rundschau*, kommunistische Klassiker) die falschen Bilder. Aber das genügt nicht: die Bilder müssen geändert werden. »Es lebe der Widerstand des tschechischen Volkes gegen den sowjetischen Sozialrevisionismus. Es lebe das Denken Mao Tse-Tungs.« Dann das Bild eines Lastwagens in voller Fahrt, auf dem linken Kotflügel die rote Fahne; dazu ertönt die »Internationale«.

PRAVDA ist der erste Film Godards (beziehungsweise der Dziga Vertov-Gruppe), in dem Bilder und Töne konsequent nach den Regeln marxistischer Dialektik geordnet und vorangetrieben werden, und zwar in einer konkreten politischen Situation. Daß sie außerhalb Frankreichs gesucht wurde, kann man der Gruppe moralisch-politisch vielleicht vorwerfen, theoretisch hingegen ist PRAVDA – im eigenen marxistisch-leninistischen Horizont betrachtet – kaum schärfer kritisierbar, als es Godard selber getan hat: er kritisiert die hastigen, opportunistischen und kleinbürgerlichen Aufnahmen (da schwingt vielleicht auch ein moralisch-politisches Bedauern mit) und verteidigt nur einige Momente, in denen es gelingt, einfache Kampfbilder (-töne) im Kampf zu fabrizieren: image (ou son) de lutte en lutte.

Schon während der Montage bedauerte Godard die oberflächliche, unüberlegte Art, mit der er und seine Mitarbeiter in der CSSR »Bilder gesammelt« hatten. Die erste Stufe der Montage – nach dem Stufenplan von Dziga Vertov, auf den sich Godard/Gorin jetzt beriefen – sei verpaßt worden. Der Film hat am Schneidetisch gerettet werden müssen.

»Zu Beginn waren wir drei, um an PRAVDA zu arbeiten, und ich habe ihn allein fertiggestellt. Aber obwohl ich allein war, war meine Einsamkeit anders als jene, die ich empfunden habe, als ich WEEK END oder PIERROT LE FOU oder A BOUT DE SOUFFLE machte. Denn ich fühlte mich mehr mit den politischen Ereignissen verbunden, mit der Bewegung der Masse und dem Kampf der Studenten. Ich war nicht eigentlich allein. Es war ganz anders.«[23]

Le vent d'Est. 1969

Kurz nach dem Mai 1968 hatte sich Godard an Daniel Cohn-Bendit gewandt und ihm eine Zusammenarbeit für einen Film angetragen, der sowohl die Krise französischer linker Politik im Klima des kalten Krieges als auch die kapitalistische Ideologie im Film, vor allem im gewöhnlichen Western, darstellen sollte. Cohn-Bendit sagte zu, und Godard fand in Italien einen Produzenten (und in der BRD einen Co-Produzenten, ausgerechnet CCC, Berlin). James Roy MacBean vermutet, daß eine Art »Cohn-Bendit le fou« erwartet wurde.[24]

Im Sommer 1969 begannen in Italien die Dreharbeiten; LE VENT D'EST ist ein Film der Gruppe Dziga Vertov. Cohn-Bendit zeigte sich bei den Dreharbeiten nur kurz; dafür waren ungefähr 30 französische und italienische Studentenpolitiker

Le vent d'Est

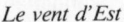

mit von der Partie. Und neu kam Glauber Rocha ins Spiel, der sich zufällig in Rom aufhielt. Die Auseinandersetzungen, die sich 1970, als LE VENT D'EST fertig montiert war, zwischen Rocha und Godard ergaben, sind hochinteressant. Godard/Gorin hatten in einer der wenigen bekannten Einstellungen von LE VENT D'EST den hervorragenden Vertreter eines »revolutionären Kinos der Dritten Welt« deutlich ironisiert. Sie hatten Rocha an einer Weggabelung aufgestellt und ihn von einer mit einer Schmalfilmkamera ausgerüsteten schwangeren Frau nach der »Richtung des politischen Kinos« fragen lassen. Rocha spricht vom wunderbaren, göttlichen Kino, einem Kino, das das imperialistische Kino aus dem Feld schlagen wird. 300 Filmemacher müssen in Brasilien jährlich 600 Filme vollenden und sie über die ganze Dritte Welt verteilen. Da schlägt die – ideenschwangere – junge Frau die empfohlene Richtung ein und stößt auf einen roten Ballon, den *Roten Ballon* von Albert Lamorisse.

Das Statement der Gruppe Dziga Vertov ist deutlich genug: es ist falsch, das bourgeoise, imperialistische Kino mit seinen eigenen falschen Waffen zu bekämpfen. Es soll kein neuer Wein in alte Schläuche gegossen werden. Die revolutionäre Bewegung braucht revolutionäre Filme. Und da, wie ein Exkurs ausführt, in der UdSSR seit dem 8. November 1924 keine re-

Le vent d'Est

Le vent d'Est

volutionären Filme mehr hergestellt werden, seit dem Tag, als Eisenstein ergriffen aus Griffiths *Intolerance* gewankt ist, muß man seine Formen neu suchen. Von Null aus; man kennt die Formel seit 2 OU 3 CHOSES oder doch spätestens seit LE GAI SAVOIR.

Wer LE VENT D'EST sieht, kann vermuten, hier sei ein Film sabotiert worden (ein Film oder allenfalls ein Produzent). Doch diese »Sabotage« ist auch anders zu interpretieren: unüberhörbar steht im ideologischen Zentrum von LE VENT D'EST Lenins 1902 in Stuttgart deutsch erschienene Studie *Was tun?*, die 1969 in Frankreich wieder neu aufgelegt wurde. Godard/Gorin setzen offensichtlich ihre Kritik des Spontaneismus mit dem Hinweis auf Lenins *Was tun* durch; jeder Spontaneismus bedeutet »– ob man es so will oder nicht, ist gleichgültig – die Wiedererstarkung des Einflusses bürgerlicher Ideologie«. (Lenin)

Godard selbst setzt sich der Kritik einer Off-Stimme aus: »Hör zu. Du machst weiter. Du filmst Wohnblocks und glaubst die Massen zu filmen ... Du weißt, es gibt kein Kino außerhalb des Klassenkampfes ... Ja, was tun? Es wagen, zu

Le vent d'Est

wissen, wo man ist; es wagen zu wissen, wo man herkommt ...
Du beginnst eine Untersuchung zu machen, du weißt jetzt, daß deine Methoden teilweise von der herrschenden Ideologie bestimmt bleiben ...« Und schließlich: »Die imperialistische Vorstellung von der Wirklichkeit steht für die Wirklichkeit selbst.«

Was bereits in BRITISH SOUNDS deklariert worden ist, wird nun bis zur Verzweiflung durchexerziert.

LE VENT D'EST ist bestimmt selber nicht das politische Kino, das da gefordert wird. Dieser Film bleibt in den Widersprüchen, die er – in selbstmörderischer Weise – zur Sprache bringt, stecken. Aus schierer Angst, einen revisionistischen Film zu machen – einen Film für »Mosfilm-Breschnew« oder für »Nixon-Paramount« – macht die Gruppe »keinen Film«. Was heißt das? Sie macht einen Film über die fast unüberwindliche Schwierigkeit, die vermutete Unmöglichkeit, einen anderen Film zu machen, keine befriedigende Antwort auf die Frage »Was tun?« zu finden.

Es scheint, daß Gorin LE VENT D'EST fertiggestellt hat. Für Godard, der jahrelang wie kein zweiter jedes filmische Problem »spontan« gelöst hatte, war möglicherweise die Erfahrung von LE VENT D'EST zu schmerzlich.

Lotte in Italia. 1969/70

Der Gedankengang des Films vollzieht sich wie der von PRAVDA in drei Perioden. Der Film mimt die Überführung der Empirik in die Theorie. Im Mittelpunkt des Films steht eine junge Frau, die sich in der revolutionären Bewegung engagiert und sich Marxistin nennt. Im ersten Teil wird schrittweise enthüllt, daß sie nicht so marxistisch ist, wie sie meint, und zwar in verschiedenen kleinen Kapiteln wie »Die Wissenschaft«, »Die Familie«, »Die Gesundheit«, »Der Charakter«, »Die Sexualität«. Die kurzen Sequenzen sind durch Schwarzfilm voneinander getrennt. Die Schwarzbilder stehen für zweierlei: sie weisen auf den fragmentarischen Charakter der »Spiegelungen« hin, und sie weisen auf die Lücken hin, die – so oder so – mit »Ideologie« aufgefüllt werden. Die »freien Felder« (in Wahrheit sind sie nichts weniger als das, sondern besetzt von Idealismus) werden im zweiten Teil aufgefüllt. Paola geht in die Fabrik; sie definiert ihr Verhältnis mit dem Freund als praktische Herausforderung an Familie und herrschende Moral. In die leeren Felder treten Reflexe der Produktionszusammenhänge, »reale Reflexe«. Die Produktionsverhältnisse sind die Konkretisierungen der kapitalistischen Ideologie; hier ist das Kampffeld, nicht auf der Ebene der Bücher und der Theorien. Der dritte Teil bringt den richtigen Begriff der Ideologie, Ver-

Lotte in Italia   *Lotte in Italia*

suche, die Bilder des ersten Teils im Licht der Produktionszusammenhänge zu sehen, »richtig zu sehen«. Paola wird die Widersprüche bewußt verschärfen, den Kampf gegen die behindernden Produktionsverhältnisse aufnehmen, ins Leben einbeziehen, »den Klassenkampf leben«, wie es heißt. Das folgerichtige naheliegendste Beispiel rundet den dialektischen Diskurs ab: die Darstellerin der Paola, die Schauspielerin, wird real, indem sie fragt: »Wem gehört die RAI?« und indem sie die Frage gleich beantwortet. Sie denunziert die Komplizität zwischen dem Staat und seinem ideologischen Apparat, dem Fernsehen, das nur ab und zu »Künstlern« die Gelegenheit gibt, sich auszudrücken. Paola wendet sich abschließend mit Parolen zu Arbeit und Klassenkampf direkt an den Zuschauer.

»In einem bestimmten Zeitpunkt wird die Theorie zur praktischen Aufgabe«, heißt es in LOTTE IN ITALIA; der einstündige Film wurde für die RAI produziert, die ihn aber, muß man es noch sagen, nicht ausgestrahlt hat. Man weiß heute, daß LOTTE IN ITALIA vor allem von Gorin betreut wurde (ähnlich wie LE VENT D'EST); als »Autor« zeichnet der Groupe Dziga Vertov. Vielleicht muß man noch einmal auf diesen Übergang vom »Ich« zum »Wir« zurückkommen: in einem genau datierbaren Moment haben sich die Wege eines Politikers, der den Film (wegen der Formen, die ihm Godard erschlossen hatte) als das ihm adäquate Medium erkannte, und der eines sich politisierenden Cineasten gekreuzt; von diesem Moment an entwickelten sie ihre Arbeit im Dialog. Das ist alles.

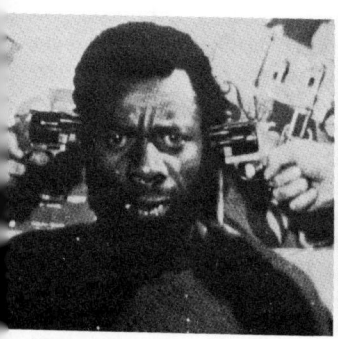 

Vladimir et Rosa *Vladimir et Rosa*

Die »schmerzliche Abtrennung von den Massen«, von der Godard in CAMÉRA-ŒIL spricht, ist auch in LOTTE IN ITALIA nicht überbrückt. Der Film wendet sich – Godard/Gorin wissen das genau – an ein »kleinbürgerlich-intellektuelles« Publikum. »Paola wird sich ihrer selbst bewußt und wir mit ihr (denn wir sehen ihr mehr oder weniger ähnlich).«[25] LOTTE IN ITALIA wendet sich weniger an die »Massen« als an die Anhänger des Movimento studentesco. Meines Erachtens artikuliert dieser Film am genauesten die Möglichkeiten der Dziga-Vertov-Gruppe, die – wie sie später, im Zusammenhang mit TOUT VA BIEN, ausführte – das System nie verlassen hat, nicht verlassen konnte. LOTTE IN ITALIA und PRAVDA sind die wichtigsten politischen Filme der Gruppe geblieben, und zwei der konkretesten des »Nach-Mai« überhaupt.

Vladimir et Rosa. 1970

Auch über diesen von der New Yorker Grove Press finanzierten Film kann hier nur referiert werden (wie über UN FILM COMME LES AUTRES, BRITISH SOUNDS und LETTER TO JANE). Da sich VLADIMIR ET ROSA mit dem Prozeß der »Acht von Chicago« (Bobby Seale, Tom Hayden, David Dellinger, Abbie Hoffmann, Rennie Davies, Lee Weiner, John Froines und Jerry Rubin; Oktober 1968 bis März 1969) befaßt, halten wir uns vor allem an amerikanische Quellen; der Film ist vor allem in den USA verbreitet worden, aber auch dort äußerst schwach.

Godard/Gorin scheinen sich nicht besonders interessiert zu haben für die »Verschwörung von Chicago«. Schon zu Beginn teilen sie mit, daß sie diesen Film machen, um einen anderen (JUSQU'À LA VICTOIRE nämlich) finanzieren zu können. Sie führen zwei weibliche Angeklagte ein und treten selber andeutungsweise in den Rollen von Abbie Hoffmann und Jerry Rubin auf, aber dann auch als die Filmemacher mit den Namen Friedrich Vladimir (Godard) und Karl Rosa (Gorin) auf der Suche nach den »richtigen Tönen und Bildern«. Die Acht von Chicago hatten den Prozeß zum Theater gemacht; Godard/Gorin kommt das gelegen. Sie sind aus auf eine komödienhafte Rekonstruktion eines Versuchs, Formen (hier Gerichtsformen) zu brechen. »Brechen« ist offenbar der Schlüsselbegriff für diesen Film. Der Bruch wird immer wieder herbeigeführt mit forciertem Humor. So interviewt Gorin seinen Kollegen auf einem Tennisplatz, auf dem gerade ein Doppel gespielt wird. Auch die Schwarzkader tauchen wieder auf, zum Teil mit Scherzen, über die man sich streiten kann. Aus dem Off kommentiert Godard: »Ihr werdet Euch wundern, weshalb wir diese Einstellung einer schwarzen Leinwand haben. Nun, wir haben endlich die Gelegenheit, sie zu brauchen. Wir haben sie seit Sommer 68 mit uns herumgetragen und wußten nichts damit anzufangen ... Jetzt brauchen wir sie, um die Anwesenheit/Abwesenheit der Schwarzen an diesem Prozeß darzustellen; nachdem wir Euch die anderen gezeigt haben, zeigen wir Euch nun die schwarze Leinwand.« Die Gruppe hat den Film als mißlungen bezeichnet und aus dem Verkehr gezogen.

Tout va bien. 1972

Jacques (Yves Montand) ist Filmemacher, der zur Zeit der Nouvelle Vague als Drehbuchautor begonnen hat, dann Spielfilme gemacht hat, bis 1968. Weil er nicht mehr weiß, wie man Spielfilme macht, erledigt er jetzt Werbeaufträge. Seine Freundin Susan (Jane Fonda) ist Korrespondentin einer amerikanischen Radiostation in Paris. Sie hat als Sachbearbeiterin für kulturelle Themen begonnen und ist nach dem Mai 68 in ein anderes »Fach« gerutscht: sie beobachtet die linke Szene. Jacques und Susan verkörpern eine Schicht, das intellektuelle Kleinbürgertum, und sie verkörpern eine Funktion im Produktionszusammenhang: die Medien; er bearbeitet oder verwaltet eher die Bilder, sie die Töne. Ihre private Geschichte spiegelt nichts anderes als die Problematik der Medien. Drei Geräusche gebe es in ihrem Film, sagen Godard/Gorin: das Management dieser Gesellschaft, die kommunistische Partei dieses Landes (sowie der Gewerkschaftsbund) und der Gauchismus; außer diesen Geräuschen gebe es keine anderen in Frankreich. Godard/Gorin inszenieren für Jacques und Susan das Konzert dieser Geräusche. Susan läßt sich von Jacques zu einem Interview mit einem Industrieboß begleiten. In der Wurstfabrik ist eben ein wilder Streik im Gange; die Arbeiter – sie werden von arbeitslosen Schauspielern dargestellt – be-

Tout va bien

setzen die Fabrik. Die Funktionäre der KP und der CGT versuchen, die Arbeiter zu Verhandlungen mit der Firmenleitung zu bewegen; sie mahnen zur Vorsicht oder verkünden einmal mehr die »Alle-in-einem-Boot-Theorie«. Alle Hauptpersonen des Films kommen in Statements zu einer Art Selbstdarstellung; der Firmenchef hält den Klassenkampf für eine überholte Angelegenheit; für ihn geht es einzig und allein um die Herstellung von Konsumgütern und von Konsumfähigkeit.

Der Rest des Films beschäftigt sich mit den Reaktionen der beiden fortschrittlich-bürgerlichen Intellektuellen – die von den Arbeitern im übrigen sofort auf die Seite der Firmenleitung gestellt werden; sie haben ihre Erfahrungen mit den »Medien« – auf die Aktion der Arbeiter. Jacques hat sein Statement neben einer großen Studiokamera, mit der er eben einen Werbespot für farbige Collants aufnimmt (das Bild erinnert an Godards CAMÉRA-ŒIL, fünf Jahre früher). Susan kündigt ihre Arbeit auf. Sie will sich der Tendenz und den Codes ihres Mediums nicht mehr beugen und wird zur »Korrespondentin, die mit nichts mehr korrespondiert«. Sie und Jacques versuchen zu begreifen, was sie zusammenhält und was sie trennt. Sie sehen ein, daß die Liebenden nicht allein auf der

Tout va bien

Welt sind. Daß ihre Beziehung nur sinnvoll ist, wenn sie sich beide »historisch denken«. Den Ausdruck »sich historisch denken« lassen Godard/Gorin ihre beiden Kunstfiguren konjugieren: ich, du, er (sie), wir, ihr, sie. Sie haben den Weg vom (idealistischen) Singular in den (sozialen) Plural gefunden; und das ist keine Lebensversicherung für ihre Beziehung, wie eine Schlußszene in einem Café formuliert. Klar ist nämlich auch geworden, daß Susan im »Sich-historisch-Denken« einen gewissen Vorsprung vor Jacques hat, der noch zu stark an seinem Selbstmitleid hängt, Susan hat das Steuer radikal herumgeworfen: um sich historisch denken zu können, verlegt sie sich auf Sozialreportagen. Dabei wird sie – in einem Carrefour-Supermarkt – Zeuge eines Vorgangs, der die aktuelle politische Situation bestens resümiert: in dem Supermarkt mit seinen 25 klingenden Kassen hält ein KP-Vertreter eine Fibel mit dem Titel »Mieux Vivre« (Besser leben) feil; eine Gruppe von jungen Gauchisten hingegen gibt die Parole »alles ist gratis« aus und beschwört das schönste Durcheinander mit Zerstörungen, Tätlichkeiten, Polizeieinsatz herauf. Das ist die zweite Aktion in einem Film, der sich sonst auf die Reaktion der Intellektuellen konzentriert.

TOUT VA BIEN sei »un conte pour ceux qui n'en tiennent aucun« heißt es im abschließenden Kommentarsatz: eine Erzählung für jene, die auf nichts zählen. Damit sind die Millionen von »liberalen Intellektuellen« gemeint, die – wie Jacques und Susan – nicht wissen, was tun, sich im faulen Frieden ihrer Beziehung einigeln und ihre historische Funktion verschlafen: die Bilder und Töne richtig zu verstehen und richtig zu vermitteln. Als Anfang 1972 bekannt geworden war, daß Godard zusammen mit Gorin eine große »kommerzielle« Produktion in Angriff genommen hatte, sparte die französische Filmpublizistik nicht mit Spekulationen. Es ging schließlich um eine Produktion mit beträchtlichem Budget (nicht einmal das von WEEK END wird größer gewesen sein), mit Studioaufnahmen, mit zwei Stars in den Hauptrollen und mit einer Verleihgarantie von Gaumont. War das die Abkehr vom einsamen Kampf um einen politischen Film? Die Rückkehr des verlorenen Sohnes? In die Spekulationen spielte auch der schwere Verkehrsunfall hinein, den Godard im Juli 1971 in Paris erlitten hatte.

Die Dreharbeiten begannen am 17. Januar, und Uraufführung war schon Anfang Mai. Selbstverständlich war TOUT VA BIEN kein »kommerzieller Film« im primitiven Wortsinn geworden, aber er erwies sich auch nicht als »der Molotow-Cocktail in das Gesicht jener, die ihn finanzierten«[26], wie Godard und Gorin meinten, die gemeinsam als Autoren zeichnen (aber nicht als Groupe Dziga Vertov, dessen Ende mit VLADIMIR ET ROSA gekommen war). TOUT VA BIEN ist nichts mehr und nichts weniger als die Reinschrift aller Überlegungen und Erkenntnisse, die Godard und Gorin von 1968 bis 1972 gewonnen hatten, ein etwas kalter, fehlerlos konstruierter, genauer, gescheiter Film, der – nicht zuletzt wegen einer völlig hilflosen Kritik – nicht zu jenem Datum in der Geschichte des politischen Films geworden ist, das er hätte werden sollen. Godard/Gorin sahen ihn in einer Linie mit dem *Panzerkreuzer Potemkin* und *The Salt of the Earth* der Gruppe Bibermann. In Frankreich wurde TOUT VA BIEN richtiggehend sabotiert von der kommunistischen Kritik[27], während die bürgerliche Kritik das geplante Malaise reproduzierte oder den Film mit falschen Prämissen in den Kulturbetrieb zu integrieren versuchte.

Schon die ersten Bilder und Töne machen deutlich, daß das Kino hier auf keinen Fall aus den Produktionszusammenhän-

gen in Frankreich 1972 herausgenommen werden soll, sondern mit allen Mitteln in ihnen definiert. Während eine Hand (Godards Hand) eine lange Reihe von Bankschecks ausfüllt und unterschreibt, die Schecks dieses Films, ist ein Gespräch über die Fabrikation eines Films, genau dieses Films zu hören: »Ich will einen Film machen.« – »Um einen Film zu machen, braucht man Geld. Wenn wir Stars nehmen, gibt man uns Geld.« – »Also, dann nehmen wir Stars.« – »Und was wirst du ihnen erzählen, Yves Montand und Jane Fonda? Denn damit Schauspieler überhaupt akzeptieren, müssen sie eine Geschichte haben.« – »Aha, brauchen wir also eine Geschichte?« – »Ja, eine Liebesgeschichte gewöhnlich. Da gäbe es Ihn, und da gäbe es Sie, und da gäbe es die Probleme, sich zu lieben.« – »Mach nur so weiter, dann kriegst du eine richtige Zombie-Geschichte. Wo wohnen deine Personen? In welcher Zeit? Wie essen sie? ...«[28] Die Fragen, die nun gestellt werden, formulieren genau das Programm dieses »Liebesfilms«. Es geht darum, die privaten Gemeinsamkeiten, Schwierigkeiten, Geschichten in die realen Zusammenhänge von Frankreich 1972 zu bringen. Godard und Gorin haben gesagt, ihr Film komme vom »Es gäbe« auf das »Es gibt«, von den idealistischen Hypothesen zum realistischen Fakt.
Der Film besteht in der Hauptsache aus fixen Einstellungen auf die beiden Personen, von denen ausdrücklich die Rede ist. Zweimal dagegen bewegt sich die Kamera in höchst auffälliger, künstlicher Weise. Die bestreikte Fabrik haben Godard/Gorin im Studio nachbauen lassen, und zwar in einer Art Phantomschnitt: zwei Etagen mit je vier Räumen und zwei Treppenhäusern. Die Aktion wird als action gezeigt, vorwiegend mit Seitwärtstravellings. Mit gleicher Technik aufgenommen sind die Szenen im Supermarkt, wo die Kamera zunächst von links nach rechts die Kassen seitwärts abfährt und – nach links – wieder zur Mitte fährt und dann wieder – nach rechts – zu den Gauchisten, die gegen links vorgehen. Dieses »Links« und »Rechts« hat seinen genauen Sinn in dieser etwas mehr als zehn Minuten dauernden Plansequenz, so wie überhaupt der Wechsel von bewegter und immobiler Kamera in dem ganzen Film Ausdruck eines spürbaren (manchmal beinahe lästigen) ästhetischen Kalküls ist. Dieses materialistisch-ästhetische Kalkül stimmt auf allen Gebieten, etwa wie die Produktionsverhältnisse vorgeführt werden: TOUT VA BIEN beginnt bei

Plakat

den Arbeitern, zeichnet dann die Mittelschicht (die vermittelnde; die Medien), das heißt den Konflikt von Jacques und Susan, und endet in der Domäne des Konsums.

TOUT VA BIEN ist die perfekte Umsetzung eines materialistischen Diagramms. Faszinierend und abweisend, wie solche »klassischen« Gebilde nur sein können. Mit TOUT VA BIEN (und mit dem didaktischen Film LETTER TO JANE) hat sich die Zusammenarbeit von Godard und Jean-Pierre Gorin erfüllt und erschöpft.

RETOUR DE HANOI

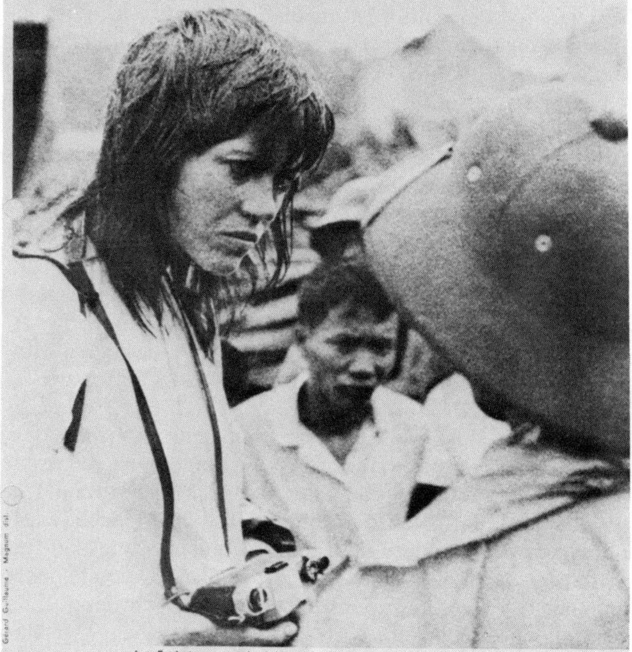

Jane Fonda interrogeant des habitants de Hanoi sur les bombardements américains.

Deux Américains à Hanoi. Deux visions différentes. Le premier, Joseph Kraft, est un des journalistes américains les plus connus et des plus mesurés. L'autre, l'actrice Jane Fonda, est une militante acharnée pour la paix au Vietnam. Joseph Kraft est allé à Hanoi pendant une quinzaine de jours, au début de juillet. Son but : évaluer les chances de paix après les différentes initiatives diplomatiques et militaires du président Nixon. Sa conclusion : une solution politique est possible, mais peu probable. Jane Fonda est restée également une quinzaine de jours à Hanoi, invitée par le Comité pour l'amitié avec le peuple américain. Sa conclusion : les Américains bombardent les digues et la population. C'est un crime inutile, la guerre est perdue. L'Express s'est assuré le témoignage de Joseph Kraft et le reportage photographique de Jane Fonda.

aus: *L'Express, August 1972*

Letter to Jane. 1972

Im Oktober 1972 gingen Godard/Gorin mit TOUT VA BIEN auf Tournee durch die USA. Für diese Reise hatten sie einen 52minütigen Vorfilm mit dem Titel LETTER TO JANE / UNE LETTRE POUR JANE hergestellt. Der Film ist offenbar nur in den USA gezeigt worden, doch existiert eine Art Protokoll, das einen Begriff von der Zielsetzung gibt.[29] Schon dem Presseheft für TOUT VA BIEN hatten Godard/Gorin die Reproduktion eines Bildes, das anfangs August 1972 in *L'Express* erschienen war, beigelegt mit der Aufforderung an die Kritiker, sich über das Bild und die daruntergesetzte Legende Gedanken zu machen, Gedanken, die sie sich bei TOUT VA BIEN auch gemacht hatten. Welches ist die Rolle des Intellektuellen in der Revolution? Es war die alte Sartre-Frage, neu gestellt.

Der Film, der einige andere Bilder aus Geschichte, Zeitgeschichte und Filmgeschichte um das Bild Jane Fondas gruppiert, liefert sozusagen das Muster eines solchen Gedankengangs. In den Protokollen fehlen die Bildreihen, die Godards/Gorins Gedanken auslösen, beziehungsweise illustrieren, zum Beispiel der Vergleich zwischen Politikern und Schauspielern, die eine »schwere Rolle« spielen, und Menschen, die Schweres erleben, oder eine Reihung von vielsagenden besorgten Mienen von Jane Fonda in Hanoi, in TOUT VA BIEN und *Klute* (R: Alan J. Pakula. 1970) über Henry Fonda in *Young Mister Lincoln* bis zu Brando, Moshe Dayan, Solschenizyn, Golda Meir und Richard Nixon. LETTER TO JANE ist eine neue Reflexion über die Interaktionen von Bild zu Bild, von Bild und Ton (seit dem Tonfilm), von Ausschnitt (Einstellung), Schärfe usf. Es scheint sich geradezu um eine Zusammenfassung aller Bemühungen Godards/Gorins um ein richtiges Bild zu handeln und um die Demonstration der eminenten Schwierigkeiten jetzt, da alle Bilder ihre Unschuld verloren haben. (Mit unübertrefflicher Eleganz wird das Problem des »richtigen Bildes« in LE VENT D'EST artikuliert: »Ce n'est pas une image juste, c'est juste une image«, heißt es da.

Numéro deux. 1975

Der Film erzählt keine Ereignisse, sondern zeigt die Zustände in der société nouvelle, die von den Gaullisten seit 1968 propagiert wird. Zwei Kinder (Nicola und Vanessa), ein Ehepaar (Sandrine und Pierre), ein altes Paar (wahrscheinlich Pierres Eltern) stellen das Leben in einer Zeit der totalen Rezession dar, einen ganz und gar bedrückenden Alltag, die Hilflosigkeit aller in einer Gesellschaft, deren Lenker ebenso hilflos (nur manchmal etwas berechnender) Unmenschlichkeit und Leere verordnen. Pierre hat eine unbefriedigende Arbeit in der Fa-

Numéro deux

brik, aber wenn er nach Hause kommt, diktiert er Stunde und Art des Sex. So wird das, was Pierre sein Zuhause nennt, für Sandrine zur Fabrik. Pierre erfährt wohl am schärfsten die Frustrationen; sie haben Namen, man kann sie sehen, sie quälen physisch. Aber Sandrine ist ihnen nicht weniger ausgeliefert; sie hat nur zufällig in der »Produktion« keine Arbeit gefunden, aber der Sektor »Reproduktion« ist nicht besser. Oder ist die Repression nicht so schlimm, wenn sie von Menschen ausgeht, die man liebt oder geliebt hat, von den Kindern, vom Ehemann? Sandrine jedenfalls, die tagelang im offenen Bademantel durch die Wohnung irrt und mechanisch ihre Arbeit verrichtet, sagt von sich, sie sei verstopft, seitdem sie die Kinder habe; sie nehme nur noch zu sich und gebe nichts mehr von sich. Ihre verbale Aggressivität ist ohnmächtig. Wenn sie vom Einkaufen zurückkommt, läßt sie sich im Schlafzimmer aufs Bett fallen; geladen sei sie, sagt sie, und müsse sich entladen; sie masturbiert; wenn Pierre dazukommt, schickt sie ihn aus dem Zimmer. Bald wird sie (wie) die alte Frau sein, die nur noch abwäscht und das Essen zubereitet, und die nichts mehr sagt. Auch ihr Mann, der Alte, sagt eigentlich schon lange nichts mehr; sein Leben ist vorbei. Nun erzählt er in fünf Minuten dreißig Jahre davon, er redet, aber er sagt nichts mehr. Nur die Kinder versuchen noch Fragen zu stellen, und manchmal locken diese Fragen die Eltern aus dem Schweigen heraus. Werden sie, wenn sie wissen, was sie jetzt wissen wollen, auch verstummen? Trotz dieser Befürchtungen sind die Kinder noch ein Hoffnungsschimmer. Es stirbt sich langsam in dieser Gesellschaft. Man ist erst tot, wenn man keine Wünsche mehr hat. Solange es Wünsche gibt, kann noch etwas in Bewegung kommen.

Nach der Tournee mit TOUT VA BIEN durch die USA und nach der Trennung von Jean-Pierre Gorin verließ Godard Paris: »Die Hauptstadt hat mich völlig verdorben, hat mich gleichzeitig aber auch geheilt. Es war wie ein langer Aufenthalt im Krankenhaus. Nach alledem versuche ich nun also, einen neuen Anfang auf etwas andere Weise zu beginnen.« Der neue Anfang war der Umzug in die Provinz, nach Grenoble, war die Übernahme der Firma Sonimage. Im Mai 1975 kündigte er beim Festival in Cannes eine Art zweite Version von A BOUT DE SOUFFLE an, einen Film, der nicht mehr kosten sollte als sein Erstling vor fünfzehn Jahren, ein Produkt der »neuen Technik«, die er in der Zwischenzeit erprobt und entwickelt hatte (siehe zu der Pressekonferenz Godards in Cannes 1975 auch den Aufsatz von Wolfram Schütte, S. 9ff.). Mit dem Geld, das sein alter Produzent, Georges de Beauregard, innerhalb kurzer Zeit hatte auftreiben können, schaffte sich Godard die noch fehlenden Apparaturen für sein audio-visuelles Studio an und produzierte in ebenso kurzer Zeit NUMÉRO DEUX.
Der Film gehört gleichermaßen in den Zusammenhang der Videoproduktionen, die von 1973 an die »Fabrik« Sonimage verlassen (s. dazu das Kapitel über Godards Video-Arbeit von François Albera, S. 201ff.), wie in den Zusammenhang einer kommentierten Filmografie. Denn NUMÉRO DEUX ist zugleich der Selbstdarstellungsfilm eines Produzenten, der eine Videoarbeit mit dem Titel NUMÉRO DEUX herstellt und sie in geeigneter Form für ein anderes Vertriebssystem – im 35 mm-Format, in Farbe, mit einem entsprechenden Vorspann – aufbereitet hat. Godard, genauer betrachtet, inszeniert sein Videomaterial.
Der Rahmen ist zunächst nicht die Sozialwohnung, Schau- und Hörplatz des Films, sondern das Atelier Sonimage, und Darsteller ist Godard selbst, »machin avec ses machines«, wie er sagt: der Dingsda mit seinen Dingern, Chef und Arbeiter in

einem, der Manipulator der Maschinen in dem Film, vor dem der Zuschauer jetzt sitzt, der Gebieter über diese Druckmaschinen für Bilder und Töne. Was der Zuschauer da sehe, das sei ein neuer Anfang, eine Möglichkeit, die einzige, unabhängig zu produzieren. Und das sei nötig. Um es zu belegen, spielt »machin« nun einige gängige Muster von abhängigen Bildern und Tönen auf die Bildschirme im Hintergrund: es sind Fernsehbilder, falsch wie eh und je, und Kinobilder, der Trailer von Claude Sautets *Vincent, François, Paul et les autres* sowie Bilder aus einem Pornofilm. (»Pornofilme über der Gürtellinie und Pornos unter der Gürtellinie«, hat Godard sie genannt. Er selbst wolle »auf der Gürtellinie« produzieren, als sein eigener Chef, in einem Betrieb, in dem die Arbeiter die Macht übernommen haben.)

Die Leinwand ist meistens geteilt, wie im Splitscreen-Verfahren erscheinen zwei oder vier Handlungsabläufe gleichzeitig; manchmal aber auch wird ein und dieselbe Szene auf zwei nebeneinanderlaufenden Bildern gezeigt; dann hat man den Eindruck, daß zwischen dem Bild rechts und dem Bild links ein winziger Unterschied existiere. Godard hat verschiedene Monitore schwarz maskiert, er hat – in Zusammenarbeit mit dem Techniker Gérard Teissedre – Videosystem und Kamerasystem mit einem Frequenzschrittmacher verbunden. Meistens handelt es sich in NUMÉRO DEUX also um Bilder von Bildern; manchmal fährt die Kamera so nah an die Monitore heran, daß die Videobilder zu Filmbildern werden.

Godards ganz »anderer Anfang« im Atelier Sonimage ist weit entfernt von jener ungezügelten Imagination, jener stupenden Geschwindigkeit, jenem anarchistischen esprit, die Godard einmal wie kein zweiter verkörpert hatte. Seine Videokameras tasten sich unauffällig in die verstecktesten Winkel der Sozialwohnung, beobachten ihre ausdruckslosen Bewohner und drücken sich selber nicht aus auf Kosten dieser »Untoten«; eine solche Nähe hat man im Kino noch selten gesehen, diese Artikulation von Anteilnahme. Godard hat das Sterben gefilmt, nicht den farbigen Tod, wie früher (PIERROT LE FOU), sondern den Tod in den offenbar unverrückbaren Rollen und im um sich greifenden Schweigen.

Als NUMÉRO DEUX in den Kinos zu sehen war, standen viele Zuschauer ratlos vor dem Werk des einzigen Filmemachers, der seinen eigenen Marktwert (obwohl er ihn kannte) nicht

Naissance (de l'image) d'une nation

dazu benutzt hatte, ungestraft ein Asozialer zu werden, ein Künstler eben im bürgerlichen Sinne. Godard ist der einzige wirklich verlorene Sohn jener französischen Filmautoren-Theorie, deren Gefährlichkeit eine Zeitlang (auch ihm) in einem blendenden Feuerwerk verborgen blieb.

Epilog

Es ist nicht sicher (aber auch nicht auszuschließen), ob in einer allfälligen zweiten Auflage dieses Bandes hier ein Nachtrag fällig wird. Godard hat jedenfalls einen neuen Kinofilm angekündigt. Er werde in den USA, in Italien und Frankreich mit Vittorio Gassmann und Charlotte Rampling einen Film mit dem Titel »Bugsy« drehen. »Ich bereite keinen traditionellen Spielfilm vor, sondern einen dokumentierten Film von zugleich neuem und klassischem Zuschnitt. Auf einem Hintergrund, auf dem man einige Fakten wiederfinden wird, die die große Epoche des Hollywood-Films illustriert haben, werde ich eine im großen und ganzen einfache Geschichte aufzeichnen: ein Kritiker und seine ehemalige Frau stellen Nachfor-

Godard in: Der kleine Godard (Hellmuth Costard. 1978)

schungen an über das Verschwinden eines Stars. ›Unter anderem ist das Kino eine Industrie‹, hat Malraux erklärt. Wenn ich auch diese Industrie der Illusionen und des Traums heraufbeschwören will, möchte ich die Formel doch umkehren: Unter anderem ist das Kino eine Kunst – und dieses ›Unter anderem‹ möchte ich filmen.«[30]
Bei Redaktionsschluß dieses Buchs scheint »Bugsy« allerdings wieder auf die Warteliste gesetzt worden zu sein. Die Rückkehr Godards ins Kino steht trotzdem bevor: am 15. Mai 1979 hat er der Kommission, die in Frankreich über die Zuteilung von staatlichen Vorschüssen befindet, ein Exposé und ein kurzes Videoband als Skizze für einen neuen Kinofilm vorgelegt; Mitte Juni war der Drehbeginn auf den 20. August angesetzt; Arbeitstitel »Sauve qui peut«, »La vie« (Rette sich wer kann, Das Leben). Drei Personen (Jacques, Denise und Isabelle) sind drei Bereiche (die Hölle, das Jenseits, die Mitte) zugeschrieben; der Film soll Bewegungen vom einen in den anderen Bereich darstellen. Als Darsteller werden Jacques Dutronc, MiouMiou und Isabelle Huppert genannt. »Die Hölle« ist die Stadt, Lausanne genau. Godard ist an den Ort seiner Jugend zurückgekehrt.[31]

1. Jean-Luc Godard par Jean-Luc Godard. Articles, essais, entretiens. Introduction et notes par Jean Narboni. Paris 1968. – Godard/Kritiker. Ausgewählte Kritiken und Aufsätze über Film (1950-1970). Auswahl und Übersetzung von Frieda Grafe. München 1971. – Unsere Zitate stützen sich im wesentlichen auf die Übersetzung von Frieda Grafe.
2. Cahiers du Cinéma, 138, Dezember 1968
3. zit. nach H. W. Hauk in: Filmstudio 50
4. L'Avant-Scène du Cinéma, 79, März 1968
5. a. a. O.
6. Cahiers du Cinéma, 138, Dezember 1968
7. Godards VIVRE SA VIE, 1964; dt. in: »Kunst und Antikunst«. Reinbek 1968
8. Cahiers du Cinéma, 146, August 1963
9. L'Avant-Scène du Cinéma, 46, März 1965
10. Cahiers du Cinéma, 146, August 1963
11. in: Filmkritik 2/65
12. Cahiers du Cinéma, 159, Oktober 1964
13. Cahiers du Cinéma, 171, Oktober 1965
14. Weltwoche, 14. 3. 1969
15. zit. nach »Die kleine Filmkunstreihe«, Walter Kirchner, Heft 64
16. L'Avant-Scène du Cinéma, 70, Mai 1967
17. Filmkritik 2/69
18. Georg Alexander, in: Jahrbuch Film, 1968
19. zit. nach »Die kleine Filmkunstreihe«, Walter Kirchner, Heft 87
20. Filmkritik 7/69
21. vergl. Filmische Avantgarde und politische Praxis, Gruppe Cinéthique. Reinbek 1973
22. Gruppe Cinéthique, Richard Roud, James Monaco, Alberto Farassino; am genauesten: Abraham Segal in: L'Avant-Scène du Cinéma, 171/72, Juli/September 1976
23. Take One, März 1971
24. WEEKEND/WIND FROM THE EAST, Modern Film Scripts, 34, Lorrimer, 1972
25. Take One, März 1971
26. Interview mit Godard/Gorin; in: Politique hebdo, 26, Mai 1972; dt. in: Filmkritik 7/1973
27. vergl. Pierre Baudry: La critique ET TOUT VA BIEN, in: Cahiers du Cinéma, 240, Juli/August 1972; dt. (gekürzt) in: Dokumentation Internationales Forum des Jungen Films, Berlin, 19/1973
28. Le Nouvel Observateur, 17. 4. 1972
29. Tel Quel, 52, Winter 1972; dt. in: Filmkritik 7/74
30. Cinéma Français, 1978, Nr. 22 und 24
31. mitgeteilt vom schweizerischen Koproduzenten, Robert Boner, Saga-Films

Der Verf. dankt dem Film-Study-Center des Museum of Modern Art und dem New School Department of Film (New York) sowie dem Pacific Film Archive (Berkeley) für wertvolle Unterstützung bei der Dokumentation für die vorliegende Arbeit.

Arbeit mit Video
Von François Albera

Seit dem Mai 1968 hat Godard mit den traditionellen Formen der Filmherstellung gebrochen: Cinétracts während der Mai-Juni-Ereignisse selbst (in 16 Millimeter), dann militante Filme, all dies außerhalb des kommerziellen Vertriebssystems. Seit seiner Reise nach Palästina, wo er »Jusqu' à la victoire« drehte (der einige Jahre später in ICI ET AILLEURS umbenannt wurde), hat Godard mit verschiedenen Video-Geräten experimentiert, die er übrigens in Palästina den dortigen Filmemachern überlassen hat.

Diese ersten Versuche noch vor Gründung der Firma Sonimage 1972/73 in Paris und dem Kauf einer adäquaten Ausrüstung, die es erlaubte, Sendungen oder Filme herzustellen, gingen über ein Versuchsstadium nicht hinaus; die ersten wurden für die Auswertung auf Normalfilm übertragen (einzelne Teile von ICI ET AILLEURS, von NUMÉRO DEUX sowie einige Teile von COMMENT ÇA VA); die weiteren existieren als Video-Kassetten (6 FOIS 2, FRANCE TOUR DÉTOUR DEUX ENFANTS).

Naissance (de l'image) d'une nation

Zeitlich zusammen mit der Gründung der Firma Sonimage fällt der Beginn der Mitarbeit von Anne-Marie Miéville als Co-Regisseurin und Co-Produzentin aller folgenden Arbeiten Jean-Luc Godards. In einem Buch, das sich mit dem Filmemacher Godard beschäftigt, muß man konsequenterweise zuerst einmal den Leser vor einer »optischen Täuschung« bewahren: sicher kann man in der Serie für das französische Fernsehen, oder etwa in NUMÉRO DEUX, die gesamte godardsche Thematik aus seinen Arbeiten seit CHARLOTTE ET SON JULES finden oder wiederfinden. Andererseits würde man, wenn man so vorginge – was sozusagen rein rhetorisch möglich wäre –, wieder zurückfallen in eine Betrachtungsweise, die Godards Arbeit (Produktionsweise, Techniken, Formen der Zusammenarbeit, Zielgruppe usw.) abermals als das Werk eines einzelnen Autors ideologisieren müßte.

Die Produktion vor der Sendung

Die Gründung von Sonimage in Paris, die Verlegung der Firma nach Grenoble (in die Provinz also) und schließlich nach Rolle (»Heimkehr ins Geburtsland« von Godard und Miéville am Ufer des Genfer Sees) entspricht einem Wunsch nach Produktionsunabhängigkeit, die es Godard erlaubt, die Probleme der Herstellung von Bildern und Tönen anders zu stellen. Es geht dabei darum, die Konstruktion Produktion/Distribution/Konsumption »wieder auf die Beine zu stellen«, eine Konstruktion, die vom wirtschaftlichen System des industriell gefertigten Films, vom kommerziellen Fernsehen und vom Staat »auf den Kopf gestellt wurde«, indem die Produktion von der Verbreitungsform bestimmt wurde ... Sonimage nimmt diese Dialektik analog zu der von Marx in *Einleitung zur Kritik der politischen Ökonomie* (1857) formulierten auf und formuliert eine Politik für Film und Fernsehen: man muß gleichzeitig von dem Akt der Kommunikation (Produzent oder Sender – Botschaft – Empfänger) und von der sozialen Wirklichkeit dieses Vorgangs (Produktion – Verbreitung – Konsumption) ausgehen.

Diese Autonomie der Produktion muß unter verschiedenen Gesichtspunkten verstanden werden: sie betrifft sowohl die Möglichkeit der Selbstverwaltung der Produktionsmittel (das technische Werkzeug) – daher die Rückkehr zu oder das Interesse an sogenannten Geräten für Amateure (SuperAcht, Halbzoll- und Dreiviertel-Zoll-Video) – als auch die Fähigkeit des Widerstands gegen die großen Produktionseinheiten (Modell des vietnamesischen Kampfes gegen den US-Imperialismus) und schließlich die Fähigkeit, das Besondere, das Private, das Familiäre reflektieren zu können –: ein Unternehmen, das dem Wunsch entspricht, wieder »bei Null«, bei den ersten Einheiten anzufangen. Nachdem Godard in ONE PLUS ONE und TOUT VA BIEN die Filmgerätschaften Hollywoods bis zum Exzeß, der ihren Unwert enthüllt, benutzt hatte (Kran auf dem Strand, Kulissen, Travellings etc.) – denn nur wenn man von ihnen einen »vernünftigen« Gebrauch macht, kann der Film ihre Unangemessenheit kaschieren und sich in Harmonie mit ihnen präsentieren –, wechselte er das Terrain und die Instrumente.

Camera obscura

Das Besondere nach dem Allgemeinen, das Allgemeine im Besonderen; »im Besonderen das Universelle« (Lenin) –: das ist die »kopernikanische Revolution«, die Godard und Miéville nach ihrem Bruch mit dem Kino von vorher betreiben: 2 OU 3 CHOSES QUE JE SAIS D'ELLE zum Beispiel (einer der interessantesten Filme Godards vor 1968) postuliert das Prinzip, man müsse die Dinge in ihrem globalen Zusammenhang, in ihrer Allgemeinheit sehen. Die Kamera streicht über die Stadt, die Tasse Kaffee ist eine Galaxis, die Großaufnahme ist eine Totale ... WEEK END und danach LA CHINOISE benutzen das gleiche generalisierende Verfahren. Auch der militante Film nach 1968 befaßt sich mit den »großen Problemen« der revolutionären Bewegung: LOTTE IN ITALIA, VLADIMIR ET ROSA, LE VENT D'EST, PRAVDA. Die Absicht, einen globalen Diskurs zu führen und im Gegensatz dazu den Blick auf das unendlich Kleine zu richten, artikuliert sich ohne Zweifel in ICI ET AILLEURS, der die beiden Haltungen als widersprüchlich darstellt. Zwischen dem Film über die palästinensische Revolution und ICI ET AILLEURS liegt die ganze Distanz zwischen abstrakter Abhandlung und konkreter Analyse.

Sonimage, die Produktions-Autonomie, das bedeutet zu-

6 fois 2

nächst: bei sich und untereinander filmen. Das bedeutet Zimmer-Kino, die Camera obscura, mit der man beginnt, um ein bißchen Licht zu machen. Sechs Jahre nach diesem Anfang, der COMMENT ÇA VA, NUMÉRO DEUX und vor allem die beiden Fernsehserien hervorgebracht hat, erweitert sich das Arbeitsfeld aufs neue dank des Vertrags zwischen Sonimage und Mozambique. Die Volksrepublik Mozambique wendet sich an Godard und Miéville mit der Bitte, in dem soeben unabhängig gewordenen Land, wo (noch) keine Film- oder Fernsehtrusts die Produktion organisiert haben, eine Infrastruktur der bewegten Bilder zu schaffen.

NAISSANCE (DE L'IMAGE) D'UNE NATION, Teil einer SuperAcht- und Videoarbeit über Mozambique, ist der Versuch, die »Zimmer«-Methode auf ein ganzes Land auszuweiten, und bietet zugleich die Möglichkeit, zu einer weniger hermetischen Arbeitsform zurückzukehren. Godard bereitet eine Adaption von *Bugsy Siegel* (mit Diane Keaton und de Niro) vor. Miéville hat nach dem Fernsehfilm *Papa comme maman*, für den sie alleine verantwortlich zeichnet, ebenfalls einen Kinofilm in Vorbereitung. Zur gleichen Zeit nimmt Godard das Thema wieder auf, das in TOUT VA BIEN die Beziehung zwischen Fonda und Montand geprägt hat: wieder behandelt er die Probleme in den Beziehungen eines Paars auf den Ebenen Liebe und Arbeit.

Liebes-Arbeit

NUMÉRO DEUX schildert die Beziehungen eines Paares. Während er arbeitet, wartet sie auf ihn. »Bei der Arbeit, bei der Arbeit den ganzen Tag, da kann man nicht von Liebe reden ... und dann am Abend, da ist etwas anderes unmöglich.« Die Handlung – sie ist so extrem verdichtet, daß sie für das Kino an die Grenzen des Akzeptierbaren stößt – entwickelt eine These über diese Art von Beziehung und über die Gegensätze: das Haus, die Fabrik, er, sie. Damit war die beherrschende Metapher für eine ganze Reihe von späteren Filmen und Videoarbeiten eingeführt: die der sexuellen Beziehungen (der sogenannten Beziehungen zu einer Frau) für die Produktionsbedingungen. In 6 FOIS 2 wird diese Metapher noch weiter entwickelt: mit Hilfe des Systems der Serie (12 autonome Texte) und des Mediums Fernsehen (das sich nicht auf die Erzählung von zwei oder x mehr oder weniger romanhafter Personen beschränken muß). Die Interviews, die zwischen den Bildern und Tönen hergestellten Beziehungen befassen sich unter verschiedenen Blickpunkten mit dem gleichen Problem in doppeltem Sinn: Arbeit – Liebe. Die Arbeits-Liebe (ein Filmamateur, der kleine Marcel), die Liebes-Arbeit (die Beziehung zwischen einem Mann und einer Frau).

Und dann verlagert sich der metaphorische Diskurs über die

6 fois 2

Arbeit und die Liebe in FRANCE TOUR DÉTOUR DEUX ENFANTS auf die Geburt, die Kinder, die Schwangerschaft: wie bei 2 OU 3 CHOSES QUE JE SAIS D'ELLE handelt es sich darum, »bei Null« wieder anzufangen – mit Kindern diesmal, die noch nicht von den empfangenen Gedanken kolonialisiert, die noch nicht in der Defensive sind – so darf man wenigstens hoffen ... In dieser jüngsten Fernseh-Serie findet sich keinerlei Gefälligkeit gegenüber dem niedlichen Mädchen und dem netten kleinen Jungen, im Gegenteil: die Kinder sind lediglich Relais-Stationen zwischen dem Sender (Godard-Miéville) und dem tatsächlichen Empfänger, dem Zuschauer. Sie sind nur dazu da, eine Position zu verkörpern: die der Initiation, der ersten Schritte, der ersten Worte. In den beiden Fernsehserien, die Sonimage produziert hat und in denen Godard stets der Interviewer ist, hat jeder Gesprächspartner diesen Status, sei er nun Schweißer, Putzfrau, Bauer, Fotograf oder ein Kind. Man kann sagen, daß hier die Fiktion in diesen scheinbar »dokumentarischen« oder »Filmen ohne Schauspieler« beginnt.

Fiktion trotz alledem

Was das Schema der Kommunikation angeht (man muß in diesem Zusammenhang auf Shannon verweisen, den Godard oft zitiert hat, der aber immer wieder auf seine biologischen Synonyme festgelegt wird, seitdem Jakobson, Lévi-Strauss und François Jacob 1966/67 in *Les Lettres Françaises* auf ihren verschiedenen Gebieten Übereinstimmung hergestellt haben), so konnten wir feststellen, daß Godard und Miéville an der Veränderung der »Sendung« (Status des Senders, Produktionsbedingungen) gearbeitet haben, der Übermittlung, des Vehikels (Video und nicht mehr kommerzieller Film) und des Empfängers. Nun kann man auch beobachten, wie sich die Botschaft selbst verändert hat.

Zum ersten ist das institutionalisierte Verhältnis zwischen Rede und Erzählung im Film gesprengt worden (wie es seit dem 19. Jahrhundert auch im Roman existiert). Die Erzählung ist die unverzichtbare Stütze der Fiktion: in seinen Filmen vor 1968 und sogar in denen, die aus dem Bewußtsein des Jahres 68 leben (wie beispielsweise LE VENT D'EST), parodiert Godard das Prinzip der Erzählung, indem er ihre Regeln überspannt und das Prinzip ruiniert. Aber auch wenn sie nur noch in Fetzen existierten, blieben seine Filme doch Erzählung (Personen, Marschroute, Entwicklung zu etwas hin – Wissen/Können/Handeln – etc. Kein Film, der – mit Ausnahme vielleicht von 2 OU 3 CHOSES QUE JE SAIS D'ELLE – nicht Modelle und Schemata erzählerischer Analyse enthielte wie sie Greimas und auch andere für die Semiologie des Erzählens entwickelt haben).

Nachdem die Zertrümmerung der Romanerzählung im Film der westlichen Kultur (Duras, Ackerman etc.) banal geworden ist, gibt es auf diesem Gebiet keine Herausforderung mehr. Man kann außerdem behaupten, daß Godard hier niemals eine gesehen hat. Sein Interesse galt vielmehr dem Versuch, in den »Lücken« zwischen diesen Ruinen der Erzählung anzusetzen, so mit WEEK END, LA CHINOISE oder VLADIMIR UND ROSA, und dies auf einer zweiten Ebene: dem (selbstverständlich politischen) Diskurs.

Indem sie sich dessen bedienen, was man leichthin das Dokumentarische nennt, stellen Godard und Miéville schließlich die Probleme der Fabel und der Fiktion zur Diskussion. In COMMENT ÇA VA gibt es noch eine Fabel, die eine Entwicklung des Gesprächs darüber erlaubt, wie ein Bild, ein Text etc. funktionieren. Comment ça va (wie geht es) ist, das sei hier festgestellt, nicht eine Frage, nicht die banale Frage »wie geht es Dir«; es ist hier ein Satz, der bedeutet »wie verhalten sich die Dinge«, diese Dinge: die Bilder und die Töne etc. Im Film selbst heißt es: »Man muß von einem Bild ausgehen, einem einzigen Bild, wie die Wissenschaft von den Atomen ausgeht, um zu sehen, wie sich das bewegt, wie all das zusammenhält ...« In den Videoarbeiten gibt es keine Fabel mehr, und die fiktive Ebene dient dazu, die Rede nicht in die Haltung der Meisterschaft fallen zu lassen, in die einer »sicheren Rede«, die einen Gestus hat, als werde mit ihr das Wahre gesagt.

Die Fiktion, das ist die Situation der Beziehungen während eines Interviews (in 6 FOIS 2 bittet Godard die Putzfrau, die Gesten des Aufräumens zu machen); das ist die Veränderung (der Schweißer muß seine technischen Kenntnisse, das Schweißen nämlich, mithilfe anderer Gegenstände, mit Bleistift und Papier, zeigen); das ist die Arbeit der Ausdauer (in der Konfrontation mit einem geistig Kranken). In TOUR DÉTOUR findet jedes Interview in dem vom Kind geschaffenen

Zusammenhang statt (beim Spiel mit den Kameraden, mit den Eltern bei Tisch, mit den Autos auf der Straße etc., und während diese Szenen außerhalb des Bilds stattfinden, sind sie im Ton präsent) und erzeugt so eine Spannung, einen Widerspruch. Man kann das auch das Kriterium der Praxis nennen.

Die gewalttätige Aktivität des Wissens

»Die Technik«, so heißt es in COMMENT ÇA VA, »ist die gewalttätige Aktivität des Wissens.« Dieser Satz erklärt vollständig Godards Weg, dessen Ziel das Wissen und dessen Mittel eine Gewalttätigkeit ist, die auf einem Umweg, über das Instrumentarium einer Technik, dem Wirklichen zugeführt wird. Man füttert das Wirkliche in eine Maschine (in die Fabrik, die Kamera, die Schreibmaschine), und es kommt daraus verändert, transformiert hervor. Wieso? Was ist aus der Veränderung zu lernen?

In dieser Hinsicht treibt TOUR DÉTOUR diesen Prozeß des Wissens auf einer philosophisch-materialistischen Basis (Lukrez, Gassendi, Lenin vor allem) noch weiter. Auf diese Weise erklärt sich die Beziehung zur Technik – die vor rund zehn Jahren (Pasolini) erst eine »Poetik«, später einen Fetischismus geschaffen hat. In der jüngsten TV-Serie dient übrigens die Verwendung eines Analectors (eines 16mm-Projektors, mit dessen Hilfe man Bild für Bild stoppen, verlangsamen, Bilder also desintegrieren kann) dem Ziel, dies zu analysieren. Dank dem Analector sieht man mehr – so wie man dank Muybridge mehr sieht, als das Auge jemals gesehen hat –: wenn die Köche eines pariser Restaurants den Abwasch machen, die Gerichte zubereiten, müßte man den »Sozialismus auf dem Marsch« sehen, denn Sozialismus ist, wenn die Köche den Staat regieren können.

Der Wertow-Aspekt in Godards Kino vertieft sich folglich parallel zur Weiterentwicklung seiner eisensteinschen Komponente: Bildmontage, Schnitte (bei Video besonders durch die Möglichkeiten des Überlagerns etc.).

Übersetzung: Florian Hopf

Daten

Von Walter Schobert

Biografie

Jean-Luc Godard
geboren am 3. 12. 1930 in Paris.
Vater: Arzt.
Mutter: Bankierstochter.
Godard wächst in einem streng protestantischen Elternhaus in der Schweiz auf. Nach seiner Schulzeit in Nyon und später im Lycée Buffon in Paris beginnt er 1949 an der Sorbonne mit dem Studium der Ethnologie, das er mit einem »Certificat d'ethnologie« abschließt. Häufiger als in der Universität ist er in dieser Zeit in den Filmclubs und der Cinémathèque zu finden, wo er André Bazin, François Truffaut, Jacques Rivette und Eric Rohmer trifft. Mit Rivette und Rohmer gründet er 1950 die Zeitschrift »La Gazette du Cinéma«, die es zwischen Mai und November 1950 auf fünf Nummern bringt. Viele Artikel darin sind von Godard; er schreibt sie teils unter seinem richtigen Namen, teils unter dem Pseudonym Hans Lucas, der deutschen Übersetzung seines Vornamens. 1950 hat er den ersten praktischen Kontakt mit dem Film: er finanziert den Kurzfilm *La quadrille* von Rivette; in Rohmers *Présentation* tritt er als Schauspieler auf. 1951 unternimmt er eine Studienreise in die USA und nach Lateinamerika. 1952 erscheinen einige Artikel von ihm in dem Blatt »Les Amis du Cinéma« und in den 1951 von Doniol-Valcroze, Lo Duca und Keigel gegründeten »Cahiers du Cinéma«; auch hier zeichnet er mit seinem Pseudonym. Aber so schnell er mit dem Schreiben begonnen hatte, so rasch hörte er wieder auf; seine nächsten Artikel publiziert er erst 1956.
1954 kehrt Godard in die Schweiz zurück. Über die Gründe gibt es zwei Versionen: häufig ist die Rede vom Tod seiner Mutter, die bei einem Autounfall ums Leben kam. Andere sprechen davon, daß Godard dem Wehrdienst entgehen wollte. Jedenfalls besitzt er seit 1954 einen schweizerischen Paß. In der Schweiz arbeitet er als Handlanger auf einer Großbaustelle in der Grande Dixance. Von seinem Lohn kauft er sich eine 35 mm-Kamera und produziert auf eigene Kosten einen Kurzfilm, OPÉRATION BÉTON, dem ein Jahr später, in 16 mm, UNE FEMME COQUETTE folgt. 1956 geht er wieder nach Paris und beginnt

eine regelmäßige Tätigkeit als Mitarbeiter der »Cahiers«, die vom August 1956 bis 1959 dauert. Von Januar 1958 bis Mai 1959 schreibt er auch regelmäßig in der Wochenzeitung »Arts«. Parallel dazu läuft die aktive Filmarbeit: 1956 tritt er in Rivettes *Le coup de berger* auf, produziert er *La sonate à Kreutzer* für Rohmer, der wiederum das Buch für Godards dritten Kurzfilm TOUS LES GARÇONS S'APPELLENT PATRICK schreibt. Auch 1958 kann Godard zwei Kurzfilme realisieren.

1959 hört Godard mit dem Filmjournalismus auf, um sich ganz der Arbeit an seinem ersten Spielfilm, A BOUT DE SOUFFLE, zu widmen. Der Film, produziert von Georges de Beauregard und fotografiert von Raoul Coutard (mit denen er noch oft zusammenarbeiten wird), macht ihn auf einen Schlag bekannt und läßt ihn zu einer der wichtigen Figuren der Nouvelle Vague werden. Er markiert den Beginn einer für Godard äußerst fruchtbaren Dekade: von 1959 bis 1968, also in neun Jahren, macht er 17 Filme. Sie sind zwar, kommerziell gesehen, eher erfolglos, machen ihn aber zu einem der bedeutendsten Regisseure des modernen Kinos. Godard kann in den nächsten Jahren unaufhörlich arbeiten, trotz mancher Schwierigkeiten mit Produzenten oder auch (bei LE PETIT SOLDAT, seinem zweiten Spielfilm) mit der Zensur. Drei Projekte scheitern Anfang der sechziger Jahre: »Eva«, nach einem Roman von James Hadley Chase, den dann Joseph Losey drehte, »France la douce« (»über eine Frau der Rechten und einen Mann der Linken«) und »Pour Lucrèce«.

Am 3. 3. 1961 heiratet Godard die Dänin Anna Karina, die sich auf eine Zeitungsannonce als Schauspielerin (für UNE FEMME EST UNE FEMME) beworben hatte. 1963 trennen sich die beiden wieder; Anna Karina bleibt aber Hauptdarstellerin in einigen weiteren Filmen und ist 1964 auch Mitbegründerin seiner Produktionsfirma Anouchka-Films, deren Geschäfte von seinem Produktionsleiter Philipp Dussart geführt werden. Im gleichen Jahr, 1964, wird Godard in zwei Fernsehsendungen porträtiert; die französischen Filmclubs zeigen bei ihrem Jahrestreffen im November die erste Retrospektive auf sein Gesamtwerk.

Seit MASCULIN-FÉMININ (1965/66) zeigt sich bei Godard deutlich ein größeres soziales und politisches Engagement, verbunden mit einer intensiven Suche nach Möglichkeiten einer neuen filmischen Form. Sie findet ihren Ausdruck in LA CHINOISE, einem Film über die marxistisch-leninistischen Gruppierungen an der Universität, der die Ereignisse des Mai 1968 vorausahnt. Hauptdarstellerin des Films ist Anne Wiazemsky, eine Enkelin von François Mauriac. Godard heiratet sie am 22. 3. 1967, gegen den Widerstand ihrer Familie. 1967 schreibt er einen offenen Brief an André Malraux, um gegen die Zensur an Rivettes *La religieuse* zu protestieren. Er beteiligt sich an dem Kollektivfilm *Loin du Viet-nam*.

Nach einer Reise in die USA, wo er an den Universitäten seine Filme vorgestellt hatte, engagiert er sich im März 1968 bei der »Affäre Langlois« für den Leiter der Cinémathèque, der von Malraux entlassen werden soll. Diese Aktion steht am Beginn der Maiereignisse; sie ist es, die die französischen Regisseure und Filmschaffenden zur Solidarisierung gegen die Regierung bringt, die dann in die Gründung der »Etats Généraux du Cinéma«, der Generalstände, und in den aktiven Boykott des Festivals in Cannes mündet. Godard ist überall beteiligt, wenn auch nicht immer und nicht besonders engagiert; er ist zur gleichen Zeit mit den Aufnahmen zu ONE PLUS ONE in London beschäftigt, der für lange Zeit zu seinem letzten Kinofilm werden sollte. Aber er beteiligt sich an den CINÉTRACTS und dreht UN FILM COMMES LES AUTRES.

Nach dem Mai 1968 bricht Godard mit den herkömmlichen Produktionsformen und mit dem konventionellen Kinofilm völlig. Er sucht die Zusammenarbeit mit politischen Gruppen, will nicht mehr allein als Regisseur für einen Film verantwortlich sein, will »politische Filme« und »Filme politisch« machen. Wichtig für die neue Periode ist die Begegnung mit Jean-Pierre Gorin von der »Union des jeunes communistes marxistes-léninistes«. Mit ihm und einigen (wenigen) anderen gründet er den »Groupe Dziga Vertov«, der von jetzt an für die Filme zeichnet. Godard und Gorin drehen bis 1972 insgesamt 12 Filme. Einige von ihnen kommen nicht über das Stadium von Vorarbeiten hinaus (»Communications« in Kanada, Januar 1969), einige werden abgebrochen (ONE A.M., später von Pennebaker unter dem Titel *1PM* fertiggestellt, und »Jusqu'à la victoire«, Februar 1970). Die fertiggestellten Filme werden entweder von den auftraggebenden Fernsehanstalten gar nicht oder nur in verstümmelter Form gesendet. Im Kino sind diese Filme gar nicht zu sehen, allenfalls auf politischen Treffen oder auf kleinen Festivals. Die Filme dieser Zeit (bis 1970) summieren sich zur traurigen Chronik der Periode Godards, die mit dem Stichwort von den »unsichtbaren Filmen« charakterisiert worden ist. 1971 versuchen Godard und Gorin mit einem Spielfilm den Weg zurück zum großen Publikum; TOUT VA BIEN thematisiert die Entwicklung Godards. Der von Jean-Pierre Rassam finanzierte Film kann freilich erst im Dezember 1971 begonnen werden, nachdem sich Godard von einem schweren Motorradunfall (am 11. 6. 1971) erholt hatte. Danach drehen Godard/Gorin noch gemeinsam LETTER TO JANE. Nach einer neuen Reise zu amerikanischen Universitäten trennen sich Godard und Gorin.

Die dritte Periode Godards ist geprägt von der Arbeit mit Video. Godard, der sich nach langer Krankheit in Grenoble niederläßt, entdeckt damit eine Technik für sich, mit der er sich schon 1969 kurz beschäftigt hatte. Gemeinsam mit Anne-Marie Miéville gründet er in Grenoble die Firma Sonimage; die Videoausstattung finanziert Rassam. 1973 planen sie einen Videofilm mit dem Titel »Moi je«, der zunächst unvollendet bleibt, dann in NUMÉRO DEUX verarbeitet wird, dem ersten Videofilm, der auf Filmmaterial umkopiert in die Kinos kommt. Die Fragmente von »Jusqu'à la victoire« werden in ICI ET AILLEURS verwendet und reflektiert. 1975 reist Godard nach Mexiko, wo die staatliche Fernsehgesellschaft den Film COMMENT ÇA VA coproduziert. Für das französische Fernsehen macht er den aus sechs mal zwei Teilen bestehenden 6 FOIS 2, der 1976 auch gesendet wird. FRANCE TOUR DÉTOUR DEUX ENFANTS ist fertiggestellt, aber offenbar noch nicht veröffentlicht. Godard arbeitet an HISTOIRE(S) DU CINÉMA ET DE LA TÉLÉVISION und NAISSANCE (DE L'IMAGE) D'UNE NATION OU NORD CONTRE SUD. Eine Einladung des Hamburger Senats, als Stipendiat nach Hamburg zu kommen, und eine Zusammenarbeit mit dem NDR schlägt er aus (Hellmuth Costard berichtet darüber in seinem Film *Der kleine Godard an das Kuratorium junger deutscher Film*). 1978 zieht er mit seiner Firma in die Schweiz. Godard lebt zur Zeit in Rolle.

Filmografie

Die Filmografie enthält die Angaben zu den Kurz- und Spielfilmen, bei denen Godard Regie geführt hat. Angefügt sind Verzeichnisse der Filme, bei denen er als Drehbuchautor, Produzent oder als Darsteller mitgewirkt hat. Godards unvollendete Projekte sind in der Biografie genannt.
Für die Zusammenstellung des künstlerischen Stabes, der Darsteller und ihrer Rollen und der Produktionsangaben (deren Umfang sehr unterschiedlich ist: für die Filme innerhalb des normalen kommerziellen Betriebes ausführlich, für die Filme seit 1968, die »unsichtbaren«, politischen Filme der Dziga-Vertov-Gruppe, und die Videoproduktionen, dem Selbstverständnis ihrer Hersteller entsprechend, sehr knapp) wurden die in der Bibliografie genannten Godard-Monografien, besonders bei Jean Collet, Michel Estève, Richard Roud und Luigi Allegri und das Programmheft des Verleihs prokino zu LE MÉPRIS (Red.: Fernand Jung) sowie die Drehbücher und Protokolle der einzelnen Filme benutzt. Weitere Quellen: Die Handbücher der Katholischen Filmkritik; Verleih-Katalog 1977/78 von film-echo/Filmwoche; Kopien der Filme; Vierteljahreslisten der SPIO. – Auskünfte und Hilfeleistungen: Filmredaktionen der Fernsehanstalten, Wilfried Reichart, Reinhard Knieriem und Winfried Günther.

Abkürzungen: R = Regie (nur genannt, wenn ein Co-Regisseur mitgearbeitet hat). – B = Buch. – K = Kameraführung. – Sch = Schnitt, Montage. – T = Ton. – M = Musik. – Ba = Bauten, Szenenbild. – A = Ausstattung. – Ko = Kostüme. – Ra = Regieassistenz.

D = Darsteller. – P = Produktionsfirma. – Pd = Produzent. – Pl = Produktionsleitung. – F = Format. – sw = Schwarzweiß. – OL = Länge der Originalfassung, immer umgerechnet für eine Projektionsgeschwindigkeit von 24 Bildern/Sekunde. – DL = Länge der deutschen Fassung, nach Auskünften der Verleiher, der FSK bzw. der Fernsehanstalten. – U = Uraufführung (soweit sie bei einem Festival oder im Kino stattgefunden hat; für die »unsichtbaren« Filme kaum zu ermitteln). – DE = Deutsche Erstaufführung (Kino oder Festival). – TV = Fernsehausstrahlungen in der Bundesrepublik. – V = derzeitiger Verleih in der Bundesrepublik.

1954 OPÉRATION BÉTON. – B, Kommentar: Godard. – K: Adrien Porchet. – Sch: Godard. – M: Georg Friedrich Händel, Johann Sebastian Bach. – P: Actua-film, Genf. – Pd: Godard. – Gedreht in Grande Dixance, Schweiz. – F: 35 mm. – sw. – OL: 20 Min. – U: 9. 7. 1958. – In der BRD nicht gelaufen.

1955 UNE FEMME COQUETTE. – B: Hans Lucas (Godard), nach der Novelle *Le Signe* von Guy de Maupassant. – K, Sch: Lucas. – M: Johann Sebastian Bach. – D: Marie Lysandre (die Frau), Roland Tolma (der Mann), Godard (der Kunde). – P: Godard. – Gedreht in Genf. – F: 16 mm. – sw. – OL: 10 Min. – U: ? – In der BRD nicht gelaufen.

1957 TOUS LES GARÇONS S'APPELLENT PATRICK (Charlotte et Véronique). Alle Jungen heißen Patrick. – B: Eric Rohmer. – K: Michel Latouche. – Sch: Cécile Decugis. – M: Pierre Monsigny, Ludwig van Beethoven. – T: Jacques Maumont. – D: Jean-Claude Brialy (Patrick), Anne Colette (Charlotte), Nicole Berger (Véronique). – P: Les Films de la Pleiade. – Pd: Pierre Braunberger. – Gedreht in Paris. – F: 35 mm. – sw. – OL: 21 Min. – U: 6. 5. 1959. – DE: Mai 1963. – TV: 28. 7. 1968/3. 1. 1971 (WDR III). – V: ohne.

1958 CHARLOTTE ET SON JULES. – B: Godard. – K: Michel Latouche. – Sch: Cécile Decugis. – M: Pierre Monsigny. – T: Jacques Maumont. – D: Jean-Paul Belmondo (Jean, synchronisiert von Godard), Anne Colette (Charlotte), Gérard Blain (der neue Freund). – P: Les Films de la Pleiade. – Pd: Pierre Braunberger. – Gedreht in Godards Hotel in der Rue de Rennes, Paris. – F: 35 mm. – sw. – OL: 20 Min. – U: 3. 3. 1961 in Paris. – DE: 30. 10. 1978, Frankfurt (?). – TV: 28. 7. 1968/22. 12. 1969 (WDR III). – V: ohne.

1958 UNE HISTOIRE D'EAU. – R: François Truffaut, Godard. – B: Truffaut. – K: Michel Latouche. – Sch: Godard. – Sprecher: Godard. – T: Jacques Maumont. – D: Jean-Claude Brialy (der Mann),

Caroline Dim (das Mädchen). – P: Les Films de la Pleiade, Paris. – Pd: Pierre Braunberger. – Pl: Roger Fleytoux. – Gedreht im Frühjahr 1961 in Paris und Umgebung. – F: 35 mm. – sw. – OL: 20 Min. – U: 3. 3. 1961, Paris. – DE: 7. 9. 1974, Frankfurt (?). – TV: 28. 7. 1968/ 3. 1. 1971 (WDR III). – V: ohne.

1959   A BOUT DE SOUFFLE. Außer Atem. – B: Godard, nach einem Szenario von François Truffaut. – Technische Beratung: Claude Chabrol. – K: Raoul Coutard. – Sch: Cécile Decugis, Lila Herman. – M: Martial Solal, Wolfgang Amadeus Mozart (Konzert für Klarinette und Orchester, KV 622). – T: Jacques Maumont. – Ra: Pierre Rissient. – D: Jean Seberg (Patricia Franchini), Jean-Paul Belmondo (Michel Poiccard alias Laszlo Kovacs), Henri-Jacques Huet (Antonio Berruti), Van Doude (Van Doude, Journalist), Claude Mansard (Claudius Mansard, Gebrauchtwagenhändler), Daniel Boulanger (Polizeiinspektor Vidal), Jean-Pierre Melville (Parvulesco, Schriftsteller), Michel Favre (Polizist), Richard Balducci (Tolmatchoff), Liliane Robin (Liliane), Godard (Denunziant), Jean Domarchi (Betrunkener), Jean-Pierre Richard (Journalist), Roger Hanin (Carl Zombach), André S. Labarthe (Interviewer), Jean Douchet, Jacques Siclier, Philippe de Broca, José Bénazéraf, Louiguy, François Moreuil, Michel Mourlet, Guido Orlando, Jacques Serguine, Virginie Ullmann, Emile Villion, Raymond Ravambaz. – P: S. N. C. (Société Nouvelle de Cinéma), Paris. – Pd: Georges de Beauregard. – Gedreht vom 17. 8.- 15. 9. 1959 in Paris und Marseille. – F: 35 mm. – sw. – OL, DL: 90 Min. – U: 16. 3. 1960, Paris. – DE: Juni/Juli 1960 (Berlinale). – TV: 25. 1. 1969 (ARD), 12. 7. 1970 (BR III), 28. 2. 1971 (WDR III). – V: ohne.

1960   LE PETIT SOLDAT. Der Soldat/Der kleine Soldat. – B: Godard. – K: Raoul Coutard. – Sch: Agnès Guillemot, Nadine Marquand, Lila Herman. – M: Maurice Leroux. – T: Jacques Maumont. – Ra: Francis Cognany. – D: Michel Subor (Bruno Forestier), Anna Karina (Véronica Dreyer), Henri-Jacques Huet (Jacques), Paul Beauvais (Paul), Laszlo Szabo (Laszlo), Georges de Beauregard (F. L. N.-Führer), Godard (Mann am Bahnhof), Gilbert Edard. – P: S. N. C., Paris. – Pd: Georges de Beauregard. – Gedreht im April und Mai 1960 in Genf. – F: 35 mm. – sw. – OL: 88 Min. – DL: 87 Min. – U: 25. 1. 1963. – DE: 24. 7. 1966. – TV: 13. 1. 1968 (WDR III), 1. 6. 1968 (ARD), 11. 10. 1969 (S3), 23. 11. 1969 (BR III), 25. 2. 1972 (HR III). – V: ohne.

1961   UNE FEMME EST UNE FEMME. Eine Frau ist eine Frau. – B: Godard, nach einem Sujet von Geneviève Cluny. – K: Raoul Coutard. – Sch: Agnès Guillemot, Lila Herman. – M: Michel Legrand,

Chanson: Legrand, Godard. – T: Guy Vilette. – A: Bernard Evein. – Ra: Francis Cognany. – D: Anna Karina (Angéla Récamier), Jean-Claude Brialy (Emile Récamier), Jean-Paul Belmondo (Alfred Lubitsch), Nicole Paquin (Suzanne), Marie Dubois, Marion Sarrault, Jeanne Moreau, Catherine Demongeot, Ernest Menzer. – P: Rome-Paris-Films, Paris/ Unidex, Paris/Euro International, Rom. – Pd: Georges de Beauregard, Carlo Ponti. – Pl: Philippe Dussart. – Gedreht von November 1960 bis Januar 1961 im Studio Saint-Maurice, Paris. – F: 35 mm. – Farbe (Eastmancolor). – OL: 78 Min. – DL: 83 Min. – U: 1. 7. 1961 (Berlinale), 6. 9. 1961, Paris. – TV: 22. 3. 1971 (ZDF). – V: ohne.

1961 LA PARESSE. Die Trägheit. – B: Godard. – K: Henri Decae. – Sch: Jacques Gaillard. – M: Michel Legrand. – T: Jean-Claude Marchetti, Jean Labussière. – Ra: Marin Karmitz. – D: Eddie Constantine (Eddie Constantine), Nicole Mirel (Starlet). – P: Les Films Gibé/Franco-London-Films, Paris/Titanus, Rom. – Pl: Jean Lavie. – Gedreht im September 1961 in Paris. – F: 35 mm. – sw. – OL: 15 Min. – U: 7. 3. 1962, Paris. – DE: 30. 8. 1963. – V: ohne. – LA PARESSE ist eine Episode des Films *Les sept péchés capitaux* (Die sieben Todsünden), dessen andere Episoden von Sylvain Dhomme, Edouard Molinaro, Philippe de Broca, Jacques Demy, Roger Vadim und Claude Chabrol sind.

1962 VIVRE SA VIE (Film en douze tableaux). Die Geschichte der Nana S. – B: Godard, nach dem Buch *Ou en est la prostitution* von Richter Marcel Sacotte. – K: Raoul Coutard. – Sch: Agnès Guillemot, Lila Lakshmaman. – M: Michel Legrand, Chanson *Ma môme, elle joue pas les starlettes*: Pierre Frachet, Jean Ferrat. – T: Guy Villette, Jacques Maumont. – Ra: Bernard Toublanc-Michel, Jean-Paul Savignac. – D: Anna Karina (Nana), Sady Rebbot (Raoul), André S. Labarthe (Paul), Guylaine Schlumberger (Yvette), Brice Parain (der Philosoph), Peter Kassowitz (der junge Mann, synchronisiert von Godard), Dimitri Dineff (der Typ), Monique Messine (Elisabeth), Gérard Hoffmann (Mann, der Nana kauft), Paul Pavel (Fotograf), Eric Schlumberger (Luigi), Henri Atal (Arthur), Odile Geoffroy (Bardame), Marcel Charton (Polizist), Gilles Quéant (Freier), Jacques Florency (Zuschauer im Kino), Jean Ferrat (Mann an der Musicbox), Gisèle Hauchecorne (Concierge), Laszlo Szabo (verletzter Mann in der Bar), Jean-Paul Savignac (Soldat in der Bar), Mario Botti (der Italiener). – P: Les Films de la Pleiade, Paris. – Pd: Pierre Braunberger. – Pl: Roger Fleytoux. – Gedreht im Februar und März 1962 in Paris. – F: 35 mm. – sw. – OL: 85 Min. – DL: 79 Min. – U: 28. 8. 1962, Venedig, Paris: 20. 9. 1962. – DE: 28. 9. 1962. – TV: 16. 2. 1969 (NDR III), 22. 11. 1969 (HR III), 21. 2. 1970/2. 12. 1973 (BR III), 6. 3. 1971/

23. 4. 1973 (S3), 23. 12. 1972 (WDR III). – V: Die Lupe (16 und 35 mm).

1962 LE NOUVEAU MONDE / IL NUOVO MONDO. – B: Godard. – K: Jean Rabier. – Sch: Agnès Guillemot, Lila Lakshmaman. – M: Ludwig van Beethoven (Quartette 7, 9, 10, 14, 15). – T: Hervé. – D: Alexandra Stewart (Alexandra), Jean-Marc Bory (der Erzähler), Jean-André Fieschi, Michel Delahaye, Godard, Stimme von André S. Labarthe. – P: Arco Film, Rom/Cineriz, Rom/Société Lyre, Paris. – Pd: Alfredo Bini. – Pl: Yves Laplache. – Gedreht im November 1962 in Paris. – F: 35 mm. – sw. – OL: 20 Min. – U: März 1963, Rom. – DE: 10. 9. 1978, Frankfurt (?). – V: ohne. – LE NOUVEAU MONDE ist eine Episode des Filmes *Rogopag*, der nach dem Verbot in Italien in *Laviamoci il cervello* umbenannt wurde; die anderen Episoden sind von Roberto Rossellini, Pier Paolo Pasolini und Ugo Gregoretti.

1962/63 LES CARABINIERS. Die Karabinieri. – B: Roberto Rossellini, Jean Gruault, Godard, nach der gleichnamigen Komödie von Benjamino Jappolo. – K: Raoul Coutard. – Sch: Agnès Guillemot, Lila Lakshmaman. – M: Philippe Arthuys. – T: Jacques Maumont. – A: Jean-Jacques Fabre. – Ra: Jean-Paul Savignac, Charles Bitsch. – D: Marino Mase (Ulysse), Albert Juross (Michel-Ange), Geneviève Galéa (Vénus), Catherine Ribeiro (Cléopatre), Gérard Poirot, Jean Brassat und Alvaro Gheri (Carabiniers), Barbet Schroeder (Autoverkäufer), Odile Geoffroy (die Revolutionärin), Catherine Durant (die Frau von Welt), Jean Monsigny (Soldat), Jean Gruault (der Vater), Gilbert Servien (Soldat), Jean-Louis Comolli (Soldat mit dem Fisch), Wladimir Faters (Revolutionär), Roger Coggio und Pascale Audret (das Paar im Wagen). – P: Rome-Paris-Films, Paris/Les Films Marceau, Paris/Laetitia Film, Rom. – Pd: Georges de Beauregard, Carlo Ponti. – Gedreht im Dezember 1962 und Januar 1963 in Paris. – F: 35 mm. – sw. – OL: 80 Min. – U: 31. 5. 1963 Paris. – DE: Nov. 1967. – TV: 11. 2. 1967/6. 2. 1971 (WDR III), 19. 4. 1967 (HR III), 17. 3. 1968 (NDR III), 16. 6. 1968 (BR III). – V: ohne.

1963 LE GRAND ESCROC. – B: Godard. – K: Raoul Coutard. – Sch: Agnès Guillemot, Lila Lakshmaman. – M: Michel Legrand. – Sprecher: Godard. – T: Hervé. – Ra: Charles Bitsch. – D: Jean Seberg (Patricia Leacock), Charles Denner (der Schwindler), Laszlo Szabo (Polizeiinspektor). – P: Ulysse Productions, Paris/Primex Films, Marseille/Lux/C. C. F., Paris/Vides Cinematografica, Rom/Toho/Towa, Tokio/Caesar Film Productie, Amsterdam. – Pd: Pierre Roustang. – Pl: Philippe Dussart. – Gedreht im Januar 1963 in Marrakesch. – F: 35 mm. – sw. – OL: 25 Min. – U: 24. 11. 1967, London (Film Festival,?). – V: ohne. – LE GRAND ESCROC wurde als Episode des Films *Les plus belles escroqueries du monde* (Die Frauen sind an allem schuld) gedreht, der aber ohne den Beitrag Godards herausgebracht wurde. Die anderen Episoden sind von Ugo Gregoretti, Roman Polanski, Hiromichi Horikawa und Claude Chabrol.

1963 LE MÉPRIS. Die Verachtung. – B: Godard, nach dem Roman *Il disprezzo* (Die Verachtung) von Alberto Moravia. – K: Raoul Coutard. – Sch: Agnès Guillemot, Lila Lakshmaman. – M: Georges Delerue (ital. Fassung: Pier Piccioni). – T: William Sivel. – Ko: Janine Autre. – Ra: Charles Bitsch. – D: Brigitte Bardot (Camille Javal), Michel Piccoli (Paul Javal), Jack Palance (Jeremy Prokosch), Georgia Moll (Francesca Vanini), Fritz Lang (Fritz Lang), Godard (Regieassistent), Linda Véras (Sirene). – P: Rome-Paris-Films, Paris/Les Films Concordia, Paris/Compagnia Cinematografica Champion, Rom. – Pd: Georges de Beauregard, Carlo Ponti, Joseph E. Levine. – Pl: Philippe Dussart, Carlo Lastricati. – Gedreht vom 28. 4. bis 7. 6. 1963 in Rom und Capri. – F: 35 mm, Franscope. – Farbe (Eastmancolor). – OL: 105 Min. – DL: 95 Min. – U: 27. 12. 1963, Paris. – DE: 22. 1. 1965. – V: prokino (35 mm), atlas (16 mm).

1964 BANDE À PART. Die Außenseiterbande. – B: Godard, nach dem Roman *Fool's Gold* von Dolores und Bert Hitchens. – K: Raoul Coutard. – Sch: Agnès Guillemot, Françoise Collin. – M: Michel Legrand. – Sprecher: Godard. – T: René Levert, Antoine Bonfanti. – Ra: Jean-Paul Savignac. – D: Anna Karina (Odile), Claude Brasseur (Arthur Rimbaud), Sami Frey (Frantz), Louisa Colpeyn (Madame Victoria), Ernest Menzer (Arthurs Onkel), Chantal Darget (die Mätresse), Danièle Girard (Englischlehrerin), Michèle Seghers (Schülerin), Claude Makowski (Schüler), Georges Staquet (Legionär), Michel Delahaye, Peter Kassowitz, Godard. – P: Anouchka Films, Paris/Orsay Films, Paris. – Pd: Godard. – Pl: Philippe Dussart. – Gedreht im Februar und März 1964 in Paris. – F: 35 mm. – sw. – OL, DL: 95 Min. – U: 5. 7. 1964 (Berlinale), Paris: 5. 8. 1964. – TV: 27. 7. 1968 (ARD), 7. 12. 1969 (BR III), 28. 2. 1970 (S 3). – V: Warner-Columbia (35 u. 16 mm).

1964 UNE FEMME MARIÉE. Eine verheiratete Frau. – B: Godard. – K: Raoul Coutard. – Sch: Agnès Guillemot, Françoise Collin. – M: Ludwig van Beethoven (Quartette 10, 7, 14, 9, 15), Jazz: Claude Nougaro, Chanson *Quand le film est triste*: J. P. Loudermilk, G. Aber, L. Morisse, gesungen von Sylvie Vartan. – T: Antoine Bonfanti, René Levert, Jacques Maumont. – A: Henri Nogaret. – Ra: Claude Othnin-Girard, Jean-Pierre Léaud, Hélène Kalouguine. – D: Macha Méril (Charlotte), Philippe Leroy (ihr Ehemann Pierre), Bernard Noel (ihr Liebhaber Robert), Roger Leenhardt (Roger Leenhardt), Rita Maiden (Madame Céline), Margaret Le-Van und Véronique Duval (Mädchen im Schwimmbad), Christophe (Nicolas). – P: Anouchka Films, Paris/Orsay Films, Paris. – Pl: Philippe Dussart. – Gedreht im Juni und Juli 1964 in Paris und Orly. – F: 35 mm. – sw. – OL: 98 Min. (von der Zensur gekürzt auf 95 Min.). – DL: 95 Min. – U: 8. 9. 1964, Venedig, Paris: 4. 12. 1964. – DE: 17. 9. 1965. – TV: 25. 11. 1974 (ARD). – V: Warner-Columbia (35 u. 16 mm).

1964 MONTPARNASSE-LEVALLOIS. – B: Godard, nach einer von Belmondo in UNE FEMME EST UNE FEMME erzählten Geschichte aus *Les Contes du Lundi* von Jean Giraudoux. – K: Albert Maysles. – Sch: Jacqueline Raynal. – T: René Levert. – D: Joanna Shimkus (Monika), Philippe Hiquilly (Ivan), Serge Davri (Roger). – P: Les Films du Losange, Paris. – Pd: Barbet Schroeder. – Gedreht im Dezember 1964 in Paris. – F: 16 mm, aufgeblasen auf 35 mm. – Farbe (Eastmancolor). – OL: 18 Min. – U: 19. 5. 1965, Cannes, Paris: 13. 10. 1965. – DE: 25. 6. 1965 (Berlinale). – Der Film wurde in der BRD nicht verliehen. – MONTPARNASSE-LEVALLOIS ist eine Episode des Films *Paris vu par ...*, dessen übrigen Episoden von Jean Douchet, Claude Chabrol, Eric Rohmer, Jean-Daniel Pollet und Jean Rouch sind.

1965 ALPHAVILLE (UNE ÉTRANGE AVENTURE DE LEMMY CAUTION). Lemmy Caution gegen Alpha 60. – B: Godard. – K: Raoul Coutard. – Sch: Agnès Guillemot. – M: Paul Mizraki. – T: René Levert. – Ra: Charles Bitsch, Jean-Paul Savignac, Hélène Kalouguine. – D: Eddie Constantine (Lemmy Caution), Anna Karina (Natacha von Braun), Akim Tamiroff (Henri Dickson), Howard Vernon (Prof. von Braun alias Prof. Léonard Nosferatu), Laszlo Szabo (Chefingenieur), Michel Delahaye (Assistent von Prof. von Braun), Jean-André Fieschi (Prof. Heckell), Jean-Louis Comolli (Prof. Jeckell). – P: Chaumiane Production, Paris/Filmstudio, Rom. – Pd: André Michelin. – Pl: Philippe Dussart. – Gedreht von 4. 1. bis 14. 2. 1965 in Paris. – F: 35 mm. – sw. – OL: 98 Min. – DL: 93 Min. – U: 21. 4. 1965, Paris. – DE: 4. 7. 1965 (Berlinale). – TV: 7. 5. 1976 (ARD). – V: ohne.

1965 PIERROT LE FOU. Elf Uhr nachts. – B: Godard, nach dem Roman *Obsession* von Lionel White. – K: Raoul Coutard. – Sch: Françoise Collin. – M: Antoine Duhamel, Chansons *Ma ligne de chance* und *Jamais je ne t'ai dit que je t'aimerai toujours*: Duhamel und Bassiak. – T: René Levert. – A: Pierre Guffroy. – Ra: Pierre Fourastié, Jean-Pierre Léaud. – D: Jean-Paul Belmondo (Ferdinand Griffon), Anna Karina (Marianne Renoir), Dirk Sanders (Mariannes »Bruder«), Raymond Devos (Mann am Pier), Graziella Galvani (Ferdinands Frau), Roger Dutoit und Hans Meyer (Gangster), Jimmy Karoubi (der Zwerg), Christa Nell (Madame Staquet), Prinzessin Aicha Abadir, Samuel Fuller, Alexis Poliakoff (Seemann), Pascal Aubier (2. Bruder), Pierre Hanin (3. Bruder), Laszlo Szabo (Flüchtling), Jean-Pierre Léaud (junger Mann im Kino). – P: Rome-Paris-Films, Paris/ Dino de Laurentiis Cinematografica, Rom/S. N. C., Paris. – Pd: Georges de Beauregard. – Pl: René Demoulin. – Gedreht von Mai bis Juli 1965 in Paris und Südfrankreich. – F: 35 mm, Techniscope. – Farbe (Eastmancolor). – OL: 112 Min. – DL: 110 Min. – U: 29. 8. 1965, Venedig, Paris: 5. 11. 1965. – DE: 17. 12. 1965. – V: Kuchenreuther Filmverleih (35 mm).

1965/66 MASCULIN-FÉMININ. Masculin-Feminin oder: die Kinder von Marx und Coca-Cola. – B: Godard, nach den Erzählungen *La femme de Paul* und *Le signe* von Guy de Maupassant. – K: Willy Kurant. – Sch: Agnès Guillemot. – M: Francis Lai. – T: René Levert. – Ra: Bernard Toublanc-Michel, Jacques Baratier. – D: Jean-Pierre Léaud (Paul), Chantal Goya (Madeleine), Marlène Jobert (Elizabeth), Michel Debord (Robert), Catherine-Isabelle Duport (Catherine-Isabelle), Eva Britt Strandberg (sie), Birger Malmsten (er), Elsa Leroy (Mademoiselle 19 Jahre), Chantal Darget (Frau in der Metro), Brigitte Bardot und Antoine Bourseiller (Paar im Café), Françoise Hardy (Mädchen im amerikanischen Auto). – P: Anouchka Films, Paris/Argos-Films, Paris/AB Svensk Filmindustri, Stockholm/AB Sandrews, Stockholm. – Pl: Philippe Dussart. – Gedreht im November und Dezember 1965 in Paris. – F: 35 mm. – sw. – OL: 110 Min. – DL: 104 Min. – U: 22. 4. 1966, Paris. – DE: 22. 6. 1966 (Berlinale). – TV: 17. 7. 1966/14. 5. 1971 (WDR III), 21. 9. 1966 (HR III), 24. 9. 1966/ 28. 12. 1967 (BR III), 10. 12. 1966 (NDR III), 20. 9. 1969 (S3). – V: ohne.

1966 MADE IN U.S.A.. Made in USA. – B: Godard, nach dem Roman *The Jugger* von Richard Stark. – K: Raoul Coutard. – Sch: Agnès Guillemot. – M: Ludwig van Beethoven (Symphonie Nr. 5), Robert Schumann (Symphonie Nr. 3), Song *As Tears Go By*: Mick Jagger, Keith Richard. – T: René Levert. – Ra: Charles Bitsch, Claude Bakka, Jean-Pierre Léaud, Philippe Pouzenc. – D: Anna Karina (Paula Nelson), Laszlo Szabo (Richard Widmark), Jean-Pierre Léaud (Donald Siegel), Yves Afonso (David Goodis), Ernest Menzer (Edgar Typhus), Jean-Claude Bouillon (Inspektor Aldrich), Kyoko Kosaka (Doris Mizoguchi), Marianne Faithfull (Sängerin), Claude Bakka (ihr Begleiter), Philippe Labro (Labro), Remo Forlani (Arbeiter in der Bar), Marc Dudicourt (Barmann), Jean-Pierre Biesse (Richard Nixon), Sylvain Godet (Robert McNamara), Alexis Poliakoff (Mann mit rotem Telefon), Eliane Giovagnoli (Zahnarzthelferin), Roger Scipion (Dr. Korvo), Danièle Palmero (Kammermädchen), Rita Maiden

(Frau, die Paula verrät), Isabelle Pons (Journalistin), Philippe Pouzenc (Polizist), Fernand Coquet (Plakatkleber), Miguel (Zahnarzt), Annie Guégan (gefesseltes Mädchen), Monika Peroli (Mädchen mit Hund), Jean-Philippe Nieman (Polizist), Charles Bitsch (Taxifahrer), Daniel Bart (Polizist) und die Stimme Godards (Tonband). – P: Rome-Paris-Films, Paris/Anouchka Films, Paris/SEPIC, Paris. – Pd: Georges de Beauregard. – Pl: René Demoulin. – Gedreht im Juli und August 1966 in Paris. – F: 35 mm, Techniscope. – Farbe (Eastmancolor). – OL: 90 Min. – U: 3. 12. 1966, London (Film Festival), Paris: 23. 1. 1967. – DE: 24. 9. 1978, Frankfurt (?). – TV: 10. 4. 1974/ 17. 3. 1977 (WDR III), 10. 4. 1974/25. 1. 1978 (HR III), 18. 5. 1974 (BR III). – Der Film wurde in der BRD nicht verliehen.

1966 2 OU 3 CHOSES QUE JE SAIS D'ELLE. Zwei oder drei Dinge, die ich von ihr weiß. – B: Godard, nach einer Enquête von Catherine Vimenet. – K: Raoul Coutard. – Sch: Françoise Collin. – M: Ludwig van Beethoven. – Sprecher: Godard. – T: René Levert, Antoine Bonfanti. – Ko: Gritt Magrini. – Ra: Charles Bitsch, Isabelle Pons, Robert Chevassu. – D: Marina Vlady (Juliette Janson), Anny Duperey (Marianne), Roger Montsoret (Robert Janson), Jean Narboni (Roger), Christophe Bourseiller (Christophe), Marie Bourseiller (Solange), Joseph Gehrard (Monsieur Gérard), Raoul Lévy (der Amerikaner), Helena Bielcic (junges Mädchen im Bad), Robert Chevassu (Stromableser), Yves Beneyton (Langhaariger), Jean-Pierre Laverne (Schriftsteller), Blandine Jeanson (Studentin), Claude Miler (Bouvard), Jean-Patrick Lebel (Pécuchet), Juliet Berto (Mädchen im Café), Anna Manga, Benjamin Rosette, Helen Scott. – P: Anouchka Films, Paris/Argos-Films, Paris/Les Films du Carosse, Paris/Parc Film, Paris. – Pl: Philippe Senné. – Gedreht vom 8. 8. bis 8. 9. 1966 in Paris. – F: 35 mm, Techniscope. – Farbe (Eastmancolor). – OL: 90 Min. – DL: 87 Min. – U: 17. 3. 1967, Paris. – DE: 1. 11. 1968. – TV: 6. 1. 1968/1. 2. 1970 (BR III), 26. 12. 1969/25. 9. 1977 (HR III), 27. 12. 1969 (NDR III), 13. 2. 1971/10. 3. 1977 (WDR III), 17. 4. 1971 (S 3). – V: ohne.

1966 ANTICIPATION (OU L'AMOUR EN L'AN 2000). Ein Wochenende auf der Erde im Jahre 3[!]000. – B: Godard. – K: Pierre Lhomme. – Sch: Agnès Guillemot. – M: Michel Legrand. – Ra: Charles Bitsch. – D: Anna Karina (Natacha), Jacques Charrier (John Demetrios), Marilù Tolo (Marlène), Jean-Pierre Léaud, Daniel Bart, Jean-Patrick Lebel. – P: Francoriz, Paris/Les Films Gibé, Paris/ Rialto, Berlin/Rizzoli, Rom. – Pd: Joseph Bergholz. – Pl: André Cultet. – Gedreht im November 1966 in Paris und Orly. – F: 35 mm. – Farbe (Eastmancolor, positiv und negativ). – OL: 20 Min. – U: 6. 4. 1967, München, Paris: 21. 4. 1967. – V: ohne. – ANTICIPATION ist eine Episode des Films *Le plus vieux métier du monde* (Das älteste Gewerbe der Welt), dessen weitere Episoden von Mauro Bolognini, Philippe de Broca, Claude Autant-Lara, Franco Indovina und Michael Pfleghar gedreht wurden. Godards Episode wurde kurz nach dem Start in der Bundesrepublik aus dem Film herausgenommen.

1967 LA CHINOISE. Die Chinesin. – B: Godard. – K: Raoul Coutard. – Sch: Agnès Guillemot. – M: Karl-Heinz Stockhausen, Franz Schubert, Antonio Vivaldi. – T: René Levert. – Ra: Charles Bitsch. – D: Anne Wiazemsky (Véronique), Jean-Pierre Léaud (Guillaume), Michel Séméniako (Henri), Lex de Brujin (Kirilov), Juliet Berto (Yvonne), Otmar Diop (Genosse X), Francis Jeanson, Blandine Jeanson, Eliane Giovagnoli. – P: Anouchka Films, Les Productions de la Guéville, Athos Films, Parc Films, Simar Films, alle Paris. – Pl: Philippe Dussart. – Gedreht im März und April 1967 in Nanterre bei Paris. – F: 35 mm. – Farbe (Eastmancolor). – OL: 95 Min. – DL: 96 Min. – U: 3. 8. 1967, Avignon. – DE: 18. 1. 1968. – TV: 23. 9. 1967/9. 7. 1971 (WDR III), 25. 4. 1970 (HR III). – V: ohne.

1967 CAMÉRA-ŒIL/CAMERA EYE. – B: Godard. – K: Alain Levent. – Sprecher: Godard. – P: S. L. O. N., Paris. – F: 16 mm. – Farbe (Eastmancolor). – OL: 18 Min. – U: Aug. 1967, Montreal, Paris: 13. 12. 1967. – DE: 25. 3. 1971, Köln (?). – TV: 25. 6. 1968/ 12. 7. 1969 (BR III). – V: In der BRD nicht verliehen. – CAMÉRA-OEIL ist eine Episode des Films *Loin du Viet-nam* (Fern von Vietnam), eine Kollektivarbeit, an der Alain Resnais, William Klein, Joris Ivens, Agnès Varda (deren Beitrag im fertigen Film nicht enthalten ist), Claude Lelouch und, als Autor und Koordinator des Projektes, Chris Marker mitgearbeitet haben.

1967 AMORE. – B: Godard. – K: Alain Levent. – Sch: Agnès Guillemot. – M: Giovanni Fusco. – Sprecher: Godard. – T: Guy Villette. – A: Mimmo Scavia. – Ra: Charles Bitsch. – D: Christine Guého (sie), Nino Castelnuovo (er), Catherine Jourdan (Zeugin), Paolo Pozzesi (Zeuge). – P: Castoro Film, Rom/Anouchka Films, Paris. – F: 35 mm, Techniscope. – Farbe (Eastmancolor). – OL: 26 Min. – U: 24. 11. 1967, London (Film Festival), Paris: Juni 1970. – DE: 5. 7. 1969 (Berlinale). – TV: 16. 2. 1970 (ARD). – V: In der BRD nicht verliehen. – AMORE, ursprünglich L'ALLER ET RETOUR DES ENFANTS PRODIGUES/ANDATE E RITORNO DEI FIGLI PRODIGHI benannt, ist eine Episode des Films *Amore e rabbia* (Liebe und Zorn), der zuerst *Vangelo '70* heißen sollte. Die anderen Episoden sind von Carlo Lizzani, Bernardo Bertolucci, Pier Paolo Pasolini und Marco Bellocchio. Eine Episode von Valerio Zurlini wurde als eigener Film *Seduta alla sua destra* herausgebracht.

1967 WEEK END. Weekend. – B: Godard. – K: Raoul Coutard. – Sch: Agnès Guillemot. – M: Antoine Duhamel, Wolfgang Amadeus Mozart (Klaviersonate KV 576), Song *Allo, tu m'entends:* Guy Béart. – Ra: Claude Miler. – D: Mireille Darc (Corinne), Jean Yanne (Roland), Jean-Pierre Kalfon (Chef der Befreiungsfront), Jean-Pierre Léaud (Saint Just; der kleine Sänger), Valérie Lagrange (Frau des Chefs), Yves Afonso (der Däumling), Daniel Pommereule (Joseph Balsamo), Blandine Jeanson (Emily Brontë; eine Melomanin), Ernest Menzer (Koch), Yves Beneyton (Mitglied der Befreiungsfront), Paul Gegauff (Pianist), Juliet Berto (Mädchen beim Unfall), Virginie Mignon (Marie-Madeleine), Laszlo Szabo (Araber), J. C. Guilbert (Clochard), Anne Wiazemsky und Michel Cournot (Passanten). – P: Films Copernic, Paris/Ascot Cineraid, Rom/Comaccio, Rom/Lira Films, Paris. – Pl: Ralph Baum, Philippe Senné. – Gedreht im September und Oktober 1967 in Paris und Umgebung. – F: 35 mm. – Farbe (Eastmancolor). – OL: 95 Min. – DL: 103 Min. – U: 29. 12. 1967, Paris. – DE: 29. 6. 68 (Berlinale). – TV: 27. 1. 1969 (ARD), 8. 11. 1969 (S 3), 16. 7. 1971 (WDR III). – V: ohne.

1967/68 LE GAI SAVOIR. Die fröhliche Wissenschaft. – B: Godard. – K: Georges Leclerc. – Sch: Germaine Cohen. – M: Kubanische Revolutionslieder. – D: Juliet Berto (Patricia Lumumba), Jean-Pierre Léaud (Emile Rousseau). – P: Anouchka Films, Paris/Bavaria Atelier, München, für ORTF, Paris, und den Süddeutschen Rundfunk, Stuttgart. – Gedreht im Dezember 1967 und Januar 1968 in den Studios von Joinville; fertiggestellt nach dem Mai 1968. – F: 35 mm. – Farbe (Eastmancolor). – OL, DL: 92 Min. – U: 28. 6. 1969 (Berlinale). – TV: 22. 11. 1969 (S 3), 18. 9. 1970 (HR III), 4. 10. 1970 (BR III). – V: Die Lupe (35 mm).

1968 CINÉTRACTS. – anonyme Filme, etwa 2 bis 4 Minuten lang, gedreht in 16 mm, sw., im Mai und Juni 1968. – Welche CINÉTRACTS von Godard stammen, läßt sich mit Sicherheit nicht feststellen. Von ihm könnten CINÉTRACT 7, 10, 14, 16, 23 sein. – V: (einige der Filme) Freunde der deutschen Kinemathek (16 mm).

1968 ONE PLUS ONE. Eins plus Eins. – B: Godard. – K: Anthony Richmond. – Sch: Ken Rowles. – M: The Rolling Stones (*Sympathy for the Devil* von der LP *Beggars Banquet*). – Sprecher: Sean Lynch. – T: Arthur Bradburn, Derek Ball. – Ra: Tim Van Rellin, John Stoneman. – D: The Rolling Stones (Mick Jagger, Keith Richard, Brian Jones, Charlie Watts, Bill Wyman), Anne Wiazemsky (Eve Democracy), Iain Quarrier (faschistischer Buchhändler), Frankie Dymon Jr., Danny Daniels, Illario Pedro, Roy Stewart, Linbert Spencer, Tommy Ansar, Michael McKay, Rudi Patterson, Mark Matthew, Karl

Lewis, Bernard Boston, Mike Arrighi, Françoise Pascal, Joanna David, Monica Walters, Glenna Forster Jones, Elizabeth Long, Jeanette Wild, Harry Douglas, Colin Cunningham, Graham Peet, Matthew Knox, Barbara Coleridge. – P: Cupid Productions Ltd., London. – Pd: Michael Pearson, Iain Quarrier. – Gedreht im Juli und August 1968 in London. – F: 35 mm. – Farbe (Eastmancolor). – OL: 104 Min. (Die Verleihfassung, die vom Produzenten eigenmächtig um eine komplette Aufnahme des Songs ergänzt und mit einer Länge von 109 Min. und dem Titel *Sympathy for the Devil* herausgebracht wurde, hat Godard nicht autorisiert.) – DL: 105 Min. – U: 29. 11. 1968, London (Film Festival), Paris: 9. 5. 1969. – DE: 16. 9. 1970. – TV: 19. 1. 1970 (ARD), 17. 10. 1974 (HR III). – V: atlas (16 mm; die deutsche Fassung ist im Ton zensiert).

1968 UN FILM COMME LES AUTRES. – R, B, K, Sch, T: Groupe Dziga Vertov (Godard allein). – D: Drei Studenten aus Nanterre und zwei Arbeiter von Renault. – P: Anouchka Films, Paris. – Gedreht im Sommer 1968 in Nanterre. – F: 16 mm. – Farbe und sw. – OL: 100 Min. – In der BRD nicht gezeigt.

1968 ONE A. M. (One American Movie). – B: Godard, D. A. Pennebaker. – K: Richard Leacock, Pennebaker. – T: Leacock, Mary Lampson, Kate Taylor. – D: The Jefferson Airplane, Eldridge Cleaver, Tom Hayden, LeRoi Jones, Tom Luddy, Paula Madder, Rip Torn, Anne Wiazemsky, Godard. – P: Leacock-Pennebaker Inc., New York. – F: 16 mm. – Farbe (Eastmancolor). – Godard begann die Arbeit im November 1968 in New York und Berkely; im März 1969 brach er sie endgültig ab. Pennebaker verwendete dieses Material und montierte daraus einen eigenen Film, dem er den Titel *1 PM (One Parallel Movie)* gab und den er 1972 herausbrachte. – OL: 90 Min. – V: MAF, Tübingen (16 mm).

1969 BRITISH SOUNDS. – R, B: Groupe Dziga Vertov (Godard, Jean-Henri Roger). – K: Charles Steward. – Sch: Elizabeth Kozmian. – T: Fred Sharp. – P: Kestrel Productions für London Weekend Television. – Pd: Irving Teitelbaum, Kenneth Trodd. – Gedreht im Februar 1969 in London. – F: 16 mm. – Farbe (Eastmancolor). – OL: 60 Min. – DE: 12. 5. 1971, Frankfurt. – V: In der BRD nicht verliehen. – Das englische Fernsehen hat nur Ausschnitte gesendet.

1969 PRAVDA. – R, B, K, Sch, T: Groupe Dziga Vertov (Godard, Jean-Henri Roger, Paul Burron), mit Unterstützung einer tschechischen Dokumentarfilmgruppe. – P: C. E. R. T. (Centre Européen Cinéma Television), Paris, mit einem Beitrag von Grove-Press, New York. – Pd: Claude Nedar. – Gedreht im April 1969 in der ČSSR. – F:

16 mm. – Farbe (Agfacolor). – OL: 58 Min. – TV: 26. 6. 1971/
7. 8. 1974 (WDR III, in einer deutschen Fassung mit bearbeitetem
Kommentar). – V: In der BRD nicht verliehen.

1969 LE VENT D'EST/VENTO DELL'EST. Ostwind. – R:
Groupe Dziga Vertov (Godard, Jean-Pierre Gorin, Gérard Martin). –
B: Godard, Daniel Cohn-Bendit. – K: Mario Vulpiani. – Sch: Godard,
Gorin. – T: Antonio Ventura, Carlo Diotalleri. – Ko: Lina Nerli Taviani. – Ra: Isabelle Pons, Gianni Amico. – D: Gian Maria Volonté
(Soldat), Anne Wiazemsky (Hure), Christiana Tullio-Altan (Mädchen
in Rosa), Rick Boyd (Indianer), Paolo Pozzesi (Journalist), Georg
Götz (Funktionär), Glauber Rocha, Allen Midgette, José Varela, Daniel Cohn-Bendit, Marco Ferreri, Godard. – P: Poli Film, Rom/
Anouchka Films, Paris/CCC, Berlin. – Pl: Gianni Barcelloni, Ettore
Rosbach. – Gedreht vom 16. 6. bis 16. 7. 1969 in der Nähe von Rom.
– F: 16 mm. – Farbe (Eastmancolor). – OL: 95 Min. – U: 6. 5. 1970
Cannes. – V: Freunde der deutschen Kinemathek (16 mm).

1969/70 LOTTE IN ITALIA. Kämpfe in Italien. – R, B: Groupe
Dziga Vertov (Godard, Jean-Pierre Gorin). – Sprecher: Paola Pozzesi. – D: Christiana Tullio-Altan (Paola Taviana), Anne Wiazemsky
(Comtessa), Jerome Hinstin (Paolas Sohn). – P: Cosmoseion, Rom,
für das italienische Fernsehen RAI. – Gedreht im Dezember 1969. –
F: 16 mm. – Farbe (Eastmancolor). – OL: 60 Min. – U: Sept. 1970,
Bergamo. – DE: 28. 4. 1971, Frankfurt. – TV: 27. 2. 1971/3. 8. 1974
(WDR III), 26. 6. 1971 (NDR III), 19. 11. 1971/10. 5. 1973 (HR III).
– In der BRD nicht verliehen. – Die RAI hat den Film nicht angenommen.

1970 VLADIMIR ET ROSA. – Realisation: Groupe Dziga Vertov
(Godard, Jean-Pierre Gorin). – D: Anne Wiazemsky, Jean-Pierre Gorin, Juliet Berto, Ernest Menzer, Yves Afonso, Claude Nedar, Godard. – P: Grove Press, New York/Telepool, München. – F: 16 mm. –
Farbe. – OL: 103 Min. – V: NEF-Diffusion. – Das Deutsche Fernsehen, das den Film produzieren ließ, hat ihn nicht angenommen.

1971/72 TOUT VA BIEN. – R, B: Godard, Jean-Pierre Gorin. – K:
Armand Marco. – Sch: Kenout Peltier. – M: Stone Charden, Chansons: Godard, Gorin, La Lotta Continua. – T: Bernard Ortion, Antoine Bonfanti. – Ba: Jacques Dugied. – Ra: Isabelle Pons. – D: Yves
Montand (Jacques), Jane Fonda (Susan), Vittorio Caprioli (Fabrikbesitzer), Jean Pignol (CGT-Delegierter), Pierre Oudry (Frédéric), Elizabeth Chauvin (Geneviève), Eric Chartier (Lucien), Yves Gabrielli
(Léon), Bugette (Georges), Castel Casti (Jacques), Michel Marot (Repräsentant der KP), Huguette Miéville (Georgette), Marcel Gassouk

(CGT-Delegierter), Anne Wiazemsky (Linke), René Defleurier (Linker), Didier Gaudron (Germaine), Nathalie Simon (Jeanne), Luce Marneux (Armande), Louise Rioton (Lyse). – P: Anouchka Films, Paris/Vicco Films, Paris/Empire Films, Rom. – Pd: Jean-Pierre Rassam. – Pl: Alain Coiffier. – Gedreht vom Dezember 1971 bis Januar 1972 in Paris. – F: 35 mm. – Farbe (Eastmancolor). – OL: 90 Min. – U: 28. 4. 1972, Paris. – DE: 26. 6. 1974 Berlin (Forum). – V: NEF-Diffusion.

1972 LETTER TO JANE/UNE LETTRE POUR JANE, ENQUÊTE SUR UNE PHOTO. – R, B, Kommentar, P: Godard, Jean-Pierre Gorin. – F: 16 mm. – Farbe. – OL: 52 Min. – DE: 6. 11. 1974, Frankfurt. – In der BRD nicht im Verleih.

1970/74 ICI ET AILLEURS. Hier und anderswo. – R, B: Godard, Anne-Marie Miéville. – P: Sonimage Grenoble/I. N. A., Paris. – Pd: Godard, Miéville. – F: 16 mm u. Video, umkopiert. – Farbe. – OL: 60 Min. – U: Okt. 1975. – DE: 26. 6. 1977, Berlin (Forum). – TV: 17. 2. 1977 (WDR III). – Der Film war in der BRD nicht im Verleih. – Godard begann ihn 1970 mit der Groupe Dziga Vertov unter dem Titel *Jusqu'à la victoire* in Palästina als Projekt für und mit der Al Fatah. Die Montage blieb unvollendet. 1974 verwendete Godard Teile des Materials im neuen Film, der eine Analyse dieses Materials ist.

1975 NUMÉRO DEUX. – R, B: Godard, Anne-Marie Miéville. – Video-Ingenieur: Gérard Teissèdre. – K: William Lubtchansky. – M: Léo Ferré. – T: Jean-Pierre Ruoh. – Technische Mitarbeit: Milka Assaf, Gérard Martin. – Ra: Martin. – D: Sandrine Baristella, Pierre Oudry, Alexandre Rigault, Rachel Stefanopoli. – P: Sonimage, Grenoble/Bela/S. N. C., Paris. – Pd: Georges de Beauregard, Godard, Miéville. – Pl: Marcel Mosotti. – Gedreht in Grenoble. – F: Video, mit 35 mm abgefilmt. – Farbe. – OL: 88 Min. – U: 24. 9. 1975, Paris. – DE: 28. 6. 1976, Berlin (Forum). – V: prokino (35 mm).

1976 COMMENT ÇA VA (Du passif à l'actif). – R, B: Godard, Anne-Marie Miéville. – P: Sonimage, Grenoble/Concacine, Mexiko. – F: Video, auf 16 mm umkopiert. – Farbe. – OL: 75 Min. – U: 26. 4. 1978, Paris (?). – DE: 27. 10. 1978, Frankfurt (Kommunales Kino). – V: In der BRD nicht verliehen.

1976 6 FOIS 2 (Sur et sous communication). – R, B, Sch: Godard, Anne-Marie Miéville. – Video-Ingenieur: Gérard Teissèdre. – K: William Lubtchansky. – Technische Mitarbeit: Dominique Chapuis, Philippe Rony, Henri False, Joel Mellier, Louisette Neil. – P: Sonimage,

Grenoble/I. N. A., Paris. – F: Video. – Farbe. – SIX FOIS DEUX sind zwölf Videofilme, die an sechs Abenden mit jeweils zwei Filmen im französischen Fernsehen ausgestrahlt wurden (in Klammern die Längen der einzelnen Teile): 25. 7. 1976: Y A PERSONNE (58 Min.) und LOUISON (42 Min.), 1. 8. 1976: LEÇONS DE CHOSES (52 Min.) und JEAN-LUC (48 Min.), 8. 8. 1976: PHOTO ET CIE (45 Min.) und MARCEL (55 Min.), 15. 8. 1976: PAS D'HISTOIRES (57 Min.) und NANAS (43 Min.), 22. 8. 1976: NOUS 3 (52 Min.) und RENÉ(E)S (53 Min.), 29. 8. 1976: AVANT ET APRÈS (50 Min.) und JACQUELINE ET LUDOVIC (50 Min.). – DE: (teilweise) 28. und 29. 10. 1978, Frankfurt (Kommunales Kino).

Godard als Produzent

1950 QUADRILLE (R: Jacques Rivette)
1956 LA SONATE À KREUTZER (R: Eric Rohmer)
1965 LE PÈRE NOËL A LES YEUX BLEUS (R: Jean Eustache)

Godard als Drehbuchautor

1958 RAMUNTCHO/LE PÊCHEUR D'ISLANDE (R: Pierre Schoendoerffer)

Godard als Schauspieler/Darsteller/Mitwirkender

1950 QUADRILLE (R: Jacques Rivette)
1951 PRÉSENTATION OU CHARLOTTE ET SON STEACK (R: Eric Rohmer)
1955 UNE FEMME COQUETTE (R: Godard)
1956 LE COUP DU BERGER (R: Jacques Rivette)
1958 PARIS NOUS APPARTIENT (R: Jacques Rivette)
1959 LE SIGNE DU LION (R: Eric Rohmer)
     À BOUT DE SOUFFLE (R: Godard)
1960 LE PETIT SOLDAT (R: Godard)
1961 CLÉO DE 5 À 7 (R: Agnès Varda)
     LE SOLEIL DANS L'OEIL (R: Jacques Bourdon)
1962 SHÉHÉRAZADE (R: Pierre Gaspard-Huit)
     LE NOUVEAU MONDE (R: Godard)
1963 LE MÉPRIS (R: Godard)
     PAPARAZZI (R: Jacques Rozier; Dokumentarfilm über die Dreharbeiten zu LE MÉPRIS)
1966 MADE IN U. S. A. (R: Godard)
     L'ESPION (R: Raoul Lévy)

1968 VOICES (R: Richard Mordaunt; Dokumentarfilm über ONE PLUS ONE)
ONE A. M. (R: Godard, fertiggestellt unter dem Titel 1 PM von D. A. Pennebaker)
1978 DER KLEINE GODARD AN DAS KURATORIUM JUNGER DEUTSCHER FILM (R: Hellmuth Costard)

Bibliografie

Die Bibliografie enthält Angaben zu den Veröffentlichungen *von* Jean-Luc Godard und zu Texten *über* Godard. Seine eigenen Publikationen sind allerdings nur dann einzeln aufgeführt, wenn sie nicht in den Sammlungen in Französisch, Englisch, Italienisch und Deutsch enthalten sind. Nach einer Zusammenstellung der Bücher und Zeitschriften-Spezialnummern folgen Angaben zu wichtigen allgemeinen Aufsätzen, Artikeln und Interviews in internationalen Zeitungen und Zeitschriften. Veröffentlichte Filmtexte, Interviews und Kritiken zu einzelnen Filmen sind unter den Filmtiteln aufgeführt. Wegen der – zumindest gilt das für die Filme vor den »unsichtbaren« der Dziga-Vertov-Periode Godards – ungewöhnlichen Fülle von Material mußte besonders bei Interviews und Kritiken stark ausgewählt werden.

Die bibliografischen Angaben sind zunächst in drei Sprachbereiche eingeteilt: französisch, englisch, deutsch (bei den Büchern sind auch einige italienische Publikationen genannt; die sehr reichhaltige Godard-Literatur in italienischen Zeitungen und Zeitschriften läßt sich über die dort genannte Monografie von Luigi Aurelli erschließen). Innerhalb der Sprachen wurden die Texte chronologisch nach ihrem Erscheinungsdatum geordnet.

Quellen: Bibliografische Hinweise in den Godard-Monografien, besonders bei Collet, Estève, Aurelli. – The New York Times Film Reviews. New York: Arno Press 1970ff. – Karen Jones/FIAF: International Index to Film Periodicals 1972ff. New York/London 1973ff. – George Rehrauer: Cinema Booklist. Metuchen, N. J.: Scarecrow Press 1972. Supplement One: 1974. Supplement Two: 1976. – Mel Schuster: Motion Picture Directors: A Bibliography of Magazine and Periodical Articles, 1900-1972. Metuchen, N. J.: Scarecrow Press 1973. – John C. and Lana Gerlach: The Critical Index. A Bibliography of Articles on Film in English, 1946-1973. New York, London: Teachers College 1974. – Stephen E. Bowles: Index to Critical Film Reviews in British and American Film Periodicals. New York: Burt Franklin & Co 1974. – Linda Batty: Retrospective Index to Film Periodicals 1930-1971. New York, London: R. R. Bowker 1975. – Richard Dyer MacCann, Edward S. Perry: The New Film Index. A Bibliography of

Magazine Articles in English, 1930-1970. New York: Dutton 1975. – Richard Heinzkill: Film Criticism: An Index to Critics' Anthologies. Metuchen, N. J.: Scarecrow Press 1975. – Jack C. Ellis, Charles Derry, Sharon Kern: The Film Book Bibliography 1940-1975. Metuchen, N. J., London: Scarecrow Press 1979.
Hilfeleistung: die Bibliotheken der Deutschen Film- und Fernsehakademie (Berlin), des Deutschen Filmmuseums (Frankfurt am Main), des Deutschen Instituts für Filmkunde (Wiesbaden), des British Film Institute (London), des Evangelischen Filmdienstes der Schweiz (Bern); Jean Collet, Klaus Denicke, M. Bernard Guy vom Institut Français Frankfurt am Main, Hans Helmut Prinzler, Wilfried Wiegand.

Texte von Jean-Luc Godard

Sammelbände

Jean-Luc Godard par Jean-Luc Godard. Articles, essais, entretiens. Paris: Pierre Belfond 1968. 414 S. (Collection des Cahiers du Cinéma). Einleitung und Bemerkungen von Jean Narboni. / Engl.: Jean Narboni, Tom Milne (Hrsg.): Godard on Godard. London: Secker & Warburg 1972. 292 S. Einleitung von Richard Roud, Übersetzung und Kommentar von Tom Milne (im Text identisch mit der franz. Ausgabe). / Dt.: Godard/Kritiker. Ausgewählte Kritiken und Aufsätze über Film (1950-1970). München: Hanser 1974. 204 S. (Reihe Hanser 83). Auswahl und Übersetzung von Frieda Grafe (gegenüber dem franz. Original stark gekürzt). / Ital.: Jean-Luc Godard: Il cinema e il cinema. Milano: Garzanti 1971. 371 S. Herausgegeben von Adriano Aprà (gegenüber der franz. Ausgabe verändert, mit einigen Kürzungen und einigen neuen Texten). Jack Flash (Hrsg.): Jean-Luc Godard. Berkeley: Kinopraxis Nr. 0., 1968. o. S. (Sammlung von Texten und Interviews).

Einzeltexte (soweit sie im franz. Sammelband nicht zu finden sind und ohne Filmtexte und Interviews mit Godard).

The great McGinty (R: Preston Sturges) in: Gazette du Cinéma, Nr. 5, November 1950 (gezeichnet Hans Lucas). – Ditte Menneskebarn (R: Astrid und Bjarne Henning-Jensen) in: Gazette du Cinéma, Nr. 5, November 1950. – La femme à l'écharpe pailleté (Thelma Jordan, R: Robert Siodmak) in: Gazette du Cinéma, Nr. 5, November 1950 (gez. Hans Lucas). – Gaslight (R: Thorold Dickinson) in: Gazette du Cinéma, Nr. 5, November 1950. – Le trésor (Der Schatz, R: Georg Wilhelm Pabst) in: Gazette du Cinéma, Nr. 5, November 1950 (gez. Hans Lucas). – Vendémiaire (R: Abel Gance) in: Gazette du Cinéma, Nr. 5, November 1950 (gez. Hans Lucas). – Le manteau (Der Mantel, R: Grigori Kosinzew, Leonid Trauberg) in: Gazette du Cinéma, Nr. 5,

November 1950 (gez. Hans Lucas). – Zvenigora, Mitchourine (R: Alexander Dowshenko) in: Gazette du Cinéma, Nr. 5, November 1950 (gez. Hans Lucas). – The Land (R: Robert Flaherty) in: Gazette du Cinéma, Nr. 5, November 1950 (gez. Hans Lucas). – Vinti anni d'arte muto (sic!; Montagefilm) in: Gazette du Cinéma, Nr. 5, November 1950 (gez. Hans Lucas). – Chronique de 16 mm. in: Gazette du Cinéma, Nr. 5, November 1950 (gez. Hans Lucas). – Nicholas Ray. in: Image et Son, Nr. 94, Juli 1956. – Le retour de Frank James (The return of F. J., R: Fritz Lang) in: Image et Son, Nr. 95-96, Oktober-November 1956 (Ufoleis-Fiche). – Les acteurs français: de bon produits sans mode emploi. in: Arts v. 15. 5. 1957. – South Pacific (R: Joshua Logan). in: Cahiers du Cinéma, Nr. 76, November 1957 (Bildunterschrift zum »Photo des Monats«). – Le plaisir (R: Max Ophuls). in: Cahiers du Cinéma, Nr. 81, März 1958. – La chatte (R: Henri Decoin). in: Arts v. 30. 4. 1958. – Vulgaire. in: Arts v. 23. 7. 1958 (Al servizio dell'imperatore, R: Caro Canaille). – Elégant et précis. in: Arts v. 6. 8. 1958 (The tarnished angels, R: Douglas Sirk). – Honnête documentaire. in: Arts v. 31. 12. 1958 (Les seigneurs de la forêt, R: Henry Brandt u. Hans Sielmann). – Grotesque. in: Arts v. 21. 1. 1959 (Jeux dangereux, R: Pierre Chenal). – Atterant. in: Arts v. 21. 1. 1959 (Houla Houla, R: Robert Darène). – Très moyen. in: Arts v. 28. 1. 1959. (Le fauve est lâché, R: Maurice Labro). – Jean-Pierre Mocky: »Le drageur n'est ni un aigleur, ni un craqueur, ni un baratineur, c'est le personnage de mon film«. in: Arts v. 11. 2. 1959 (Interview). – À ne pas faire. in: Arts v. 25. 2. 1959 (Ramuntcho, R: Pierre Schoendoerffer, an dessen Drehbuch Godard mitgearbeitet hat). – Les enfants à l'assant de l'écran avec »Zazie«, les »400 coups« et les »Régates de San-Francisco«. in: Arts v. 4. 3. 1959. – Horrible. in: Arts v. 4. 3. 1959 (Cigarettes, whisky et p'tites pépées, R: Maurice Réganey). – Quelconque. in: Arts v. 4. 3. 1959 (Esclave de son désir; gez. Hans Lucas). – Même pas espagnole. in: Arts v. 4. 3. 1959 (The Inn of the Sixth Happiness, R: Marc Robson; gez. Hans Lucas). – René Clément: »C'est parce que Dieu existe que je vais tourner ›Zazie‹.« in: Arts v. 11. 3. 1959 (Interview). – Affreux. in: Arts v. 1. 4. 1959 (Bobosse, R: Etienne Périer). – Décevant. in: Arts v. 1. 4. 1959 (Les 4 du Moana). – Conte diabolique. in: Arts v. 13. 5. 1959 (Les tribes au soleil, R: Claude Bernard-Aubert). – Fausse monnaie. in: Arts v. 13. 5. 1959 (Les drageurs, R: Jean-Pierre Mocky). – 17 metteurs en scène donnent leur mot de passé. in: Arts v. 27. 5. 1959. – Hiroshima, notre amour. in: Cahiers du Cinéma, Nr. 97, Juli 1959 (Mitwirkung an der Diskussionsrunde über Resnais' Film). – Entretien avec Robert Bresson. in: Cahiers du Cinéma, Nr. 104, Februar 1960 (Interview, zusammen mit Doniol-Valcroze). – Feux sur le cinéma français. in: Positif, Nr. 46, Juni 1962 (Rezension der Schriften Bazins). – Vivre sa vie. in: L'Avant-Scène du Cinéma, Nr. 19, Oktober 1962 (Präsentation des Films). – 162 nouveaux cinéastes français. in: Cahiers du Cinéma, Nr. 138, Dezember 1962 (Mitarbeit an den – namentlich nicht gekennzeichneten – Porträts). – Trois points d'économie. in: Cahiers du Cinéma, Nr. 138, Dezember 1962 (Mitwirkung an Diskussionsrunde). – Le plus simple appareil. in: Jean Collet: Jean-Luc Godard. Paris: Éditions Seghers 1963. S. 93-95; unter dem Titel: Mon film, un apologue. in L'Avant-Scène du Cinéma, Nr. 46, März 1965 (Präsentation von LES CARABINIERS). – LE MÉPRIS: Le personnage de Paul Javal (Michel Piccoli). in: Jean-Collet: Jean-Luc Godard. Paris: Éditions Seghers 1963. S. 138-139 (Einleitung zum Drehbuch). – Sept hommes à debattre. in: Cahiers du Cinéma, Nr. 150-151, Dezember 1963 (Mitwirkung an Diskussionsrunde). – La nuit, l'éclipse, l'aurore – entretien avec Michelangelo Antonioni. in: Cahiers du Cinéma, Nr. 160, November 1964; engl. in: Movie, Nr. 12; dt. in: Film (Velber), Nr. 7, Juli 1965. – Über Odile, Arthur und Franz. in: Film (Velber), Nr. 2, Februar 1965 (franz. Original nicht zu ermitteln; über die Hauptfiguren von BANDE À PART). – Deux arts en un. in: Cahiers du Cinéma, Nr. 177, April 1966 (Interview mit René Allio und Antoine Bourseiller, zusammen mit Michel Delahaye). – Le testament de Balthasar. in: Cahiers du Cinéma, Nr. 177, April 1966 (Co-Autor: Maurice Merleau-Ponty). – La Question – entretien avec Robert Bresson. in: Cahiers du Cinéma, Nr. 178, Mai 1966 (zusammen mit Michel Delahaye). – Trois mille heurs de cinéma. in: Cahiers du Cinéma, Nr. 184, November 1966; engl.: Three Thousands Hours of Cinéma. in: Toby Mussman (Hrsg.): Jean-Luc Godard. New York: Dutton 1968. S. 293-299; dt. in: Film (Velber), Nr. 4, April 1967. – Questions aux cinéastes. in: Cahiers du Cinéma, Nr. 185, Dezember 1966 (Antwort auf eine Umfrage im Sonderheft »Film et roman: Problèmes du recit«). – Mots qui se croisent + rebus = cinéma, donc. in: Michel Vianey. En attendant Godard. Paris: Bernard Grasset 1966. S. I-VII. – La vie moderne. in: Le Nouvel Observateur v. 12. 10. 1966; engl.: One or Two Things. in: Sight and Sound, Vol. 36, Nr. 1, Winter 1966/67; nachgedr. in: Toby Mussman (Hrsg.): Jean-Luc Godard. New York: Dutton 1968. S. 274-283; dt. in: Die Zeit v. 10. 3. 1967. – Jean-Luc Godard commente »2 ou 3 choses que je sais d'elle«. in: Les Lettres françaises v. 16. 3. 1967; nachgedr. in: L'Avant-Scène du Cinéma, Nr. 70, Mai 1967. – I-On doit tout mettre dans un film. II-Où va notre civilisation? III-Ma démarche en quatre moments. in: L'Avant-Scène du Cinéma, Nr. 70, Mai 1967 (Teil I enthält Teile aus dem Artikel La vie moderne, Teil II ist der Nachdruck von Ausschnitten einer Fernsehsendung über 2 OU 3 CHOSES..., die zuerst veröffentlicht wurden in: Les Lettres françaises v. 3. 11. 1966; Teil I und III dt. in: Godard/Kritiker. München: Hanser 1974. S. 176-177 und S. 178-180). – LA CHINOISE. in: Jean Collet: Jean-Luc Godard. Paris: Éditions Seghers 4. Aufl. 1968. S. 104-197 (Präsentation des Films). – WEEK

END. in: Jean-Collet: Jean-Luc Godard. Paris: Éditions Seghers 4. Auflage 1968. S. 115-119. – Premiers »son anglais«. in: Cinéthique, Nr. 5, September-Oktober 1969 (gez.: für die Gruppe Dziga Vertov: Jean-Luc Godard); dt. in: Godard/Kritiker. München: Hanser 1974. S. 182f. – PRAVDA. anläßlich einer Vorführung des Films im Februar 1970 im Musée d'Art Moderne, Paris, verteilter Text; nachgedr. in: L'Avant-Scène du Cinéma, Nr. 171-172, Juli-September 1976; engl. in: Afterimage, Nr. 1, April 1970; dt. in: Godard/Kritiker. München: Hanser 1974. S. 184-186. – What is to be done. in: Afterimage. Nr. 1, April 1970; dt. in: Godards 39 Punkte. in: Fernsehen + Film (Velber), Nr. 12, Dezember 1970; auch in: Godard/Kritiker. München: Hanser 1974. S. 186-188. – Dziga Vertov Notebook. in: Take One, Nr. Vol. 2, Nr. 11, 1970 (Fotos der Notizbuchseiten von Robert Altman). – Histoire(s) de Cinéma et de la Télévision. 20 Blätter zu einem Projekt von Jean-Luc Godard und Anne-Marie Miéville. in: Filmkritik, Februar 1977. – Referat anläßlich der VIII. Informationstagung des Verbandes der Schweizerischen Film- und AV-Produzenten vom 20. November 1977 in Ostermundingen bei Bern: »Die Videotechnik im Dienste der Film-Produktion und Kommunikation«. in: Filmkritik, Juli 1978 (dt. von Hanns Zischler); eine andere Übersetzung mit dem Titel: Über Unabhängigkeit, Ideen, Film und Video. in: CINEMA (Schweiz), Nr. 4/1977.

Cahiers du Cinéma, Nr. 300, Mai 1979. 130 S. (Spezialnummer der Zeitschrift, zusammengestellt und mit Briefen, Texten u. a. von Godard).

Über Jean-Luc Godard

Bücher/Broschüren/Dokumentationen/Spezialnummern
Jean Collet: Jean-Luc Godard. Paris: Éditions Seghers 1963. 191 S. (Coll. Cinéma d'aujourd'hui 18), Filmogr., Bibliogr., Abb. (mehrere veränderte Auflagen, zuletzt 4. Auflage 1968; danach Neubearbeitung, s. u. Collet, Fargier); engl.: J. C.: Jean-Luc Godard: An Investigation into His Films and His Philosophy. New York: Crown 1970. 219 S. (Cinéma d'aujourd'hui in English). – Michel Vianey: En attendant Godard. Paris: Bernard Grasset 1966. 244 S., Bibliogr., Vorwort v. Godard. – Michel Estève (Hrsg.): Jean-Luc Godard au-delà du récit. Paris: Minard 1967. 192 S. (Coll. Études cinématographiques 57-61), Filmogr., Bibliogr. (mit Beiträgen von Barthélemy Amengual, Guido Aristarco, Pio Baldelli, Jacques Belmans, Guy Braucourt, Christian Jacotey, Mireille Latil-Le Dantec, Vincent Pinel, Marie-Claire Ropars-Wuilleumier). – Jacques Beaulieu: Alphaville: le phénomène Jean-Luc Godard. Limbourg (Québec, Kanada): Éditions Janickyvonocinéma 1968. 65 S. – Abraham Segal: Jean-Luc Godard. Filmo-

grafie complète de 1957-1969 et Legende de 120 Diapositives. Paris: Coll. Avant-Scène du Cinema. 48 S. und 120 Dias in Buchkassette. – Jean Collet, Jean-Paul Fargier: Jean-Luc Godard. Paris: Éditions Seghers 1974. 206 S. (Coll. Cinéma d'aujourd'hui 18), Filmogr., Bibliogr., Abb. – Jean-Marie Touratier, Daniel Busto: Jean-Luc Godard. Télévision/Écritures. Paris: Édition Galilée 1979. 130 S. (mit Beiträgen von J.-M.T., Patrice Enard, Frédérique de Goëje, Bruno Cany, Huguette Champroux, Claude Minière, Martine Boyer, D. B. und Jean-Luc Godard). – Spezialnummern: Image et Son, Nr. 211, Dezember 1967 (mit Beiträgen von Roger Dadoun, Raymond Lefèvre, Philipp Pilard, Abraham Segal, Gabriel Vialle, Yvettes Perles, Jean-Jacques Brochie, Drehbuchauszügen, Interview, Zitatzusammenstellung); L'Avant-Scène du Cinéma, Nr. 171-172, Juli-September 1976 (Drehbücher von LES CARABINIERS, PIERROT LE FOU, Material zu den »Films invisibles«).

Richard Roud: Jean-Luc Godard. London: Secker and Warburg 1967 (2. Aufl. Thames and Hudson 1970). 192 S. (Cinema One 1), Filmogr., Abb. – Ian Cameron (Hrsg.): The Films of Jean-Luc Godard. London: Studio Vista 1967 (2. Aufl. 1969). 144 S. (2. Aufl. 192 S.), Filmogr., Bibliogr., Abb. (mit Beiträgen von Charles Barr, Stig Björkman, Jacques Bontemps, Barry Boys, Ian Cameron, Jean-Louis Comolli, Edgardo Cozavinsky, Raymond Durgnat, Philipp French, José Luis Guarner, Jim Hillier, Paul Mayersberg, V. F. Perkins, Michael Walker, Richard Winkler, Robin Wood, Elisabeth Cameron). – Toby Mussman (Hrsg.): Jean-Luc Godard. A critical anthology. New York: Dutton 1968. 319 S., Filmogr. (mit Beiträgen von Godard, Luc Moullet, Andrew Sarris, Jean-André Fieschi, Tom Milne, Susan Sontag, Toby Mussman, Pauline Kael, Robin Wood, John Bragin, Mel Bochner, Michael Benedikt, David Ehrenstein, Raoul Coutard, James Blue, Richard Roud, Scott Burton, Michael Kustow). – Royal S. Brown (Hrsg.): Focus on Godard. Englewood Cliffs (N. J.): Prentice Hall 1972. 190 S., Filmogr., Bibliogr. (mit nachgedruckten Interviews, Kritiken, Essais und Kommentaren). – Stephen Crofts (Hrsg.): Jean-Luc Godard. London: British Film Institute Education Department 1972. 80 S. (Study Unit Nr. 15). – J. R. Green: Political Evolution in Five Films of Jean-Luc Godard. State University of New York and Buffalo 1972 (Doktorarbeit). – James Roy MacBean: Godard/Gorin: rethinking the function of art in society. in: Film and revolution. Bloomington and London: Indiana University Press 1975. S. 13-180. – Spezialnummer: Film Heritage, Vol. 3, Nr. 3, Frühjahr 1968 (bei Beiträgen von Raymond Federman, Joel E. Siegel, Molly Haskell, Andrew Sarris, Margot S. Kernan, John Simon). – Wide Angle, Vol. 1, Nr. 3, 1976 (mit Beiträgen von Julia Lesage, Marie-Claire Ropars-Wuilleumier, Edward Branigan, Marilyn Campbell, Kristin Thompson).

Christoph Wrembeck SJ (Red.): Jean-Luc Godard. Frankfurt o. J. 45 S. (als Vorbereitung für eine Tagung der Evang. Akademie Arnoldshain gedruckt; enthält Artikel aus Cahiers du Cinéma, Collet, Cameron, Filmkritik, Aufsatz von Wrembeck, Biofilmogr.). – o. V.: Jean-Luc Godard oder das Elend des bildlosen Sprechens. Nürnberg: »Aktionsgruppe Film« des Bildungszentrums der Stadt Nürnberg O. J. (etwa 1974), 50 S.
Michele Mancini: Godard. Rom: Trevi editore 1969. 137 S. (Reihe Paperbacks/cinema 2). – A. Moscariello: Il cinema di Godard. Rom: Partisan edizioni 1970. – Alberto Farassino: Jean-Luc Godard. Florenz: La Nuova Italia 1974. 151 S. (Coll. Il castoro cinema 2), Filmogr. – Adelio Ferrero: Godard tre »avanguardia« e »rivoluzione«. Palermo: Palumbo Editore 1974. 149 S. (Problemi Libri 16). – Luigi Allegri: Ideologia e linguaggio nel cinema contemporaneo: Jean-Luc Godard. Parma: Università de Parma, Centro Studi e Archivio della Communicazione 1976. 269 S. (Quaderni di Storia dell' Arte 9), Filmogr., Bibliogr.

Aufsätze/Artikel/Buchkapitel
Luc Moullet: Jean-Luc Godard. in: Cahiers du Cinéma, Nr. 106, April 1960. – Gérard Bonnot: Un naif au cinéma: Jean-Luc Godard. in: Les Temps modernes, Nr. 186, November 1961. – Robert Benayoun: Le roi est nu. in: Positif, Nr. 46, Juni 1962. – Jean-André Fieschi: La difficulté d'être Jean-Luc Godard. in: Cahiers du Cinéma, Nr. 137, November 1962; engl. in: Movie, Nr. 6, Januar 1963; dt. (gekürzt): Jean-Luc Godard oder die Schwierigkeit des Seins. in: Film (München), Nr. 2, Juni-Juli 1963. – Patrick Bureau: Anna, et les paradoxes. in: Cinéma (Paris), Nr. 78, Juli-August 1963. – Jean Clay: Le Paradoxe de Jean-Luc Godard nihiliste et créateur. in: Réalitès, Nr. 212, September 1963. – o. V.: Godard (Ereintement), Godard (Hagiographie), Godard (Hérédité). in: Positif, Nr. 59, März 1964. – Raymond Bellour: Godard or not Godard. in: Les Lettres françaises v. 14. 5. 1964. – Gilles Jacob: Jean-Luc Godard. in:G. J.: Le cinéma moderne. Lyon: Serdoc 1964. S. 127-134. – Pierre Billard: Lectures et réflexions faites. in: Cinéma (Paris), Nr. 92, Januar 1965. – Jacques Doniol-Valcroze: Jean-Luc Godard, Cinéaste masqué. in: L-Avant-Scène du Cinéma, Nr. 46, März 1965. – Jean Delmas: Godard et ses fans. in: Jeune Cinéma, Nr. 7, Mai 1965. – René Prédal: Godard et la critique. in: Jeune Cinéma, Nr. 8, Juni-Juli 1965. – Geneviève Mouillaud: Les essais de Jean Luc Godard. in: La Pensée, Nr. 122, August 1965. – Louis Aragon: Qu'est-ce que l'art, Jean-Luc Godard. in: Les Lettres françaises v. 9. 9. 1965; engl. in: Harry M. Geduld (Hrsg.): Authors on film. Bloomington: Indiana University Press 1972. S. 144-160; dt.: L. A.: Was ist Kunst, Jean-Luc Godard? in: Film (Velber), Nr. 1, Januar 1969. – Richard Denys: Jean-Luc Godard. in: Granta v.

6. 11. 1965. – Raoul Coutard: La forme du jour. in: Le Nouvel Observateur v. 22. 11. 1965; engl. in: Sight and Sound, Vol. 35, Nr. 1, Winter 1965/66; nachgedr. in: Toby Mussman (Hrsg.): Jean-Luc Godard. New York: Dutton 1968, S. 232-239; dt. (Auszüge) in: Süddeutsche Zeitung v. 12. 2. 1966. – Bernard Dort: Godard ou le romantique abusif. in: Les Temps modernes, Nr. 235, Dezember 1965. – Gérard Gozlan, Babette Liszek: Jean-Luc à la recherche de l'humain. in: Miroir du Cinéma, Nr. 12-13/1965. – Jean Collet: Jean-Luc Godard, le cinéma et la vie. in: Études, Apr. 66. – Michel Delahaye: Jean-Luc Godard et l'enfance de l'art. in: Cahiers du Cinéma, Nr. 179, Juni 1966. – Annie Goldmann: Jean-Luc Godard. in: La Nouvelle Revue française, Nr. 165, September 1966. – Christian Metz: Le cinéma moderne et la narrativité. in: Cahiers du Cinéma, Nr. 185, Dezember 1966. – Bernardo Bertolucci: Versus Godard. in: Cahiers du Cinéma, Nr. 186, Januar 1967. – Gilles Jacob: Du cinéma atonal des mormottes. in: Cinéma (Paris), Nr. 113, Februar 1967. – Michel Delahaye: Jean-Luc Godard ou l'urgence de l'art. in: Cahiers du Cinéma, Nr. 187, Februar 1967. – G. G. (Guy Gauthier): Godard de la nuit. in: Image et Son, Nr. 124, Januar 1968. – Claude Gauteur: Godard et ses critiques. in: Image et Son, Nr. 213, Februar 1968. – Jean-Jacques Pollak-Lederer: Jean-Luc Godard dans la modernité. in: Les Temps modernes, Nr. 262, März 1968. – Godard vu par des enfants de Marx (sans Coca-Cola). in: Jeune Cinéma, Nr. 31, Mai 1968 (Diskussion über Godard). – Abraham Segal: Jean-Luc Godard. Montage à partir d'un entretien avec Jean-Luc Godard. in: Image et Son, Nr. 215, Mai 1968 (Montage aus Filmdialogen). – Gérard Leblanc: Godard. Valeur d'usage ou valeur d'échange? in: Cinéthique, Nr. 5, September-Oktober 1969. – Michèle Manceaux: Godard ne plaisante pas. in: Le Nouvel Observateur v. 16. 2. 1970. – Michel Cournot: Jean-Luc ex Godard. in: Le Nouvel Observateur v. 15. 6. 1970. – Guy Gauthier: Une Réapparation de Jean-Luc Godard. in: Image et Son, Nr. 245, Dezember 1970. – Noel Simsolo: La Revolution par le film selon Jean-Luc Godard ou comment contester le cinema du consommation. in: Cinéma practique, Nr. 97/1970. – Jean-Patrick Lebel: À propos de Godard. in: J.-P. L.: Cinéma et idéologie. Paris: Éditions Sociales 1971. S. 44-49. – Annie Goldmann: Les héros godardienne et le monde. in: A. G.: Cinéma et Société moderne. Paris: Éditions anthropos 1971. S. 79-183. – Patrick Sery: Jean-Luc Godard: »Le cinéma est un moment de la revolution«. in: Le Monde v. 1. 4. 1971. – Jean-Louis Bory und Anne Villelaur: Jean-Luc Godard. Selon deux Points de vue. in: Dossiers du cinéma: Cinéastes 1. Paris: Casterman 1971. S. 97-104. – Gérard Leblanc: Sur trois films du groupe Dziga Vertov. in: VH 101, Nr. 6/1972; dt.: Über drei Filme der Gruppe Dziga Vertov. in: Groupe cinéthique: Filmische Avantgarde und politische Praxis. Reinbek: Rowohlt 1973. S. 163-194. – o. V.: »Le groupe Dziga

Vertov« (1) in: Cahiers du Cinéma, Nr. 238-239, Mai-Juni 1972. (2) in: Cahiers du Cinéma, Nr. 240, Juli-August 1972. – Guy Hennebelle: Vive le cinéma. in: Ecran, Nr. 9, November 1972. – Gérard Leblanc: Quel avantgarde? in: Cinéthique, Nr. 7-8. – Maurice Perisset: Lettre ouverte à un roi sans royaume. in: M. P.: A bas le cinéma – Vive le cinéma. Paris: PAC éditions 1974. S. 88-100. – Paul Bonitzer: J.-M. S. et J.-L. G. in: Cahiers du Cinéma, Nr. 264, Februar 1976. – Jean Collet: Le crime dans l'information. in: L'Avant-Scène du cinéma, Nr. 171-172, Juli-September 1976. – Dominique Noguez: Sur la Chinoise et autres films: la jeunesse epinglée. in: D. N.: Le cinéma antrement. Paris: Union générale d'éditions 1977. S. 142-149. – René Prédal: La troisieme »epoque« de Jean-Luc Godard. in: Jeune Cinéma, Nr. 101, März 1977. – Raymond Lefèvre, Rodolphe Pailliez: L'ecrit dans les films de Godard. in: Image et Son, Nr. 317, Mai 1977. – Claude Beylie: Pour en finir avec Jean-Luc Godard, in: Ecran, Nr. 73, Oktober 1978.

Louis Marcorelles: J.-L. Godard's Half Truths. in: Film Quarterly, Vol. 17, Nr. 3, Frühjahr 1964. – Andrew Sarris: Waiting for Godard. in: Film Culture, Nr. 33, Sommer 1964. – John Russell Taylor: Jean-Luc Godard. in: J. R. T.: Cinema Eye, Cinema Ear. New York: Hill and Wang 1964. S. 211-220. – Andrew Sarris: A movie is a movie is a movie. in: New York Film Bulletin, Nr. 46/1964; nachgedr. in: Lewis Jacobs (Hrsg.): The emergence of art. New York: Hopkins & Blake 1969. S. 313-318. – James Price: A film is a film. in: Evergreen Review 1965. – Judith Goldman: Godard: cult or culture? in: Films and Filming, Vol. 12, Nr. 9, Juni 1966. – Paul J. Sharits: Red, Blue, Godard. in: Film Quarterly, Vol. 19, Nr. 4, Sommer 1966. – Robin Wood: Society and Tradition: An Approach to Jean-Luc Godard. in: The New Left Review, Nr. 39, September-Oktober 1966; nachgedr. (erweitert) in: Toby Mussman (Hrsg.): Jean-Luc Godard. New York: Dutton 1968. S. 179-190. – Roy Armes: Jean-Luc Godard. in: R. A.: French Cinema since 1949. Vol. 2: The personal style. London: A. Zwemmer 1966 (2. Aufl. 1970). S. 69-93. – Paul Mayersberg: Jean-Luc Godard. in: Sunday Times Magazine v. 9. 4. 1967. – Richard Thompson: Jean-Luc-cinema-Godard. in: December, Vol. 9, Nr. 2-3/1967. – John Simon: Godard and the Godardians: A Study in the New Sensibility. in: J. S.: Private Screenings. New York: Macmillan 1967. S. 272-296. – David Ehrenstein, Peter Blum: Two or three things we know about Godard. in: December, Vol. 10, Nr. 1/1968. – Eugene Archer: What makes us hate, or love, Godard. in: The New York Times v. 28. 1. 1968. – Susan Sontag: Godard. in: Partisan Review, Vol. 35, Nr. 2, Frühjahr 1968; nachgedr. in: S. S.: Styles of Radical Will. New York: Farrar, Straus & Giroux 1969. S. 147-189. – Andrew Sarris: Jean-Luc versus Saint Joan. in: Film Heritage, Vol. 3, Nr. 3, Nr. 3, Frühjahr 1968. – Raymond Federman: Jean-Luc Godard and

Americanism. in: Film Heritage, Vol. 3, Nr. 3, Frühjahr 1968. – Claire Clouzot: Godard and the US. in: Sight and Sound, Vol. 37, Nr. 3, Sommer 1968. – Many Farber: Jean-Luc Godard. in: Artforum, Oktober 1968; nachgedr. in: M. F.: Nagative Space. New York: Praeger 1971. S. 259-268; als Paperback: M. F.: Movies. New York: Hillstone 1971. S. 259-268. – Karel Reisz, Gavin Miller: Jean-Luc Godard. in: K. R., G. M.: The Technique of Film Editing. London, New York: Focal Press (2. vermehrte Aufl.) 1968. S. 345-358. – Stephen Crofts: The films of Jean-Luc Godard. in: Cinema (Cambridge), Nr. 3, Juni 1969. – W. S. Ross, John Weightman: Whatever Happened to Godard? in: Encounter, Nr. 33, September 1969. – Brian Darling: Jean-Luc Godard: Politics and Humanism. London: British Film Institute o. J. (1969). 4 S. – William S. Pechter: For and against Godard. in: Commentary 1969; nachgedr. in: W. S. P.: Twenty-four Times a Second. New York, Evanston, London: Harper & Row 1971. S. 242-253. – David Ehrenstein: Anna Karina. in: Film Culture, Nr. 48-49, Winter-Frühjahr 1970. – Jan Dawson: Raising the Red Flag. in: Sight and Sound, Vol. 39, Nr. 2, Frühjahr 1970. – P. S. (Peter Sainsbury): J.-L. Godard. in: Afterimage, Nr. 1, April 1970. – Andrew Sarris: Godard and the revolution. in: The Village Village v. 30. 4. 1970. – Guy Flatly: Godard says Bye-Bye to Bardot and All That. in: The New York Times v. 17. 5. 1970. – Penelope Gilliat: Godard. in: The New Yorker v. 30. 5. 1970. – Norman Silverstein: Godard and revolution. in: Films and Filming, Volume 16, Nr. 9, Juni 1970. – Joel Schechter: Brecht and Godard in ten scenes from The decline and fall of Aristotle. in: Yale / theatre: Film. New Haven: Yale School of Drama, Volume 3, Nr. 1., Herbst 1970. – Brian Henderson: Towards a Non-Bourgeois Camera Style. in: Film Quarterly, Volume 24, Nr. 2, Winter 1970/71. – Colin L. Westerbeck, Jr. A terrible duty is born. in Sight and Sound, Volume 40, Nr. 2, Frühjahr 1971. – David Cast: Godard's Truths. in Film Heritage, Volume 6, Nummer 4, Sommer 1971. – Christophe Williams: Politics and Production. Some pointers through the work of Jean-Luc Godard. in: Screen, Vol. 12, Nr. 4, Winter 1971/72. – Jonathan Rosenbaum: Theory and Practice. The criticism of Jean-Luc Godard. in: Sight and Sound, Vol. 41, Nr. 3, Sommer 1972. – James Roy MacBean: Godard and the Dziga Vertow group: films and dialectics. in: Film Quarterly, Vol. 26, Nr. 1, Herbst 1972. – Robert Philip Kolker: Angle and Reality. Godard and Gorin in America. in: Sight and Sound, Vol. 42, Nr. 3, Sommer 1973 (mit Statements). – Christine Gledhill: Notes for a Summer School: Godard, Criticism and Education. in: Screen, Vol. 14, Nr. 3, Herbst 1973. – Brian Henderson: Godard on Godard: notes for a reading. in: Film Quarterly, Vol. 27, Nr. 4, Sommer 1974. – Peter Harcourt: Godard le fou: a glimpse of the struggle between love and politics in the work of Jean-Luc Godard. in: P. H.: Six European Directors. Harmondsworth: Pinguin Books 1974. S. 212-254. – Tom Milne: Jean-Luc Godard. in: Peter Cowie (Hrsg.): International Film-Guide 1974. London: Tantivy/New York: Barnes 1973. S. 27-36. – Robert Fulford: The Woman of Godard. in: R. F.: Marshall Delaney at the Movies. Toronto: Peter Martin 1974. S. 176-183. – James Monaco: Godard: Woman and the Outsider. Modes of Discourse. A Season in Hell: Icy Poetry. Returning to Zero (Picture and Act). Theory and Practice: The Dziga-Vertov-Period. 5 Kapitel in: J. M.: The New Wave. New York: Oxford University Press 1976. S. 98-252. – Dennis Gilles: Godard and Ideology. in: film reader, Nr. 2, Januar 1977.

Enno Patalas: Die »Neue Welle« lebt. Jean-Luc Godard – eine neue Hoffnung des französischen Films. in: Frankfurter Rundschau v. 25. 6. 1960. – Hanns Fischer: Warten auf Godard. in: Filmstudio, Nr. 35, Mai-Juni 1962. – o. V.: Godard: Frauen wie Raupen. in: Der Spiegel, Nr. 5 v. 27. 1. 1965. – Max Zihlmann: Jean-Luc Godard. Anmerkungen zu einem Porträt. in: Film (Velber), Nr. 2, Februar 1965. – Dietlind Reck: Brecht und Godard. in: Filmstudio, Nr. 46, 1. 5. 1965. – Friedrich Hitzer: Godard und seine Mythologen. in: Film (Velber), Nr. 6, Juni 1965. – Werner Kließ: Anna Karina. in: Film (Velber), Nr. 6, Juni 1965. – Herbert Linder: Godard – Instinkt und Reflexion. in: Filmkritik, März 1966. – Jean Amery: Der Filmregisseur Jean-Luc Godard. in: Basler Nachrichten v. 1. 4. 1966. – Hans Wolfgang Hank: Die Schwierigkeit, Godard zu sein. in: Filmstudio, Nr. 50, 1. 7. 1966. – Martin Schlappner: Spiel, Abenteuer, Schicksal. in: M. S.: Filme und ihre Regisseure. Bern und Stuttgart: Hans Huber o. J. (ca. 1966). S. 119-151. – Peter W. Jansen: Godard und die Theorie. in: Filmkritik, Februar 1967. – Klaus Kreimeier: »Ich beobachte, also bin ich«/Fragmente über Jean-Luc Godard I. in: Kirche und Film, September 1967. – Klaus Kreimeier: »Erfinden, Schöpfen, Konstruieren, Beschreiben, Erklären«. Fragmente über Jean-Luc Godard (2). in: Kirche und Film, März 1968. – Jean Amery: Jean-Luc Godard oder Das Mißverständnis der künstlerischen Freiheit. in: Merkur, Nr. 239, März 1968. – Peter W. Jansen: Weekend in Straßburg. in: Filmkritik, Mai 1968. – Frieda Grafe: Godards Schriften. in: Süddeutsche Zeitung v. 4. 12. 1968. – Martin Schaub: Warum immer wieder dieser Godard. in: Tages-Anzeiger-Magazin v. 30. 5. 1970. – Wolf Lepenies: »Il Mercenario«. Ästhetik und Gewalt. in: Ästhetik und Gewalt. Gütersloh: Bertelsmann Kunstverlag 1970. S. 40-68. – Heiko R. Blum: Politik 24 × in der Sekunde. in: Frankfurter Rundschau v. 20. 3. 1971. – Georg Alexander: Zwei oder drei Schritte vorwärts. Jean-Luc Godard: verschollen im revolutionären Filmemachen. in: Die Zeit v. 26. 3. 1971. – Alexandre Alexandre: Der Fall Jean-Luc Godard. in: Kirche und Film, November 1971. – Jürgen Harder: Godard sagt, er sei ein marxistisch-leninistischer Filmschaffender. in: Horst Knietzsch (Hrsg.): Prisma. Kino- und Fernsehalmanach 2. Berlin (DDR): Henschelverlag 1971. S. 240-250. – Wilfried Reichard: Das Kino der Zukunft. Frankreich wichtigster Regisseur experimentiert jetzt mit Video. in: Die Zeit v. 28. 1. 1977. – François Grundbacher: Filme auf der Gürtellinie. in: Weltwoche v. 12. 10. 1977. – Wolfram Schütte: »Aber sind diese Worte und Bilder notwendigerweise die richtigen?« Aus Notizen zu einem Porträt Jean-Luc Godards. in: Frankfurter Rundschau v. 7. 10. 1978.

Interviews/Gespräche
Michèle Manceaux: Les débuts de Jean-Luc Godard. in: L'Express v. 28. 12. 1959. – Jean Collet, Michel Delahaye, Jean-André Fieschi, André S. Labarthe, Bertrand Tavernier: Entretien avec Jean-Luc Godard. in: Cahiers du Cinéma, Nr. 138, Dezember 1962 (Sondernummer »Nouvelle Vague«); nachgedr. in: Jean-Luc Godard par Jean-Luc Godard. Paris: Belfond 1968. S. 284-323; engl. in: Toby Mussman (Hrsg.): Jean-Luc Godard. New York: Dutton 1968. S. 101-122. – Jean-Collet: Entretien avec Jean-Luc Godard. in: J. C.: Jean-Luc Godard. Paris: Éditions Seghers 1963. S. 79-95; nachgedr. in: Toby Mussman (Hrsg.): Jean-Luc Godard. New York: Dutton 1968. S. 137-151. – Jacques Benisman: Les cravates rouges. in: Objectif, August-September 1965. – Sylvain Regard: La vie moderne. in: Le Nouvel Observateur v. 12. 10. 1966; engl. in: Sight and Sound, Vol. 36, Nr. 1, Winter 1966/67; dt. (als Artikel von Godard) in: Alles mit neuen Augen sehen. Der französische Regisseur spricht über seine Filme, seine Methode und seine Gesellschaft. in: Die Zeit v. 10. 3. 1967. – Michel Cournot: Quelques évidentes incertitudes. in: Revue d'esthetique, Vol. 20, Nr. 2-3/1967. – Guy Hennebelle: Interview de Jean-Luc Godard à Alger. in: Cinéma International (Schweiz), Nr. 16/1967. – Jean Collet: Deuxième entretien avec Godard. in: J. C.: Jean-Luc Godard. Paris: Éditions Seghers 4. Auflage 1968. S. 96-104. – Jacques Bontemps, Jean-Louis Comolli, Michel Delahaye, Jean Narboni: Lutter sur deux fronts. in: Cahiers du Cinéma, Nr. 194, Oktober 1967; engl. (gekürzt) in: Film Quarterly, Vol. 22, Nr. 2, Winter 1968/69. – Abraham Segal: Montage à partir d' un entretien avec Jean-Luc Godard. in: Image et Son, Nr. 215, März 1968. – J.-P. C., Gérard Leblanc: Un cinéaste comme les autres. in: Cinéthique, Nr. 1, Januar 1969. – Marcel Martin: Le groupe »Dziga Vertov«. in: Cinema (Paris), Nr. 131, Dezember 1970. – Martin Even: Recontre avec Godard sur un plot de socialisme. in: Le Monde v. 8. 5. 1975. – Godard dit tout. in: Télérama v. 5. 7. 1978, 12. 7. 1978, 19. 7. 1978, 26. 7. 1978, 1. 8. 1978, 9. 8. 1978 (6 Folgen); dt.: Godard sagt vieles. in: Filmfaust, Nr. 11, Dezember 1978.

Jean-Luc Godard: But »Wave« Adds Brightness. in: Films and Filming, Vol. 7, Nr. 12, September 1961. – Warren Sonbert: Jean-Luc Godard. An Interview. in: New York Film Bulletin Nr. 46/1964;

nachgedr. in: Andrew Sarris: Interview with Film Directors. New York: Bobbs-Merrill 1967. S. 165-184. – James Blue: Excerpts from an Interview with Richard Grenier and Jean-Luc Godard. in: Toby Mussman (Hrsg.): Jean-Luc Godard. New York: Dutton 1968. S. 245-253. – John Whitley in: Sunday Times v. 23. 6. 1968. – Jonathan Cott in: The Rolling Stone v. 14. 6. 1969. – Michael Goodwin, Tom Luddy, Naomi Wise: The Dziga Vertov Group in America. in: Take One, Vol. 2, Nr. 10. – Michael Goodwin, Greil Marcus in: M. G., G. M.: Movies and Politics. New York: Outerbridge and Lazard 1972. 127 S.

Siegfried Broesecke: Warum soll ein Werk aller Welt gefallen? in: Die Welt v. 19. 8. 1961. – Dan A. Cukier, Paul Krellstein: Gespräch. in: Filmstudio, Nr. 44, 1. 9. 1964. – Gideon Bachman: »Der Mensch ist Gott, weil Gott keine Ideale hat«. in: Film (Velber), Nr. 11, November 1967. – »Die Kunst der Massen ist eine Idee der Kapitalisten«. Gespräch mit der Frankfurter Filmer Coop. in: Film (Velber), Nr. 4, April 1969; nachgedr. (stark gekürzt) in: Filmkritik, Juni 1976. – Georg Alexander/Wilfried Reichart: Was denkt sich eigentlich dieser Jean-Luc Godard. in: Süddeutsche Zeitung v. 3./4. 4. 1971 (Ausschnitte aus einem WDR-Interview). – Wilfried Reichart: Interview mit Godard. in: Filmkritik, Februar 1977.

Zitatsammlungen
Le dossier du mois: Jean-Luc Godard. in: Cinéma (Paris), Nr. 94, März 1965. – Jean-Luc Godard: paroles ... télévision – cinéma, video – image. in: Téléciné, Nr. 202, September-Oktober 1975. / Robert Philip Kolker: Angle and Reality. Godard and Gorin in Amerika. in: Sight and Sound. Vol. 42, Nr. 3, Sommer 1973. / Jean-Luc Godard: Warum ich hier spreche. in: Filmkritik, September 1975 (Mitschnitte von einer Pressekonferenz im Mai 1975 in Cannes).

Zu einzelnen Filmen

TOUS LES GARÇONS S'APPELLENT PATRICK. Alle Jungen heißen Patrick
Kritiken: François Truffaut in: Cahiers du Cinéma, Nr. 83, Mai 1958; nachgedr. in: F. T.: Les films de ma vie. Paris: Flammarion 1975, S. 332f.; dt.: F. T.: Die Filme meines Lebens. München: Hanser 1976, S. 245. / o. V. in: Monthly Film Bulletin, Nr. 377, Juni 1965. / Rex (Harry Rexin) in: Evang. Film-Beobachter Nr. 10 v. 7. 3. 1964.

CHARLOTTE ET SON JULES
Filmtext: in: L'Avant-Scène du Cinéma, Nr. 5, 15. 6. 1961.
Kritik: o. V. in: Monthly Film Bulletin, Nr. 377, Juni 1965.

UNE HISTOIRE D'EAU
Filmtext: in L'Avant-Scène du Cinéma, Nr. 7, 15. 9. 1961.

A BOUT DE SOUFFLE. Außer Atem
Filmtext: Szenario von François Truffaut und Protokoll in: L'Avant-Scène du Cinéma, Nr. 49, März 1968. – Fotoprotokoll: Gérard Vangeois u. a. (Hrsg.): A bout de souffle. Paris: Balland 1974. 237 S. (Bibliothèque des Classiques du Cinéma 5).
Material: Roman nach dem Film: C. Francolin: À bout de souffle. Paris: Éditions Seghers 1960. / Programmheft Nr. 83 des Verleihs Neue Filmkunst Walter Kirchner (Red.: Frieda Grafe, Enno Patalas), Juni 1969.
Interviews: Michèle Manceaux in: L'Express v. 23. 12. 1959. – Yvonne Baby in: Le Monde v. 18. 1. 1960. – o. V.: Mon film est un documentaire sur Jean Seberg et Jean-Paul Belmondo. in: Le Monde v. 17. 3. 1960. / Ginette Billard: Interview with Georges de Beauregard. in: Film Quarterly, Vol. 20, Nr. 3, Frühjahr 1967.
Kritiken: René Guyonnet in: L'Express v. 17. 3. 1960. – Jean de Baroncelli in: Le Monde v. 18. 3. 1960. – Louis Chauvet in: Le Figaro v. 18. 3. 1960. – Claude Mauriac in: Le Figaro littéraire v. 19. 3. 1960. – Pierre Marcabru in: Arts v. 19. 3. 1960. – René Courtade in: Arts v. 24. 3. 1960. – Georges Charonsol in: Les Nouvelles Littéraires v. 24. 3. 1960. – Claude Choublier in: France-Observateur v. 24. 3. 1960. – François Nourissier in: Les Lettres françaises v. 24. 3. 1960. – Georges Sadoul in: Les Lettres françaises v. 31. 3. 1960. – Jacques Chevallier in: Image et Son, Nr. 130, April 1960. – L. S. (Louis Seguin) in: Positif, Nr. 33, April 1960. – Marcel Martin in: Cinéma, Nr. 46, Mai 1960. – Raymond Lefèvre in: Image et Son, Nr. 211, Dezember 1967. – Jean Collet in: L'Avant-Scène du Cinéma, Nr. 79, März 1968. / Louis Marcorelles in: Sight and Sound, Vol. 29, Nr. 2, Frühjahr 1960. – Peter Lennon in: Films in Review, Vol. 11, Nr. 6, Juni/Juli 1960. – Bosley Crowther in: The New York Times v. 8. 2. 1961. – Stanley Kauffmann in: The New Republic v. 13. 2. 1961; nachgedr. in: S. K.: A World on Film. New York: Harper and Row 1966. S. 238-241. – H. H. (Henry Hart) in: Films in Review, Vol. 12, Nr. 3, März 1961. – Arlene Croce in: Film Quarterly, Vol. 14, Nr. 3, Frühjahr 1961. – P. J. D. (Peter John Dyer) in: Monthly Film Bulletin, Nr. 330, Juli 1961. – Dwight MacDonald in: Esquire v. Juli 1961; nachgedr. in: D. M.: Dwight MacDonald On Movies. Englewood Cliffs: Prentice-Hall 1969. S. 372-375. – Gordon Gow in: Films and Filming, Vol. 7, Nr. 11, August 1961. – William S. Pechter in: Contact (genaues Datum nicht feststellbar); nachgedr. in: W. S. P.: Twenty-four Times a Second. New York: Harper and Row 1971. S. 17-36. – David Moller in: Vision, Vol. 1, Nr. 1, Frühjahr 1962. – Raymond Durgnat in: Films and Filming, Vol. 8, Nr. 6, März 1962 (zusammen

mit *Tirez sur le pianiste* und *L'Avventura*). – Pauline Kael in: P. K.: I lost It at the Movies. London: Jonathan Cape 1965. S. 127-132. / Manuel Gasser in: Die Weltwoche v. 1. 4. 1960. – E. P. (Enno Patalas) in: Filmkritik, Mai 1960. – François Erval in: Die Zeit v. 13. 5. 1960. – o. V. in: Der Spiegel v. 29. 5. 1960. – Heinz Ungureit in: Frankfurter Neue Presse v. 4. 6. 1960. – E. P. (Enno Patalas) in: Filmkritik, Juni 1960. – Friedrich Luft in: Die Welt v. 28. 6. 1960. – S. L. in: FAZ v. 1. 7. 1960. – el (Erich Lisser) in: Frankfurter Rundschau v. 7. 7. 1960. – EK (Eberhard Kramer) in: Evang. Film-Beobachter Nr. 28 v. 9. 7. 1960. – H-nn (Hilde Hermann) in: Film-Dienst Nr. 30 v. 20. 7. 1960. – Franz Ulrich in: ZOOM/Filmberater Nr. 23/ 1975.

Analysen/Aufsätze: Jean Domarchi in: Cahiers du Cinéma, Nr. 105, März 1960 (über A BOUT DE SOUFFLE, Kasts Le bel age und Doniol-Valcrozes L'Eau à la bouche). – Gilbert Salachas in: Téléciné, Nr. 89, Mai/Juni 1960 (Fiche Nr. 365). – Raymond Borde in: Cinéma français d'aujourd'hui. Lyon: Serdoc 1962 (Premier plan Nr. 10). – Jean-Paul Warren, Raymond Lefèvre in: Image et Son, Nr. 176/177, September/Oktober 1964. – Tristan Renaud in: Jean-Louis Bory, Claude Michel Cluny (Hrsg.): Dossiers du Cinéma. Films II. Tournai: Casterman 1972. S. 1-3. / Gabriel Pearson, Eric Rhode: Cinema of appearance. in: Sight and Sound, Vol. 30, Nr. 4, Herbst 1961. – Marc Schleifer in: Film Culture Nr. 26, Winter 1962 (über *La dolce vita, L'Avventura* und A BOUT DE SOUFFLE). – Marsha Kinder, Beverle Houston in: M. K., B. H.: Close-up. A critical perspective on film. New York, Chicago, San Francisco, Atlanta: Harcourt Brace Jovanovich 1972. S. 208-212.

LE PETIT SOLDAT. Der kleine Soldat. Der Soldat
Filmtext: Dialoge in: Cahiers du Cinéma, Nr. 119, Mai 1961 und Nr. 120, Juni 1961. – Drehbuch engl.: Le petit Soldat. London: Lorrimer 1967. 95 S. (Lorrimer scripts No. 3). Mit einer Einleitung von Nicolas Garnham.
Filmerzählung: Claude Saint Benoit: Le petit soldat. Paris: Julliard 1963.
Material: Synopsis des Films und Kurzinterviews mit Godard und Michel Subor in: Cinéma (Paris), Nr. 52, Januar 1961.
Godard über den Film: Meine Art des Engagements. in: Filmkritik, Oktober 1967 (Auszüge aus dem Interview in: Cahiers du Cinéma, Nr. 138, August 1963).
Interviews: Jean Collet in: Radio-Cinéma Nr. 549/1960. – Yvonne Baby in: Le Monde v. 13. 9. 1960. – Michèle Manceaux in: L'Express v. 10. 6. 1960.
Kritiken: Michael Capdenac in: Les Lettres françaises v. 18. 1. 1962. – Armand Monjo in: L'Humanité v. 30. 1. 1963. – Pierre Marcabru in:

Arts v. 30. 1. 1963. – Françoise Giroud in: L'Express v. 31. 1. 1963. – Robert Benayoun in: France-Observateur v. 31. 1. 1963. – Michel Capdenac in: Les Lettres françaises v. 31. 1. 1963. – François Weyergans in: Cahiers du Cinéma, Nr. 116, Februar 1961. – Jean Collet in: Signes du Temps v. Februar 1963. – Raymond Lefèvre in: Image et Son, Nr. 160, März 1963. – Jean d'Yvoire in: Téléciné, Nr. 110, April/Mai 1963. – G. L. (Gérard Legrand) in: Positif, Nr. 53, Juni 1963. – Georges Sadoul in: Les Lettres françaises v. 3. 11. 1963. – Jean Collet in: Télérama, Nr. 682/1963. – Jean-Louis Tellenay in: Télérama, Nr. 682/1963. / Barry Boys in: Movie, Nr. 11, Juli/August 1963. – Raymond Durgnat in: Films and Filming, Vol. 9, Nr. 11, August 1963. – T. M. (Tom Milne) in: Monthly Film Bulletin, Nr. 355, August 1963. – Peter John Dyer in: Sight and Sound, Vol. 32, Nr. 4, Herbst 1963. – Howard Thompson in: The New York Times v. 21. 8. 1967. / Frantz Vossen in: Süddeutsche Zeitung v. 31. 1. 1963. – Frieda Grafe in: Filmkritik, September 1960. – Georg Alexander in: Film (Velber), Nr. 9, September 1966. – Ernst Wendt in: Film (Velber), Nr. 9, September 1966. – Helmut Färber in: Süddeutsche Zeitung v. 14. 11. 1966. – Helmuth de Haas in: Die Welt v. 10. 12. 1966. – Christoph Wrembeck in: Jugend Film Fernsehen, Nr. 1/1967. – K. K. (Karl Korn) in: FAZ v. 4. 6. 1968. – P. F. G. (Peter F. Gallasch) in: Film-Dienst Nr. 23 v. 4. 6. 1968.
Aufsätze: Jean-Louis Comolli in: Cahiers du Cinéma, Nr. 141, März 1963. – Noel Simsolo in: Image et Son, Nr. 244/1970.

UNE FEMME EST UNE FEMME. Eine Frau ist eine Frau
Filmtext: Szenario von Godard, nach einer Idee von Geneviève Cluny in: Cahiers du Cinéma, Nr. 98, August 1959; nachgedr. in: Jean-Luc Godard par Jean-Luc Godard. Paris: Belfond 1968. S. 260-268; engl. in: Toby Mussman (Hrsg.): Jean-Luc Godard. New York: Dutton 1968. S. 50-59. – Textbuch in: Godard: Three Films. London: Lorrimer 1975. 192 S. (Lorrimer Modern Film Scripts Nr. 45).
Interviews: Michèle Manceaux in: L'Express v. 12. 1. 1961 und v. 27. 7. 1961.
Kritiken: Pierre Marcabru in: Combat v. 9. 9. 1961. – Samuel Lachize in: L'Humanité v. 9. 9. 1971. – Jean-Louis Bory in: Arts v. 13. 9. 1961. – Morvan Lebesque in: L'Express v. 14. 9. 1961. – Louis Marcorelles in: France-Observateur v. 14. 9. 1961. – Michel Capdenac in: Les Lettres françaises v. 14. 9. 1961. – Claude Mauriac in: Le Figaro litteraire v. 16. 9. 1961. – Marcel Martin in: Cinéma (Paris), Nr. 60, Oktober 1961. – Jean Collet in: Signes du Temps v. Oktober 1961. – Jacques Siclier in: Télérama v. 24. 10. 1961. – André S. Labarthe in: Cahiers du Cinéma, Nr. 125, November 1961. – Robert Benayoun in: Positif, Nr. 43, Januar 1962. / Mark Shivas in: Movie, Nr. 7, Januar 1963. – Henry Heifetz in: Film Quarterly, Vol. 18, Nr. 2,

Winter 1964/65. – Eugene Archer in: The New York Times v. 19. 9. 1964 (zusammen mit BANDE À PART). – Andrew Sarris in: The Village Voice v. 8. 10. 1964. – Andrew Sarris in: The Village Voice v. 12. 11. 1964; nachgedr. in: A. S.: Confessions of a Cultist. New York: Simon and Schuster 1970. S. 167-170; nachgedr. auch in: Toby Mussmann (Hrsg.): Jean-Luc Godard. New York: Dutton 1968. S. 60-63. – Stanley Kauffmann in: The New Republic v. 5. 12. 1964; nachgedr. in: S. K.: A World on Film. New York: Harper and Row 1966. S. 242f. – Paul Sharits in: Film Quarterly, Vol. 19, Nr. 4, Sommer 1966. – T. M. (Tom Milne) in: Monthly Film Bulletin, Nr. 400, Mai 1967. – Peter Whitehead in: Films and Filming, Vol. 13, Nr. 8, Mai 1967. / Hans-Dieter Roos in: Süddeutsche Zeitung v. 3. 7. 1961. – Martin Ruppert in: FAZ v. 4. 7. 1961. – E. K. (Eberhard Kramer) in: Evang. Film-Beobachter Nr. 34 v. 26. 8. 1961. – grg (Ulrich Gregor) in: Filmkritik, September 1961. – Heinz Ungureit in: Frankfurter Rundschau v. 16. 9. 1961. – Günter Seuren in: Deutsche Zeitung v. 19. 9. 1961. – o. V. in: Film-Dienst Nr. 39 v. 20. 9. 1961.
Aufsatz: Barthélemy Amengual: Destruction de la comédie musicale: UNE FEMME EST UNE FEMME. in: Michel Estève (Hrsg.): Jean-Luc Godard au-delà du rècit. Paris: Minard 1967. S. 116-128 (Études cinématographiques Nr. 57-61).
Schallplatte: Phillips Medium 432.595 BE (mit dem Vorspann, dem Chanson und der Musik Legrands). – Der Kommentar Godards zu einer Langspielplatte in: Jean-Luc Godard par Jean-Luc Godard. Paris: Belfond 1968. S. 275-284.

LA PARESSE. Die Trägheit.
Kritiken: Gilles Martain in: Arts v. 14. 3. 1962. – Michel Delahaye in: Cahiers du Cinéma, Nr. 132, Juni 1962. / Louise Corbin in: Films in Review, Vol. 13. Nr. 10, Dezember 1962. – o. V. in: The New York Times v. 17. 1. 1963. – Jean-André Fieschi in: Movie, Nr. 10, Juni 1963. / USE (Ulrich Seelmann-Eggebert) in: Film-Dienst Nr. 31 v. 1. 8. 1962. – tho (Thomas Engel) in: Evang. Film-Beobachter Nr. 4 v. 26. 1. 1963. – kub (Dietrich Kuhlbrodt) in: Filmkritik, November 1963. – Ulrich von Thüna in: Film (München), Nr. 5, Dezember 1963/Januar 1964.

VIVRE SA VIE. Die Geschichte der Nana S.
Filmtext: Protokoll in: L'Avant-Scène du Cinéma, Nr. 19 v. 15. 10. 1962; deutsch: Die Geschichte der Nana S. Hamburg: Marion von Schröder 1964. 84 S. (Cinemathek 9). Mit Teilen des Interviews aus: Cahiers du Cinéma, Nr. 138, Dezember 1962. Nachwort von Frieda Grafe nachgedr. in: F. G., Enno Patalas: Im Off. München: Hanser 1974. S. 9-12. – Engl. Szenario in: Film Culture, Nr. 26, Winter 1962;

nachgedr. in: Toby Mussmann (Hrsg.): Jean-Luc Godard. New York: Dutton 1968. S. 77-80.
Material: Nana und der Philosoph. Gegenüberstellung von Originaltext und Synchrontext in: Filmkritik, November 1962.
Interviews: Nicole Zand in: Le Monde v. 21. 9. 1962. – Jean Collet in: Télérama v. 30. 9. 1962. / Louis Brigante in: Film Culture, Nr. 26, Winter 1962 (Bericht über Venedig 1962 mit Zitaten aus Godards Pressekonferenz). – Tom Milne in: Sight and Sound, Vol. 32, Nr. 1, Winter 1962/63; nachgedr. in: Toby Mussmann (Hrsg.): Jean-Luc Godard. New York: Dutton 1968. S. 81-86.
Kritiken: Louis Chauvet in: Le Figaro v. 29. 8. 1962. – Yvonne Baby in: Le Monde v. 30. 8. 1962. – Jean de Baroncelli in: Le Monde v. 11. 9. 1962. – Georges Sadoul in: Les Lettres françaises v. 13. 9. 1962 und 27. 9. 1962. – Jean-Louis Bory in: Arts v. 19. 9. 1962; nachgedr. in: J.-L. B.: Des yeux pour voir. Paris: Union générale d'éditions 1971. S. 90-95. – Françoise Giroud in: L'Express v. 20. 9. 1962. – Claude Mauriac in: Le Figaro litteraire v. 22. 9. 1962. – Henry Chapier in: Combat v. 24. 9. 1962. – Bernard Dort in: France-Observateur v. 27. 9. 1962. – Jean Douchet in: Cahiers du Cinéma, Nr. 136, Oktober 1962 (Bericht über Venedig). – Jean Collet in: Signes du Temps v. Oktober 1962. – Jacques Doniol-Valcroze in: Liberation v. 6./7. 10. 1962. – François Truffaut in: L'Avant-Scène du Cinéma, Nr. 19 v. 15. 10. 1962; nachgedr. in: F. T.: Les Films de ma vie. Paris: Flammarion 1975. S. 337-338; dt.: F. T.: Die Filme meines Lebens. München: Hanser 1976. S. 249-250. – Marcel Martin in: Cinéma (Paris), Nr. 70, November 1962. – Raymond Lefèvre, Guy Gautier in: Image et Son, Nr. 156, November 1962. – Michel Mesnil in: Esprit, Nr. 12, Dezember 1962. – Arlette El Kaim in: Les Temps Modernes, Nr. 199, Dezember 1962. – Jean-Pierre Melville in: Cinéma (Paris), Nr. 75, März 1963. – Robert Poitras in: Objectif, Februar-März 1964. / Peter Baker in: Films and Filming, Vol. 9, Nr. 4, Januar 1963. – J. R. T. (John Russell Taylor) in: Monthly Film Bulletin, Nr. 349, Februar 1963. – Bosley Crowther in: The New York Times v. 24. 9. 1963. – Jonas Mekas in: The Village Voice v. 26. 9. 1963; nachgedr. in J. M.: Movie Journal. The Rise of a New American Cinema 1959-1971. New York: Macmillan 1972. S. 97-98. – Andrew Sarris in: The Village Voice v. 26. 9. 1963; nachgedr. in: A. S.: Confessions of a Cultist. New York: Simon and Schuster 1970. S. 96-97. – Stanley Kauffmann in: The New Republic v. 12. 10. 1963; nachgedr. in: S. K.: A World on Film. New York: Harper and Row 1966. S. 241-242. / Ulrich Gregor in: Die Welt v. 8. 9. 1972 (Bericht über Venedig). – pat (Enno Patalas) in: Filmkritik, Oktober 1962. – A. H. (Anselm Hertz) in: Film-Dienst Nr. 41 v. 10. 10. 1962. – Enno Patalas in: Die Zeit v. 12. 10. 1962. – gra (Frieda Grafe) in: Filmkritik, November 1962. – Volker Baer in: Der Tagesspiegel v. 13. 12. 1962. – Günter Seuren in:

Deutsche Zeitung v. 15. 2. 1963. – Heinz Ungureit in: Frankfurter Rundschau v. 15. 2. 1963. – Brigitte Jeremias in: FAZ v. 18. 2. 1963. – EFB. in: Evang. Film-Beobachter Nr. 35 v. 31. 8. 1963.
Aufsätze/Analysen: Claude Miller in: Téléciné, Nr. 108, Dezember 1962/Januar 1963 (Fiche Nr. 413). – Marie-Claude Mercier in: Image et Son, Nr. 279 bis, Oktober 1975 (Ufoleis-Fiche). / Colin Young in: Film Quarterly, Vol. 17, Nr. 1, Herbst 1963 (zusammen mit *Pickpokket* von Bresson). – Susan Sontag in: Moviegoer, Nr. 2, Sommer/ Herbst 1964; nachgedr. in: S. S.: Against Interpretation. New York: Farrar, Straus & Giroux 1966. S. 196-207; dt. in: S. S.: Kunst und Antikunst. Reinbek: Rowohlt 1968. S. 222-231. – Siew Hwa Beh in: Woman and Film, Nr. 1, 1972; nachgedr. in: Bill Nichols: Movies and Methods. Berkely, Los Angeles, London: University of California Press 1976. S. 180-185. – Tom Couley: Portrayals of Painting. Translation of VIVRE SA VIE. in: filmreader, Nr. 3, Februar 1978. Seite 169-179. – Wolfram Schütte: Distanz des Nichtdistanzierten. Godard und VIVRE SA VIE. in: Filmstudio, Nr. 39 v. 1. 5. 1963; nachgedr. in: Dieter Prokop (Hrsg.): Materialien zur Theorie des Films. München: Hanser 1971. S. 482-484; als TB: Fischer-Athenäum o. J., S. 470-472.

LE NOUVEAU MONDE. IL NUOVO MONDO
Kritiken: P. L. Th. (Paul Louis Thirard) in: Positif, Nr. 72, Dezember 1965/Januar 1966. / John Bragin in: Film Society Review, Vol. 4, Nr. 6, Februar 1969.

LES CARABINIERS. Die Karabinieri
Filmtext: Szenario von Robert Rossellini, Jean Gruault und Godard und Drehbuch in: L'Avant-Scène du Cinéma, Nr. 171-172, Juli-September 1976. – Drehbuch dt.: Les carabiniers. Frankfurt a. M.: Verlag Filmkritik o. J. 100 S. (Cinemathek 18). Protokoll von Herbert Linder, Mitarbeit: Helmut Färber.
Material: Synopse des Films in: L'Avant-Scène du Cinéma, Nr. 46, Mai 1965.
Godard über den Film: Le plus simple appareil. in: Jean Collet: Jean-Luc Godard. Paris: Éditions Seghers 1963, S. 93-95; nachgedruckt unter dem Titel: Mon film, mon apologue. in: L'Avant-Scène du Cinéma, Nr. 46, März 1965. – Feu sur les Carabiniers. in: Cahiers du Cinéma, Nr. 146, August 1963; nachgedr. in: Jean-Luc Godard par Jean-Luc Godard. Paris: Belfond 1968, S. 324-330; englisch in: Toby Mussman (Hrsg.): Jean-Luc Godard. New York: Dutton 1968. S. 123-130 deutsch (gekürzt) in: Filmkritik, Oktober 1967 (Jean-Luc Godard setzt sich in der Form eines fingierten Interviews mit seinen Kritikern auseinander). – Ten Questions to Nine Directors. in: Sight

and Sound, Vol. 33, Heft 2, Frühjahr 1964 (Godards Antwort auf eine Umfrage).
Kritiken: Jean de Baroncelli in: Le Monde v. 4. 6. 1963. – Henry Chapier in: Combat v. 4. 6. 1963. – Louis Chauvet in: Le Figaro v. 5. 6. 1963. – Robert Benayoun in: France-Observateur v. 6. 6. 1963. – Georges Sadoul in: Les Lettres françaises v. 6. 6. 1963. – Pierre Marcabru in: Arts v. 12. 6. 1963; dt. in: Filmkritik, November 1964. – Armand Monjo in: L'Humanité v. 12. 6. 1963. – Michel Cournot in: L'Express v. 13. 6. 1963. – Claude Mauriac in: Le Figaro litteraire v. 15. 6. 1963. – Jean Collet in: Télérama v. 16. 6. 1963. – Jacques Siclier in: Télérama v. 16. 6. 1963. – Claude-Jean Philippe in: Télérama v. 23. 6. 1963 (über Godard und Fellini). – Paul Vecchiali in: Cahiers du Cinéma Nr. 145, Juli 1963. – Jean Collet in: Signes du Temps v. Juli 1963. – René Gilson in: Cinéma (Paris), Nr. 78, Juli/August 1963. – J. N. (Jean Narboni) in: Cahiers du Cinéma, Nr. 161-162, Januar 1965. / A. S. (Alan Sussex) in: Monthly Film Bulletin, Nr. 371, Dezember 1964. – Patrick McFadden in: Film Society Review, März 1968. – Renata Adler in: The New York Times v. 26. 4. 1968. – Allen Eyles in: Films and Filming, Vol. 11, Nr. 3, Dezember 1968. – Penelope Gilliat in: The New Yorker v. 11. 5. 1968. / Hans-Georg Soldat in: Der Tagesspiegel v. 14. 2. 1967. – Wolfram Schütte in: Frankfurter Rundschau v. 6. 5. 1967. – Klaus Eder in: Film (Velber), Nr. 6, Juni 1967. – Herbert Linder in: Süddeutsche Zeitung v. 13. 11. 1967. – Rüdiger Dilloo in: Die Welt v. 18. 11. 1967. – tho (Thomas Engel) in: Evang. Film-Beobachter Nr. 47 v. 25. 11. 1967. – Ernst Wendt in: Film (Velber), Nr. 1, Januar 1968 (zusammen mit *How I Won the War* und *Loin du Viet-nam*). – Hans Stempel in: Filmkritik, Januar 1968. – Peter Schmid in: Jugend Film Fernsehen, Nr. 1/1968. – Egon Netenjakob in: Film-Dienst Nr. 52 v. 24. 12. 1968.
Analysen/Aufsätze: Noel Simsolo in: Image et Son, Nr. 244/1970 (Ufoleis-Fiche). – Barthélemy Amengual: Destruction du film de guerre: LES CARABINIERS. in: Michèl Estève (Hrsg.): Jean-Luc Godard au-delà du récit. Paris: Minard 1967. S. 129-145. (Etu des cinématographiques Nr. 57-61). / Max Kozloff, William Johnson, Richard Corliss: Shooting at Wars: Three Views. in: Film Quarterly, Vol. 21, Nr. 2, Winter 1967/68 (zusammen mit *Battles of Algier, How I Won the War* und *Loin du Viet-nam*). / Enno Patalas in: Filmkritik, Mai 1965; nachgedr. in: Frieda Grafe, E. P.: Im Off. München: Hanser 1974. S. 93-98. – Herbert Linder in: Filmkritik, Sept. 1967.

LE GRAND ESCROC
Filmtext: in: L'Avant-Scène du Cinéma, Nr. 46, März 1965.
Kritiken: Jacques Bontemps in: Cahiers du Cinéma, Nr. 159, Oktober 1964. / Frieda Grafe in: Filmkritik, September 1965.

LE MÉPRIS. Die Verachtung
Filmtext: in: Filmcritica (Rom), Nr. 139-140, November/Dezember 1963 (in franz.).
Literarische Vorlage: Alberto Moravia: Il disprezzo. Mailand: Bompiani 1954; dt. als TB: Die Verachtung. Rowohlt Nr. 1111 (vergriffen).
Godard über den Film: Cahiers du Cinéma, Nr. 146, August 1963; nachgedr. in: Jean-Luc Godard par Jean-Luc Godard. Paris: Belfond 1968. S. 330-332. – Godard stellt den Film vor in: Cinéma (Paris) Nr. 77, Juni 1963. – Einführung zum Filmtext in: Jean Collet: Jean-Luc Godard. Paris: Éditions Seghers 1963. S. 138-139.
Material: Film des Monats in: Film (München), Nr. 10, Oktober/November 1964 (kurze Texte, viele Fotos). – Heft des Verleihs prokino zum Neueinsatz in der BRD (Red.: Fernand Jung).
Interviews: Michel Viarney in: L'Express v. 30. 5. 1963. – Yvonne Baby in: Le Monde v. 20. 12. 1963. / Herbert Feinstein in: Film Quarterly, Vol. 17, Nr. 3, Frühjahr 1964.
Kritiken: Jean de Baroncelli in: Le Monde v. 23. 12. 1963. – Henry Chapier in: Combat v. 24. 12. 1963. – Robert Benayoun in: France Observateur v. 24. 12. 1963. – Jean-Louis Bory in: Arts v. 25. 12. 1963; nachgedr. in: J.-L. B.: Des yeux pour voir. Paris: Union générale d'éditions 1971. S. 96-101. – Michèle Manceaux in: L'Express v. 26. 12. 1963. – Georges Sadoul in: Les Lettres françaises v. 26. 12. 1963. – Samuel Lachize in: L'Humanité v. 26. 12. 1963. – Pierre Daix in: Les Lettres françaises v. 14. 1. 1964. – R. Marteau in: Esprit, Nr. 2, Februar 1964. – René Gilson u. a. in: Cinéma (Paris), Nr. 83, Februar 1964 (Kritik von Gilson und anschl. Diskussion). – Jean d'Yvoire in: Téléciné, Nr. 115, Februar-April 1964. – Anne Olivier in: France-Observateur v. 5. 3. 1964. – Marie-Claire Wuilleumier in: Esprit, Nr. 4, April 1964. / Bosley Crowther in: The New York Times v. 19. 12. 1964. – o. V. in: Films in Review, Vol. 16, Nr. 1, Januar 1965. – Stanley Kauffmann in: The New Republic v. 2. 1. 1965; nachgedr. in: S. K.: A World on Film. New York: Harper and Row 1966, S. 243-244. – Andrew Sarris in: The Village Voice v. 28. 1. 1965 und v. 4. 2. 1965. – Paul Sharits in: Film Quarterly, Vol. 19, Nr. 4, Sommer 1966. – Tom Milne in: Sight and Sound, Vol. 39, Nr. 3, Sommer 1970. – John Walker in: Films and Filming, Vol. 16, Nr. 10, Juli 1970. – Philip Strick in: Monthly Film Bulletin, Nr. 438, Juli 1970. / thü (Ulrich von Thüna) in: Film (München), Nr. 6, Februar/März 1964. – Martin Schlappner in: Filmstudio, Nr. 44 v. 1. 9. 1964. – François Bondy in: Die Welt v. 11. 1. 1964. – Uwe Nettelbeck in: Die Zeit v. 29. 1. 1965. – Peter M. Ladiges in: Film (Velber), Nr. 2, Februar 1965. – Karl Korn in: FAZ v. 1. 2. 1965. – Wolfgang Vogel in: Frankfurter Rundschau v. 1. 2. 1965. – Urs Jenny in: Süddeutsche Zeitung v. 2. 2. 1965. – Ho (Heribert Hopf) in:

Evang. Film-Beobachter Nr. 7 v. 13. 2. 1965. – wo (Steffen Wolf) in: Evang. Film-Beobachter Nr. 7 v. 13. 2. 1965. – Ev (Franz Everschor) in: Film-Dienst Nr. 7 v. 17. 2. 1965. – ms (Martin Schlappner) in: Neue Zürcher Zeitung v. 28. 2. 1965. – Helmut Färber in: Filmkritik, März 1965. – Hans C. Blumenberg in: Die Zeit v. 31. 3. 1978. – Wolfram Schütte in: Frankfurter Rundschau v. 12. 5. 1978. – Brigitte Jeremias in: FAZ v. 13. 5. 1978. – Frieda Grafe in: Süddeutsche Zeitung v. 22. 6. 1978. – Norbert Jochum in: medium, Nr. 6, Juni 1978. – Robert Fischer in: Evang. Film-Beobachter Nr. 13 v. 1. 7. 1978.
Aufsätze/Analysen: Jean Narboni in: Cahiers du Cinéma, Nr. 152, Februar 1964. – Gérard Legrand in: Positif, Nr. 59, März 1964. – Claude Ollier in: Cahiers du Cinéma, Nr. 153, März 1964. – Jacques Chevalier in: Image et Son, Nr. 172, April 1964. – o. V.: IDHEC-fiche filmographique Nr. 203 (undatiert). / Stephen Taylor: All the Nouvelle Vague. in: Film Quarterly, Vol. 18, Nr. 3, Frühjahr 1965 (LE MÉPRIS und Truffauts *La peau douce*). – Toby Mussman: Notes on *Contempt.* in: T. M. (Hrsg.): Jean-Luc Godard. New York: Dutton 1968. S. 151-169. – Joel Siegel in: Film Heritage, Vol. 3, Nr. 3, Frühjahr 1968. – Marsha Kinder, Beverle Houston in: M. K., B. H.: Close-up. A critical perspective on film. New York, Chicago, San Francisco, Atlanta: Harcourt Brace Jovanovich 1972. S. 262-267. – Walter Korte in: Literature/Film Quarterly (Salisbury), Vol. 2, Nr. 3, Sommer 1974. / Adriano Aprà: Le Mépris e Il Disprezzo. in: Filmcritica (Rom), Nr. 151-152, November/Dezember 1964 (Vergleich zwischen der französischen und der italienischen Fassung des Films).

BANDE À PART. Die Außenseiterbande
Filmtext: in: L'Avant-Scène du Cinéma, Nr. 46, März 1965. / Protokoll (von Hans-Dieter Roos, Eckhart Schmidt, Übertragung der Dialoge von Max Zihlmann, Klaus Lemke) in: Film (Velber), Nr. 2, Februar 1965.
Literarische Vorlage: Dolores Hitchens: Fool's Gold. London: Boardman 1958.
Godard über den Film: Über Odile, Arthur und Franz, in: Film (Velber), Nr. 2, Februar 1965 (franz. Original nicht zu ermitteln).
Interviews: Raymond Bellour in: Les Lettres françaises v. 13. 5. 1964; deutsch in: Süddeutsche Zeitung v. 18. 7. 1964. – Jean Collet in: Télérama Nr. 761.
Kritiken: Henry Chapier in: Combat v. 6. 8. 1964. – Robert Benayoun in: France Observateur v. 13. 8. 1964. – Alain Vanier in: Les Lettres françaises v. 20. 8. 1964. – Pierre Kast in: Cahiers du Cinéma, Nr. 159, Oktober 1964. – Jacques Bontemps in: Cahiers du Cinéma, Nr. 159, Oktober 1964. – Guy Gautier in: Image et Son, Nr. 178, November 1964. / Eugen Archer in: The New York Times v. 19. 9. 1964 (zusammen mit UNE FEMME EST UNE FEMME). – Andrew

Sarris in: The Village Voice v. 8. 10. 1964. – Norm Fruchter in: Film Quarterly, Vol. 18, Nr. 2, Winter 1964. – Michael Kustow in: Sight and Sound, Vol. 34, Nr. 1, Winter 1964/1965. – T. M. (Tom Milne) in: Monthly Film Bulletin, Nr. 371, Dezember 1964. – Allen Eyles in: Films and Filming, Vol. 11, Nr. 4, Januar 1965. – A. H. Weller in: The New York Times v. 16. 3. 1966. – Pauline Kael in: The New Republic v. 10. 9. 1966; nachgedr. in: P. K.: Kiss Kiss Bang Bang. Boston: Little, Brown 1968, S. 112-115; nachgedr. in: Toby Mussman (Hrsg.): Jean-Luc Godard. New York: Dutton 1968. S. 170-178. / U. G. (Ulrich Gregor) in: Filmkritik, August 1964. – Frieda Grafe in: Filmkritik, Februar 1965; nachgedr. in: F. G., Enno Patalas: Im Off. München: Hanser 1974. S. 12-15. – Eckhart Schmidt in: Film (Velber), Nr. 2, Februar 1965. – Hans-Dieter Roos in: Süddeutsche Zeitung v. 16. 2. 1965. – Heinz Ungureit in: Frankfurter Rundschau v. 28. 2. 1965. – Uwe Nettelbeck in: Die Zeit v. 19. 2. 1965. – Lbv (Eberhard Laubvogel) in: Evang. Film-Beobachter Nr. 15 v. 10. 4. 1965. – L. Sch. (Leo Schönecker) in: Film-Dienst Nr. 24 v. 16. 6. 1965.

UNE FEMME MARIÉE. Eine verheiratete Frau
Filmtext: in: L'Avant-Scène du Cinéma, Nr. 46, März 1965. / The married woman: a Jean-Luc Godard film. New York: Berkely Publ. Corp. 1965. o. S. (der Text basiert auf den englischen Untertiteln von Ursula Molinaro; mit einem Essay von Tom Milne). – Jean-Luc Godard: Three Films. London: Lorrimer 1975. 192 S. (Lorrimer Modern Film Scripts Nr. 45). / Protokoll (von Frieda Grafe u. Herbert Linder): Eine verheiratete Frau. Hamburg: Marion von Schröder 1966. 91 S. (Cinemathek Nr. 15).
Material: Macha Méril, Jean-Luc Godard: Journal d'une femme mariée. Paris: Denoël 1965. 100 S. (Fotoband).
Godard über den Film: La femme mariée. in: Cahiers du Cinéma, Nr. 159, Oktober 1964; nachgedr. in: Jean-Luc Godard par Jean-Luc Godard. Paris: Belfond 1968. S. 341-342.
Interviews: Gérard Guegan, Michel Petris in: Les Lettres françaises v. 19. 11. 1964. – Yvonne Baby in: Le Monde v. 5. 12. 1964. – Aimé Patri, Macha Méril: Gespräch eines Philosophen mit einer Schauspielerin. in: Film (Velber), Nr. 6, Juni 1965 (nachgedr. aus Preuves, Datum nicht ermittelbar).
Kritiken: Claude Fleutier in: Le Monde v. 15. 8. 1964. – J.-L. C. (Jean-Louis Comolli) in: Cahiers du Cinéma, Nr. 159, Oktober 1964. – Michel Cournot in: France Observateur v. 8. 10. 1964. – Ph. (Philippe) Pilard in: Image et Son, Nr. 197, Dezember 1964. – Louis Chauvet in: Le Figaro v. 5. 12. 1964. – Henri Chapier in: Combat v. 7. 12. 1964. – Françoise Giraud in: L'Express v. 7. 12. 1964. – Jean de Baroncelli in: Le Monde v. 8. 12. 1964. – Jean-Louis Bory in: Arts v.

9. 12. 1964; nachgedr. in: J.-L. B.: Des yeux pour voir. Union générale d'éditions 1971. S. 101-107. – Claude Mauriac in: Le Figaro litteraire v. 10. 12. 1964. – Georges Sadoul in: Les Lettres françaises v. 10. 12. 1964. – Samuel Lachize in: L'Humanité v. 12. 12. 1964. – Marcel Martin in: Cinéma (Paris), Nr. 92, Januar 1965. – Claire Clouzot in: Cinéma (Paris), Nr. 92, Januar 1965. – Michel Ciment in: Positif, Nr. 66, Januar 1965 (Venedig-Bericht). – L. S. (Louis Seguin) in: Positif, Nr. 67-68, Februar-März 1965. – Marie-Claire Wuilleumier in: Esprit, Nr. 2, Februar 1965. – Michel Thévoz, Gérard Guégan in: Cahiers du Cinéma, Nr. 163, Februar 1965. / P. J. D. (Peter John Dyer) in: Monthly Film Bulletin, Nr. 376, Mai 1965. – Allen Eyles in: Films and Filming, Vol. 11, Nr. 9, Juni 1965. – Bosley Crowther in: The New York Times v. 17. 8. 1965. – Andrew Sarris in: The Village Voice v. 30. 9. 1965. – Frederic Wellington in: Film Comment, Vol. 3, Nr. 3, Sommer 1965. – Philipp French in: Movie Nr. 13, Sommer 1965. – Stanley Kauffmann in: The New Republic v. 11. 9. 1965; nachgedr. in: S. K.: A World on Film. New York: Harper and Row 1966. S. 244-246. – John Thomas in: Film Society Review, Oktober 1966. / Karl Korn in: FAZ v. 11. 9. 1964 (Bericht aus Venedig). – Uwe Nettelbeck in: Die Zeit v. 18. 9. 1964 (Bericht aus Venedig). – F. G. (Frieda Grafe) in: Filmkritik, Oktober 1964. – Dieter E. Zimmer in: Die Zeit v. 29. 10. 1965. – L. Sch. (Leo Schönecker) in: Film-Dienst Nr. 39 v. 29. 9. 1965. – Lbv (Eberhard Laubvogel) in: Evang. Film-Beobachter Nr. 40 v. 2. 10. 1965. – Gerd Fuchs in: Die Welt v. 2. 11. 1965. – Heinz Ungureit in: Frankfurter Rundschau v. 7. 2. 1966. – Eckhart Schmidt in: Süddeutsche Zeitung v. 12. 5. 1966.
Analysen/Aufsätze: Philippe Maillat in: Téléciné, Nr. 123, Juni 1965 (Fiche Nr. 446). / Tom Milne: Jean-Luc Godard ou La raison ardente. in: Sight and Sound, Vol. 34, Nr. 3, Sommer 1965; nachgedr. in: The married woman. s. o. Filmtexte. – Kirk Bond in: Film Society Review, März 1966. – John Bragin in: Film Quarterly, Vol. 19, Nr. 4, Sommer 1966; nachgedr. in: Toby Mussman (Hrsg.): Jean-Luc Godard. New York: Dutton 1968, S. 191-205. – Marsha Kinder, Beverle Houston in: M. K., B. H.: Close-up. A critical perspective on film. New York, Chicago, San Francisco, Atlanta: Harcourt Brace Jovanovich 1972. S. 212-217. – Herbert Linder in: Filmkritik, Oktober 1965. – Ernst Wendt in: Film (Velber), Nr. 11, November 1965.

MONTPARNASSE-LEVALLOIS
Godard über den Film: in: Cahiers du Cinéma, Nr. 171, Oktober 1965; nachgedr. in: Jean-Luc Godard par Jean-Luc Godard. Paris: Belfond 1968. S. 347f.
Kritiken: Jean-André Fieschi in: Cahiers du Cinéma, Nr. 168, Juli 1965. – André Techiné in: Cahiers du Cinéma, Nr. 172, November 1965. – François Chevassu in: Image et Son, Nr. 189, Dezember 1965.

– Bernard Cohen in: Positif, Nr. 73, Februar 1966. / Ian Cameron in: Movie, Nr. 14, Herbst 1965. – Michael Kustow in: Sight and Sound, Vol. 35, Nr. 2, Frühjahr 1966. – T. M. (Tom Milne) in: Monthly Film Bulletin, Nr. 387, April 1966. – Peter Whitehead in: Films and Filming, Vol. 12, Nr. 8, Mai 1966. – A. H. Weiler in: The New York Times v. 3. 3. 1969. / Georg Ramsegger in: Die Welt v. 5. 6. 1965. – F. G. (Frieda Grafe) in: Filmkritik, August 1965.

ALPHAVILLE (UNE ÉTRANGE AVENTURE DE LEMMY CAUTION). Lemmy Caution gegen Alpha 60
Filmtext: engl.: Alphaville. London: Lorrimer 1966. 102 S. Mit einer Einleitung von Richard Roud. / ital. in: Filmcritica (Rom), Nr. 159-160, August-September 1965.
Interviews: Michel Capdenac in: Les Lettres françaises v. 20. 4. 1965. – Yvonne Baby in: Le Monde v. 5. 5. 1965.
Kritiken: P. Ajame in: Le Nouvel Observateur v. 6. 5. 1965. – Samuel Lachize in: L'Humanité v. 9. 5. 1965. – Jean-Louis Bory in: Arts v. 12. 5. 1965; nachgedr. in: J.-L. B.: Des yeux pour voir. Paris: Union générale d'éditions 1971. S. 107-112. – Georges Sadoul in: Les Lettres françaises v. 13. 5. 1965. – Arlette El Kaim in: Les Temps Modernes, Nr. 229, Juni 1965. – Gilles Jacobs in: Cinéma (Paris), Nr. 95, Juni 1965; nachgedr. in: Sight and Sound, Vol. 34, Nr. 4, Herbst 1965. – Jean Collet in: Télérama, Nr. 851. – J.-L. Comolli in: Cahiers du Cinéma, Nr. 168, Juli 65 (Anhang v. J.-A. Fieschi). – Pierre Samson in: Les Temps Modernes, Nr. 230, Juli 1965. – Marie-Claire Wuilleumier in: Esprit, Nr. 9, September 1965. – Robert Benayoun in: Positif, Nr. 71, September 1965. / Bosley Crowther in: The New York Times v. 8. 9. 1965. – Jonas Mekas in: The Village Voice v. 16. 9. 1965; nachgedr. in: J. M.: Movie Journal. The Rise of a New American Cinema 1959-1971. New York: Macmillan 1972. S. 204-205. – Bosley Crowther in: The New York Times v. 26. 10. 1965. – Richard Roud in: Sight and Sound, Vol. 34, Nr. 4, Herbst 1965; nachgedr. in: Alphaville. s. o. Filmtexte. – T. M. (Tom Milne) in: Monthly Film Bulletin, Nr. 388, Mai 1966. – Gordon Gow in: Films and Filming, Vol. 12, Nr. 8, Mai 1966. – John Thomas in: Film Quarterly, Vol. 20, Nr. 1, Herbst 1966. / Günter Seuren in: Film (Velber), Nr. 3, März 1965. – o. V. in: Der Spiegel v. 19. 5. 1965. – Peter H. Schröder in: Filmkritik, Juni 1965. – Klaus Eder in: Stuttgarter Zeitung v. 11. 6. 1965. – Peter W. Jansen in: FAZ v. 6. 7. 1965. – Heinz Ungureit in: Frankfurter Rundschau v. 8. 7. 1965. – Hans-Dieter Roos in: Süddeutsche Zeitung v. 9. 7. 1965. – Heinz Ungureit in: Frankfurter Rundschau v. 24. 7. 1965. – Th (Friedrich Thürigen) in: Evang. Film-Beobachter Nr. 30 v. 24. 7. 1965. – Hans-Dieter Roos in: Süddeutsche Zeitung v. 26. 7. 1965. – B. J. (Brigitte Jeremias) in: FAZ v. 27. 7. 1965. – e. w. (Ernst Wendt) in: Film (Velber), Nr. 8, August

1965. – Ev. (Franz Everschor) in: Film-Dienst Nr. 31 v. 4. 8. 1965. – V. B. (Volker Baer) in: Tagesspiegel v. 20. 8. 1965. – Uwe Nettelbeck in: Filmkritik, September 1965. – Hans Stempel in: Filmkritik, Oktober 1965. – Herbert Linder in: Filmkritik, Oktober 1965. – Hans-Ulrich Daniel in: Tages-Anzeiger v. 24. 11. 1965.
Analysen/Aufsätze: Abraham Segal in: Image et Son, Nr. 233, 1969. / Kirk Bond in: Film Society Review, März 1966. – Roger Mainds in: Screen education yearbook 1968. London: Society for Education in Film and Television 1967. S. 128-136. – Michael Benedict: Alphaville and Its Subject. in: Toby Mussman (Hrsg.): Jean-Luc Godard. New York: Dutton 1968. S. 213-220. – Mel Bochner: Alphaville Or the Death of Dick Tracy. in: Toby Mussman (Hrsg.): Jean-Luc Godard. New York: Dutton 1968. S. 206-212. – Robert MacLean: Opening the private Eye. Wittgenstein and Godard's Alphaville. in: Sight and Sound, Vol. 47, Nr. 1, Winter 1977/78.

PIERROT LE FOU. Elf Uhr nachts
Filmtext: in: L'Avant-Scène du Cinéma, Nr. 171-172, Juli-September 1976. / Pierrot le fou. London: Lorrimer 1969. 104 S. (Lorrimer modern film scripts). Mit Auszügen aus dem Cahiers-du-Cinéma-Interview (s. u.).
Literarische Vorlage: Lionel White: Obsession. London: Boardman 1963.
Material: Kinoheft 1 des Kuchenreuther-Filmverleihs.
Godard über den Film: Pierrot mon ami. in: Cahiers du Cinéma, Nr. 171, Oktober 1965; nachgedr. in: Jean-Luc Godard par Jean-Luc Godard. Paris: Belfond 1968. S. 348-353; engl. in: Toby Mussman (Hrsg.): Jean-Luc Godard. New York: Dutton 1968. S. 240-244; dt. in: Godard/Kritiker. München: Hanser 1971. S. 166-170.
Interviews: Michel Vianey in: Le Nouvel Observateur v. 21. 7. 1965. – Yvonne Baby in: Le Monde v. 31. 8. 1965. – G. G. (Gérard Guégan) in: Cahiers du Cinéma, Nr. 169, August 1965. – Jean-Louis Comolli, Michel Delahaye, Jean-André Fieschi, Gérard Guégan: Parlons de »Pierrot«. in: Cahiers du Cinéma, Nr. 171, Oktober 1965; nachgedr. in: Jean-Luc Godard par Jean-Luc Godard. Paris: Belfond 1968. S. 353-384; engl. in: Pierrot le fou. s. o. Filmtexte.
Kritiken: Louis Marcorelles in: Les Lettres françaises v. 2. 9. 1965. – Michel Cournot in: Le Nouvel Observateur v. 1. 10. 1965. – Jean-André Fieschi, André Téchiné in: Cahiers du Cinéma, Nr. 171, Oktober 1965. – Samuel Lachize in: L'Humanité v. 3. 11. 1965. – Michel Cournot in: Le Nouvel Observateur v. 3. 11. 1965. – Jean-Louis Bory in: Arts v. 4. 11. 1965; nachgedr. in: J.-L. B: Des yeux pour voir. Paris: Union générale d'éditions 1971. S. 112-117. – Françoise Giraud in: L'Express v. 8. 11. 1965. – Jean de Baroncelli in: Le Monde v. 9. 11. 1965. – Claude Mauriac in: Le Figaro litteraire v. 11. 11.

1965. – Georges Sadoul in: Les Lettres françaises v. 11. 11. 1965. – Gilles Jacob in: Cinéma (Paris), Nr. 101, Dezember 1975. – Michel Caen in: Cahiers du Cinéma, Nr. 174, Januar 1966. – Jean Collet in: Signes du Temps, Jan. 66. – M.-C.Wuilleumier in: Esprit, Feb. 66.– Robert Benayoun in: Positif, Nr. 73, Feb. 66. – Raymond Lefèvre in: Image et Son, Nr. 192, März 66. / Tom Milne in: Sight and Sound, Vol. 35, Nr. 1, Winter 1965/66. – Michael Klein in: Film Quarterly, Vol. 19, Nr. 3, Frühjahr 1966. – Peter Whitehead in: Films and Filming, Vol. 12, Nr. 9, Juni 1966. – P. H. (Penelope Houston) in: Monthly Film Bulletin, Nr. 389, Juni 1966. – Bosley Crowther in: The New York Times v. 22. 9. 1966. – Renata Adler in: The New York Times v. 9. 1. 1969. – Andrew Sarris in: The Village Voice v. 23. 1. 1969; nachgedr. in: A. S.: Confessions of a Cultist. New York: Simon and Schuster 1970. S. 423-427. / Hans-Dieter Roos in: Süddeutsche Zeitung v. 31. 8. 1965. – Karl Korn in: FAZ v. 31. 8. 1965. – F. G. (Frieda Grafe) in: Filmkritik, Oktober 1965. – J-t (Werner Jungeblodt) in: Film-Dienst Nr. 51 v. 22. 12. 1965. – Uwe Nettelbeck in: Die Zeit v. 7. 1. 1966. – Enno Patalas in: Filmkritik, Februar 1966. – Urs Jenny in: Süddeutsche Zeitung v. 29. 4. 1966. – Ho (Heribert Hopf) in: Evang. Film-Beobachter Nr. 19 v. 7. 5. 1966. – Hans Rudolf Haller in: Tages-Anzeiger v. 25. 5. 1966. – Helmut Schmerber in: Filmstudio, Nr. 52 v. 1. 1. 1967. – Hanns Fischer in: Frankfurter Rundschau v. 28. 3. 1967. – Karl Korn in: FAZ v. 28. 3. 1967. – Martin Schaub in: Tages-Anzeiger v. 8. 8. 1969. – Gerhard Theuring in: Filmkritik, September 1975. – Wolfram Schütte in: Frankfurter Rundschau v. 31. 11. 1975.

Aufsätze/Analysen: Jacques Berard in: Téléciné, Nr. 126, Dezember 1965 (Fiche Nr. 453). – René Richetin: Notes sur la couleur au cinéma. in: Cahiers du Cinéma, Nr. 182, September 1966 (über *Viva Maria* und PIERROT LE FOU). – François Salvas in: Objectif, November-Dezember 1966. – Barthélemy Amengual: Destruction du »Musée imaginaire«: PIERROT LE FOU. in: Michel Estève (Hrsg.): Jean-Luc Godard au-delà du récit. Paris: Minard 1967. S. 146-173 (Études cinématographiques Nr. 57-61). – Guy Braucourt: PIERROT LE FOU ou les héros de Jean-Luc Godard. in: Michel Estève. S. 101-112. – Noel Simsolo in: Image et Son, Nr. 244, 1970. / David Ehrenstein: Other Inquisitions: Jean-Luc Godard's Pierrot le fou. in: Toby Mussman (Hrsg.): Jean-Luc Godard. New York: Dutton 1968. S. 221-231. – A. D. Malmfelt in: Film Society Review, Februar 1969. – Jerome H. Delamater in: Film Heritage, Vol. 10, Nr. 3, Frühjahr 1975. / Wolf Gremm, Hartmut Rack, Henning Kuhlmann: Unser Film des Jahres: Godards PIERROT LE FOU. Versuch einer Analyse. in: Film 1966. Velber: Erhard Friedrich 1967. S. 10-21. – Ulrich Gregor in: Filmkritik, Juni 1966.

MASCULIN-FÉMININ. Masculin-Feminin oder: die Kinder von Marx und Coca-Cola
Filmtext: in: Filmcritica (Rom), Nr. 187, März 1968, und Nr. 189, Mai-Juni 1968 (in franz.). / Pierre Billard, Robert Hughes (Hrsg.): Masculin-Féminin. New York: Grove Press 1969. 288 S. (enthält auch die beiden Erzählungen von Maupassant). / Dialoge, Kommentar und Zwischentitel in: Film (Velber), Nr. 10, Oktober 1966.
Literarische Vorlage: La femme de Paul und *Le signe* von Guy de Maupassant.
Material: Programmheft Nr. 64 des Verleihs Neue Filmkunst Walter Kirchner (Red.: Herbert Linder), Juni 1967.
Kritiken: Michel Cournot in: Le Nouvel Observateur v. 20. 4. 1966. – Jean-Louis Bory in: Arts v. 27. 4. 1966. – Samuel Lachize in: L'Humanité v. 27. 4. 1966. – Claude Mauriac in: Le Figaro litteraire v. 28. 4. 1966. – Paul Otchakovsky-Laurens in: Jeune Cinema, Nr. 15, Mai 1966. – Georges Sadoul in: Les Lettres françaises v. 5. 5. 1966. – Philippe Haudiquet in: Image et Son, Nr. 195, Juni 1966. – Jean Collet in: Signes du Temps, Juni 1966. – François Albera in: Travelling J, Nr. 16, April 1967. / Bosley Crowther in: The New York Times v. 19. 9. 1966. – Minou Petrowski in: Take One, Vol. 1, Nr. 1, September-Oktober 1966. – Andrew Sarris in: The Village Voice v. 6. 10. 1966; nachgedr. in: Film Culture, Nr. 42, Herbst 1966. – Tom Milne in: Sight and Sound, Vol. 36, Nr. 1, Winter 1966/67. – Alan Casty in: Film Quarterly, Vol. 20, Nr. 4, Sommer 1967. – J. I. (Jack Ibberson) in: Monthly Film Bulletin, Nr. 403, August 1967. – Harriet Polt in: Film Society Review, Februar 1968. – Pauline Kael in: P. K.: Going Steady. Boston: Little, Brown 1970. S. 127-130; auch in: Julius Bellone: Renaissance of the Film. London: Collier-Macmillan 1970. S. 166-172. / Klaus Hellwig in: Frankfurter Rundschau v. 28. 6. 1966. – Peter W. Jansen in: FAZ v. 29. 6. 1966. – Karena Niehoff in: Süddeutsche Zeitung v. 30. 6. 1966. – Uwe Nettelbeck in: Die Zeit v. 8. 7. 1966. – Ilona Perl in: Film (Velber), Nr. 7, Juli 1966. – U. N. (Uwe Nettelbeck) in: Filmkritik, August 1966. – e. ho. (Heribert Hopf) in: Evang. Film-Beobachter Nr. 35 v. 27. 8. 1966. – U. J. (Urs Jenny) in: Süddeutsche Zeitung v. 27. 9. 1966. – Alja Naliwaiko in: Filmstudio, Nr. 51 v. 1. 10. 1966 (Berlinale-Bericht). – Peter W. Jansen in: Filmkritik, November 1966. – Urs Jenny in: Süddeutsche Zeitung v. 13. 6. 1967. – Günter Vogg in: Jugend Film Fernsehen, Nr. 4/1967. – Egon Netenjakob in: Film-Dienst Nr. 52 v. 24. 12. 1968. – Herbert Linder in: Tages-Anzeiger v. 7. 3. 1969. – Alexander J. Seiler in: Die Weltwoche v. 14. 3. 1965.
Aufsätze/Analysen: Jean Farecasten in: Téléciné, Nr. 129, Juni-Juli 1966 (Fiche Nr. 459). – IDHEC-fiche-filmographique Nr. 225 (undatiert). / Richard Roud: Two [pre±re] views. in: Sight and Sound, Vol. 35, Nr. 3, Sommer 1966 (über MASCULIN-FÉMININ und Bressons

Au hasard Balthazar); nachgedr. in: Toby Mussman (Hrsg.): Jean-Luc Godard. New York: Dutton 1968, S. 254-260. – Scott Burton: The Film We Secretly Wanted To Live: A Study of MASCULIN-FÉMININ. in: Toby Mussman (Hrsg.). S. 261-273. – Louis D. Giannetti: Godard's MASCULIN-FÉMININ: The Cinematic Essay. in: L. D. G.: Godard and others. Cranbury: Association University Press/London: Tantivy 1975. S. 19-59.

MADE IN U. S. A. Made in USA

Filmtext: London: Lorrimer 1967. 87 S. (Lorrimer Scripts Nr. 2). Mit einer Einleitung von Michael Kustow.

Godard über den Film: La vie moderne. in: Le Nouvel Observateur v. 12.10.1966 (Interview mit Sylvain Regard); engl.: One or Two Things. in: Sight and Sound, Vol. 36, Nr. 1, Winter 1966/67; nachgedr. in: Toby Mussman (Hrsg.): Jean-Luc Godard. New York: Dutton 1968. S. 274-283; dt. in: Die Zeit v. 10.3.1967.

Interview: Yvonne Baby in: Le Monde v. 27.1.1967.

Kritiken: Jean-Louis Bory in: Le Nouvel Observateur v. 14.12.1966; nachgedr. in: J.-L. B.: La nuit complice. Paris: Union générale d'éditions 1971. S. 47-56. – Pierre Daix in: Les Lettres françaises v. 22.12.1966. – Pierre Marcabru in: Arts v. 28.12.1966. – Georges Sadoul in: Les Lettres françaises v. 29.12.1966. – Pierre Billard in: L'Express v. 30.1.1967. – Samuel Lachize in: L'Humanité v. 28.1.1967. – Jean-Louis Bory in: Le Nouvel Observateur v. 1.2.1967; nachgedr. in: J.-L. B.: La nuit complice. Paris: Union générale d'éditions 1971. S. 77-79. – Michel Capdenac in: Les Lettres françaises v. 2.2.1967. – Claude Mauriac in: Le Figaro litteraire v. 2.2.1967. – Raymond Lefèvre in: Image et Son, Nr. 204, April 1967. – P. Blanquart in: Signes du Temps, April 1967. – Marie-Claire Wuilleumier in: Esprit, Nr. 4, April 1967. – Paul-Louis Thirard in: Positif, Nr. 83, April 1967. / Richard F. Shepard in: The New York Times v. 28.9.1967. – David Ehrenstein in: The Village Voice v. 12.10.1967. – Richard Carreno in: Cinéaste, Vol. 1, Nr. 3, Winter 1967/68. – Noe Goldwasser in: Cinéaste, Vol. 1, Nr. 4, Frühjahr 1968. / Werner Kließ in: Film (Velber), Nr. 4, April 1967 (zusammen mit 2 OU 3 CHOSES). – Ernst Wendt in: Film (Velber), Nr. 8, August 1967. – Peter H. Schröder in: Die Welt v. 18.2.1967 (zusammen mit 2 OU 3 CHOSES). – Karena Niehoff in: Der Tagesspiegel v. 4.7.1967.

Aufsätze/Analysen: Jean Delmas in: Jeune Cinéma, Nr. 21, März 1967. / Margot S. Kerman in: Film Heritage, Vol. 3, Nr. 3, Frühjahr 1968. – James Roy MacBean: Politics, Painting, and the Language of Signs in Godards MADE IN U.S.A. in: Film Quarterly, Vol. 22, Nr. 3, Frühjahr 1969; nachgedr. in: J. R. M.: Film and Revolution. Bloomington and London: Indiana University Press 1975. / Joachim von Mengershausen: Der Rausch des Jungseins und des Alterns. in:

Film 1967. Velber: Erhard Friedrich 1968. S. 19-24 (über MADE IN U.S.A. und Skolimowskis *Le départ*).

2 OU 3 CHOSES QUE JE SAIS D'ELLE. Zwei oder drei Dinge, die ich von ihr weiß
Filmtext: in: L'Avant-Scène du Cinéma, Nr. 70, Mai 1967 (mit Kommentaren von François Chatelet, André Akoun, François Truffaut, Marina Vlady). – Jean-Luc Godard: 2 ou 3 choses que je sais d'elle. Paris: Editions de l'Avant-Scène du Cinéma/Editions du Seuil 1971. 127 S. (mit Aussagen Godards zum Film, Auszügen aus Kritiken und Kommentaren). / Jean-Luc Godard: Three Films. London: Lorrimer 1975. 192 S. (Lorrimer Modern Film Scripts Nr. 45).
Vorlage: Enquête von Claude Vimenet in: Le Nouvel Observateur v. 29. 3. und 10. 5. 1966.
Material: Marie Cardinal: Cet été-là, suivi en annexe du scénario de Jean-Luc Godard 2 OU 3 CHOSES QUE JE SAIS D'ELLE. Paris: Juillard 1967. 185 S. / Programmheft Nr. 78 des Verleihs Neue Filmkunst Walter Kirchner (Red.: Herbert Linder), September 1968.
Godard über den Film: La vie moderne. in: Le Nouvel Observateur v. 12. 10. 1966 (Interview mit Sylvain Regard); engl.: One or Two Things. in: Sight and Sound, Vol. 36, Nr. 1, Winter 1966/1967; nachgedr. in: Toby Mussman (Hrsg.): Jean-Luc Godard. New York: Dutton 1968. S. 274-283; deutsch in: Die Zeit v. 10. 3. 1967. – I-On doit tout mettre dans un film. II-Ou va notre civilisation? III-Ma démarche en quatre moments. in: L'Avant-Scène du Cinéma, Nr. 70, Mai 1967 (Teil I enthält Teile aus dem Artikel La vie moderne, Teil II ist der Nachdruck von Ausschnitten einer Fernsehsendung über den Film, die zuerst veröffentlicht wurden in: Les Lettres françaises v. 3. 11. 1966; Teil I und III deutsch in: Godard/Kritiker. München: Hanser 1971. S. 176-177 und S. 178-180). – Jean-Luc Godard commente 2 OU 3 CHOSES ... in: Les Lettres françaises v. 16. 3. 1967; nachgedruckt in: L'Avant-Scène du Cinéma, Nr. 70, Mai 1967.
Kritiken: Jean Narboni in: Cahiers du Cinéma, Nr. 186, Januar 1967. – François Truffaut in: Les Lettres françaises v. 16. 3. 1967. – Henri Chapier in: Combat v. 17. 3. 1967. – Pierre Billard in: L'Express v. 20. 3. 1967. – J.-P. Rével in: L'Express v. 20. 3. 1967. – Louis Chauvet in: Le Figaro v. 20. 3. 1967. – Jean de Baroncelli in: Le Monde v. 21. 3. 1967. – Claude Pennec in: Arts v. 22. 3. 1967. – Jean-Louis Bory in: Le Nouvel Observateur v. 22. 3. 1967; nachgedr. in: J.-L. B.: La nuit complice. Paris: Union générale d'éditions 1971. S. 103-106. – Samuel Lachize in: L'Humanité v. 22. 3. 1967. – Georges Sadoul in: Les Lettres françaises v. 23. 3. 1967. – Claude Mauriac in: Le Figaro litteraire v. 30. 3. 1967. – Jean Collet in: Télérama v. 2. 4. 1967. – Sylvain Godet in: Cahiers du Cinéma, Nr. 190, Mai 1967. – André Téchiné in: Cahiers du Cinéma, Nr. 190, Mai 1967. – Max Milner in:

Esprit Nr. 5, Mai 1967. – Louis Marcorelles in: Cinéma (Paris), Nr. 116, Mai 1967. – Christian Zimmer in: Les Temps Modernes, Nr. 252, Mai 1967. – L. S. (Louis Seguin) in: Positif, Nr. 85, Juni 1967. – R. L. (Raymond Lefèvre) in: Image et Son, Nr. 207, Juni-Juli 1967. / Renata Adler in: The New York Times v. 26. 9. 1968. – Vincent Canby in: The New York Times v. 1. 5. 1970. – T. A. Gallagher in: The Village Voice v. 7. 5. 1970. – Jan Dawson in: Monthly Film Bulletin, Nr. 443, Dezember 1970. – Peter Buckley in: Films and Filming, Vol. 17, Nr. 4, Januar 1971. / Werner Kließ in: Film (Velber), Nr. 4, April 1967 (zusammen mit MADE IN U.S.A.). – Ulrich Gregor in: Die Welt v. 7. 10. 1967. – Alexandre Alexandre in: Frankfurter Rundschau v. 30. 12. 1967. – Alf Brustellin in: Süddeutsche Zeitung v. 8. 1. 1968. – tho. (Thomas Engel) in: Evang. Film-Beobachter Nr. 2 v. 13. 1. 1968. – Siegfried Schober in: Filmkritik, Februar 1968. – xb (Alex Bänninger) in: Neue Zürcher Zeitung v. 15. 6. 1968. – Louis Jent in: Tages-Anzeiger v. 21. 6. 1968. – Urs Jenny in: Süddeutsche Zeitung v. 2./3. 11. 1968. – Friedrich Luft in: Die Welt v. 9. 11. 1968. – Heimo Bachstein in: Jugend Film Fernsehen, Nr. 6/ 1968. – Egon Netenjakob in: Film-Dienst Nr. 6 v. 4. 2. 1969. – Wolfgang Vogel in: Frankfurter Rundschau v. 7. 2. 1969. – Brigitte Jeremias in: FAZ v. 10. 2. 1969. – Georg Alexander in: Film (Velber), Nr. 3, März 1969.

Analysen/Aufsätze: André Téchiné in: Cahiers du Cinéma, Nr. 189, April 1967 (zusammen mit Duras' *La Musica* und Bergmans *Persona*). – François Albera, Maurice Rey: Quelques-unes des 2 ou 3 ... in: Travelling J, Nr. 20. / Molly Haskell in: Film Heritage, Vol. 3, Nr. 3, Frühjahr 1968. – James Roy MacBean: Poetics and Poetry in Two Recent Films by Godard. in: Film Quarterly, Vol. 21, Nr. 4, Sommer 1968 (zusammen mit LA CHINOISE); nachgedr. in: J. R. M.: Film and Revolution. Bloomington and London: Indiana University Press 1975. – Jonathan Rosenbaum in: Film Society Review, Vol. 4, Nr. 2, Oktober 1968. – Norman Silverstein in: Films and Filming, Vol. 16, Nr. 9, Juni 1970. / Klaus Eder: Zwei oder drei Sachen über Film. in: Film 1967. Velber: Erhard Friedrich 1968. S. 32-34.

ANTICIPATION (OU L'AMOUR EN L'AN 2000). Ein Wochenende auf der Erde im Jahre 3000
Kritiken: Jean-Louis Comolli in: Cahiers du Cinéma, Nr. 191, Juni 1967. – Michel Cournot in: Le Nouvel Observateur v. 19. 7. 1967. – G. L. (Gérard Legrand) in: Positif, Nr. 87, September 1967. / T. M. (Tom Milne) in: Monthly Film Bulletin, Nr. 407, Dezember 1967. – Vincent Canby in: The New York Times vom 8. 11. 1968. / sol (Hans-Georg Soldat) in: Der Tagesspiegel (Berlin) v. 8. 4. 1967.– Eckhart Schmidt in: Süddeutsche Zeitung vom 11. 4. 1967.– A.W. (Axel Winterstein) in: Evangelischer Film-Beobachter Nr. 15 vom 15. 4. 1967. –

Wa in: FAZ v. 24. 4. 1967. – E. K. (Elke Kummer) in: Film (Velber), Nr. 5, Mai 1967. – Frieda Grafe in: Filmkritik, Mai 1967; nachgedr. in: F. G., Enno Patalas: Im Off. München: Hanser 1974. S. 46-48. – Werner Kließ in: Film (Velber), Nr. 6, Juni 1967. – G. P. (Günther Pflaum) in: Jugend Film Fernsehen, Nr. 4/1967.

LA CHINOISE. Die Chinesin
Filmtext: in: L'Avant-Scène du Cinéma, Nr. 114, Mai 1971. – in: Filmcritica (Rom), Nr. 182, Oktober 1967 (in franz.).
Material: Alain Jouffroy in: L'Avant-Scène du Cinéma, Nr. 114, Mai 1971 (Pressetext). / Programmheft Nr. 70 des Verleihs Neue Filmkunst Walter Kirchner (Red.: Martin Baethge, Martin Osterland), Januar 1968.
Godard über den Film: in: Jean Collet: Jean-Luc Godard. Paris: Éditions Seghers. 4. Auflage 1968. S. 104-107 (Cinéma d'aujourd' hui 18). – Statements von der Pressekonferenz in Venedig in: Jeune Cinéma, Nr. 25/1967.
Interviews: Yvonne Baby in: Le Monde v. 24. 8. 1967. – J. (Jacques) Bontemps, J.-L. (Jean-Louis) Comolli, M. (Michel) Delahaye, J. (Jean) Narboni: Lutter sur deux fronts. in: Cahiers du Cinéma, Nr. 194, Oktober 1967.
Kritiken: Pierre Daix in: Les Lettres françaises v. 1. 9. 1967. – Michel Aubriant in: Candide v. 4. 9. 1967. – Samuel Lachize in: L'Humanité v. 6. 9. 1967. – Claude Mauriac in: Le Figaro litteraire v. 17. 9. 1967. – Jean Pouillion in: Les Temps Modernes, Nr. 156, September 1967. – Jean-Louis Comolli in: Cahiers du Cinéma, Nr. 194, Oktober 1967. – Michel Duvigneau in: Téléciné, Nr. 135, November 1967. – Jean Collet in: Études, November 1967. – Michel Estève in: Études, November 1967. – Pierre Dubœuf in: Cahiers du Cinéma, Nr. 195, November 1967. – Marie-Claire Ropars-Wuilleumier in: Esprit, Nr. 11, November 1967. – Jean Delmas in: Jeune Cinéma, Nr. 25/1967. – François Chavassu in: Image et Son, Nr. 210, November 1967. – Roger Dadoun in: Image et Son, Nr. 211, Dezember 1967. – Raymond Lefèvre in: Cinéma (Paris), Nr. 126, Mai 1968. / R. A. (Renata Adler) in: The New York Times v. 4. 4. 1968. – Andrew Sarris in: The Village Voice v. 4. 4. 1968; nachgedr. in: A. S.: Confessions of a Cultist. New York: Simon and Schuster 1970. S. 349-353. – Pauline Kael in: The New Yorker v. 6. 4. 1968; nachgedr. in: P. K.: Going Steady. Boston, Toronto: Little, Brown 1970. S. 76-84. – Many Farber in: Artforum, Sommer 1968; nachgedr. in: Negative Space. New York: Praeger 1971. S. 269-274; als Paperback: M. F.: Movies. New York: Hillstone o. J. S. 269-274. – Richard Schickel in: Life v. 4. 12. 1968; nachgedr. in: R. S.: Second Sight: Notes on some Movies 1965-1970. New York: Simon and Schuster 1972. S. 171-174. – J. Foster Stackhouse in: Take One, Vol. 1, Nr. 9 (Kritik als Gedicht). – Mike Wal-

lington in: Monthly Film Bulletin, Nr. 442, November 1970.– Robert Fulford in: R. F.: Marshall Delaney at the Movies. Toronto: Peter Martin 1974. Seite 184-186. / Karl Korn in: Frankfurter Allgemeine Zeitung vom 6. 9. 1967. – HL (Herbert Linder) in: Filmkritik, Oktober 1967. – Ernst Wendt in: Film (Velber), Nr. 11, November 1967. – Karena Niehoff in: Der Tagesspiegel (Berlin) vom 20. 1. 1968. – Alf Brustellin in: Süddeutsche Zeitung v. 22. 1. 1968. – tho. (Thomas Engel) in: Evang. Film-Beobachter Nr. 4 v. 27. 1. 1968. – Uwe Nettelbeck in: Die Zeit v. 16. 2. 1968. – Erwin Schaar in: Jugend Film Fernsehen Nr. 2/1968. – Klaus Kreimeier in: Film (Velber), Nr. 3, März 1968. – Harald Greve in: Filmkritik, März 1968. – Wolfgang Vogel in: Frankfurter Rundschau v. 20. 4. 1968. – Franz Everschor in: Film-Dienst Nr. 19 v. 7. 5. 1968. – Samuel Plattner in: Tages-Anzeiger v. 9. 8. 1968. – xb (Alex Bänninger) in: Neue Zürcher Zeitung v. 10. 8. 1968. – Peter H. Schröder in: Die Welt v. 19. 8. 1968.
Analysen/Aufsätze: Jacques Bontemps: Une libre variation imaginative de certains faits. in: Cahiers du Cinéma, Nr. 194, Oktober 1967. – Michel Duvigneau in: Téléciné, Nr. 135, November 1967 (Fiche Nr. 475). / John Simon: Bull in the China Shop: La Chinoise. in: Film Heritage, Vol. 3, Nr. 3, Frühjahr 1968. – James Roy MacBean: Politics and Poetry in Two Recent Films by Godard. in: Film Quarterly, Vol. 21, Nr. 4, Sommer 1968; nachgedr. in: J. R. M.: Film and Revolution. Bloomington and London: Indiana University Press 1975 (zusammen mit 2 OU 3 CHOSES ...). – John Bragin in: Film Society Review, Vol. 4, Nr. 1, September 1968. – Dan Isaac: The social gospel of St. Jean-Luc Godard. in: Film Culture, Nr. 48-49, Winter-Frühjahr 1970. – Marsha Kinder, Beverle Houston in: M. K., B. H.: Close-up. A critical perspective on film. New York, Chicago, San Francisco, Atlanta: Harcourt Brace Jovanovich 1972. S. 217-221. / Peter Handke: Ein Sprechfilm. in: Film 1967. Velber: Erhard Friedrich 1968, S. 18-19.

CAMÉRA-ŒIL. CAMERA EYE
Filmtext: Der von Godard gesprochene Kommentar deutsch in: Filmkritik, Oktober 1967; auch in: Frankfurter Rundschau v. 19. 10. 1967 und in: Kirche und Film, Nr. 2, Februar 1968. – Protokoll in: Filmstudio (Aachen), Heft 68-1 (Übersetzung v. Helmut Mennicken). / Ital. in: Filmcritica (Rom), Nr. 183-184, Oktober-November 1967.
Kritiken: Yvette Romi in: Le Nouvel Observateur v. 25. 10. 1967. – Michel Ciment in: Positif, Nr. 89, November 1967. – Michel Capdenac in: Les Lettres françaises v. 13. 12. 1967. – Jean de Baroncelli in: Le Monde v. 19. 12. 1967. – Jean-Louis Bory in: Le Nouvel Observateur v. 20. 12. 1967; nachgedr. in: J.-L. B.: La nuit complice. Paris: Union générale d'éditions 1971. S. 134-138. – Gilbert Salachas in: Téléciné, Nr. 139, Februar 1968. – Roger Dadoun in: Image et Son,

Nr. 215, März 1968. – Louis Seguin in: Positif, Nr. 93, März 1968. / Andrew Sarris in: The Village Voice v. 12. 10. 1967; nachgedr. in: Film Culture, Nr. 46, Herbst 1967 (erschienen Oktober 1968). – David Wilson in: Sight and Sound, Vol. 37, Nr. 1, Winter 1967/68. – Raymond Durgnat in: Films and Filming, Vol. 14, Nr. 5, Februar 1968. – o. V. in: Monthly Film Bulletin, Nr. 409, Februar 1968. – Richard Winkler in: Movie, Nr. 15, Frühjahr 1968. – Renata Adler in: The New York Times v. 7. 6. 1968. – Frances Starr in: Film Culture, Nr. 46, Herbst 1967 (erschienen Oktober 1968). / Werner Hildenbrand in: Film (Velber), Nr. 7, Juli 1967. – Rüdiger Dilloo in: Die Welt v. 25. 11. 1967. – wo (Steffen Wolf) in: Evang. Film-Beobachter Nr. 48 v. 2. 12. 1967. – Ernst Wendt in: Film (Velber), Nr. 1, Januar 1968 (zusammen mit LES CARABINIERS und *How I Won the War*). – Ulrich Gregor in: Filmkritik, Januar 1968. – Helmut Mennicken in: Filmstudio (Aachen), Heft 68-1.
Aufsatz: Max Kozloff, William Johnson, Richard Corliss: Shooting at Wars: Three Views. in: Film Quarterly, Vol. 21, Nr. 2, Winter 1967/68 (zusammen mit LES CARABINIERS, *How I Won the War* und *Battles of Algier* von Pontecorvo).

AMORE
Kritiken: Louis Marcorelles in: Le Monde v. 9. 6. 1970. – o. V. in: Les Lettres françaises v. 10. 6. 1970. – Jean-Louis Bory in: Le Nouvel Observateur v. 22. 6. 1970; nachgedr. in: J.-L. B.: L'ecran fertile. Paris: Union générale d'éditions 1972. S. 111-115. / Rosalind Delmar in: Monthly Film Bulletin, Nr. 448, Mai 1971. / Wolf Lepenies in: FAZ v. 7. 7. 1969. – Alf Brustellin in: Süddeutsche Zeitung v. 9. 7. 1969. – USE (Ulrich Seelmann-Eggebert) in: Film-Dienst Nr. 8 v. 24. 2. 1970. – W. Sch. (Walter Schobert) in: Evang. Film-Beobachter Nr. 13 v. 28. 3. 1970.

WEEK END. Weekend
Filmtext: Jean-Luc Godard: Weekend/Wind from the East. London: Lorrimer 1972. 188 S. (Lorrimer modern film scripts Nr. 34).
Material: Programmheft Nr. 82 des Verleihs Neue Filmkunst Walter Kirchner (Red.: Frieda Grafe), März 1969.
Godard über den Film: in: Jean Collet: Jean-Luc Godard. Paris: Éditions Seghers. 4. Auflage 1968. S. 115-119 (Cinéma d'aujourd'hui 18).
Kritiken: o. V. in: Le Monde v. 1. 1. 1968. – Jean-Louis Bory in: Le Nouvel Observateur v. 10. 1. 1968; nachgedr. in: J.-L. B.: La nuit complice. Paris: Union générale d'éditions 1971. S. 146-150. – Claude Mauriac in: Le Figaro litteraire v. 15. 1. 1968. – Raymond Lefèvre in: Image et Son, Nr. 213, Februar 1968. – Gilbert Salachas in: Téléciné, Nr. 139, Februar 1968. – Marie-Claire Ropars Wuilleumier in: Esprit,

Nr. 3, März 1968. – Michel Claude Cluny in: La Nouvelle Revue française, Nr. 183, März 1968. – Jacques Aumont in: Cahiers du Cinéma, Nr. 199, März 1968. – Jean Collet in: Cahiers du Cinéma, Nr. 199, März 1968. – Louis Seguin in: Positif, Nr. 93, März 1968. – Fernand Dufour in: Cinéma (Paris), Nr. 126, Mai 1968. / Joe Medjuck in: Take One, Vol. 1, Nr. 11, Mai-Juni 1968. – Jan Dawson in: Sight and Sound, Vol. 37, Nr. 3, Sommer 1968. – G. O. M. (Gavin Millar) in: Monthly Film Bulletin, Nr. 415, August 1968. – Renata Adler in: The New York Times v. 28. 9. 1968. – Pauline Kael in: The New Yorker v. 5. 10. 1968; nachgedr. in: P. K.: Going Steady. Boston: Little, Brown 1970. S. 138-144. – Andrew Sarris in: The Village Voice v. 21. 11. 1968; nachgedr. in: A. S.: Confessions of a Cultist. New York: Simon and Schuster 1970. S. 400-406. – Peter Whitehead in: Films and Filming, Volume 15, Number 5, Februar 1969. – Robert Fulford in: R. F.: Marshall Delaney at the movies. Toronto: Peter Martin 1974. Seite 186-189. / Werner Kließ in: Film (Velber), Nr. 3, März 1968 (Aufsatz: Pariser Journal, über WEEK END zusammen mit anderen Filmen, unter anderen Jacques Tatis Playtime). – Helmut Mennicken in: Filmstudio (Aachen), Heft 68-1. – Brigitte Jeremias in: FAZ v. 1. 7. 1968 (zusammen mit Troells *Ole Dole Doff*). – Karena Niehoff in: Süddeutsche Zeitung v. 1. 7. 1968 (gleichlautend in: Der Tagesspiegel v. 2. 7. 1968). – Heinz Ungureit in: Frankfurter Rundschau v. 1. 7. 1968. – W. W. (Wilfried Wiegand) in: Die Welt v. 1. 7. 1968. – Martin Schaub in: Tages-Anzeiger v. 20. 9. 1968. – xb (Alex Bänninger) in: Neue Zürcher Zeitung v. 21. 9. 1968. – Egon Netenjakob in: Film-Dienst Nr. 4 v. 21. 1. 1969. – Wolfram Schütte in: Frankfurter Rundschau v. 27. 1. 1969. – U. J. (Urs Jenny) in: Süddeutsche Zeitung v. 29. 1. 1969. – wo (Steffen Wolf) in: Evang. Film-Beobachter Nr. 6 v. 8. 2. 1969. – Karl Korn in: FAZ v. 12. 2. 1969. – Urs Jenny in: Süddeutsche Zeitung v. 2. 5. 1969. – Wilfried Wiegand in: Die Welt v. 11. 5. 1969. – Ulrich Kurowski in: Jugend Film Fernsehen, Nr. 4-5/1969. – Urs Jenny in: Süddeutsche Zeitung v. 6. 10. 1970.

Analysen/Aufsätze: Raymond Lefèvre in: Image et Son, Nr. 308 bis, November 1976 (Ufoleis-Fiche). – o. V.: IDHEC-fiche filmographique Nr. 230 (undatiert). / Jonathan Rosenbaum in: Film Society Review, Oktober 1968. – James Roy MacBean: Godard's Weekend, or the Self Critical Cinema of Cruelty. in: Film Quarterly, Vol. 22, Nr. 2, Winter 1968/69; nachgedr. in: J. R. M.: Film and Revolution. Bloomington and London: Indiana University Press 1975. – Robin Wood: Godard and Weekend. in: Movie, Nr. 16. / Heinz Ungureit: Godards Weekend, seine Resonanz bei uns und die Frage der Moral. in: Kirche und Film, Nr. 9, September 1968. – Enno Patalas: Das Jahr der vier Galgen. in: Filmkritik, Februar 1969; nachgedr. in: Frieda Grafe, E. P.: Im Off. München: Hanser 1974, S. 98-102. – Günter

Hegele: Weekend – ist das erlaubt? in: Kirche und Film, Nr. 3, März 1969. – Georg Alexander: Die Scheußlichkeiten der Bourgeoisie. Überlegungen zu Jean-Luc Godard am Beispiel von Weekend. in: Film 1968. Velber: Erhard Friedrich 1969. S. 16-28 und 37.
Über die deutsche Fernsehfassung: Werner Kließ in: Film (Velber), Nr. 3, März 1969; Antwort Heinz Ungureits darauf und eine Replik von Werner Kließ in: Film (Velber), Nr. 4, April 1969; Leserbrief von Klaus Hisgen in: Film (Velber), Nr. 6, Juni 1969; Brief Ungureits an Kließ und dessen Antwort in: Film (Velber), Nr. 7, Juli 1969.

LE GAI SAVOIR. Die fröhliche Wissenschaft
Filmtext: Auszüge in: Cahiers du Cinéma, Nr. 200-201, April-Mai 1968. – Mot-à-mot d'un film encore trop réviso. Paris: Union des Écrivains 1969. o. S.
Material: in: L'Avant-Scène du Cinéma, Nr. 171-172, Juli-September 1976. / Programmheft Nr. 87 des Verleihs Neue Filmkunst Walter Kirchner (Red.: Herbert Linder), Januar 1970.
Kritiken: B. C. (Bernard Cohn) in: Positif, Nr. 110, November 1969. / Jan Dawson in: Monthly Film Bulletin, Nr. 427, August 1969. – Gordon Gow in: Films and Filming, Vol. 15, Nr. 12, September 1969. – Calvin Green in: Cinéaste, Vol. 3, Nr. 2, Herbst 1969. – Richard Roud in: Sight and Sound, Vol. 38, Nr. 4, Herbst 1969. – Vincent Canby in: The New York Times v. 29. 9. 1969. – Michael McKegney in: The Village Voice v. 6. 11. 1969. – Thomas M. Kavanagh in: Film Quarterly, Vol. 25, Nr. 1, Frühjahr 1971. – Vincent Canby in: The New York Times v. 5. 6. 1970. – Susan Rice in: Take One, Vol. 2, Nr. 10. / Wolf Lepenies in: FAZ v. 30. 6. 1969. – Karena Niehoff in: Der Tagesspiegel v. 1. 7. 1969 (gleichlautend in: Süddeutsche Zeitung v. 2. 7. 1969). – Peter Handke in: Die Zeit v. 11. 7. 1969. – Herbert Linder in: Süddeutsche Zeitung v. 16. 7. 1969. – Ho. (Heribert Hopf) in: Evang. Film-Beobachter Nr. 29 v. 19. 7. 1969. – Werner Kließ in: Film (Velber), Nr. 8, August 1969. – Siegfried Schober in: Süddeutsche Zeitung v. 31. 1. 1970. – Wolf Donner in: Die Zeit v. 20. 2. 1970. – Rudolf Rogler in: Jugend Film Fernsehen, Nr. 2/1970. – Egon Netenjakob in: Fernsehen und Film (Velber), Nr. 3, März 1970.
Analysen/Aufsätze: Calvin Green: L'homme politique. in: Cinéaste, Vol. 3, Nr. 2, Frühjahr 1970. – Ruth Perlmutter: LE GAI SAVOIR: Godard und Eisenstein; notions of intellectuel cinema. in: Jump Cut, Nr. 7, Mai-Juli 1975. / Herbert Linder: Fröhliche Wissenschaft (I). in: Filmkritik, August 1969.

CINÉTRACTS
Material: in: L'Avant-Scène du Cinéma, Nr. 171-172, Juli-September 1976.

Interview: Jean-Paul Fargier, Bernard Sizaire in: Tribune socialiste v. 23. 1. 1969.
Kritik: Heinz Kersten in: Frankfurter Rundschau v. 16. 10. 1968.

ONE PLUS ONE. Eins plus Eins
Filmtext: Protokoll (von Klaus Eder) in: Fernsehen und Film (Velber), Nr. 1/1970.
Kritiken: Jean-Louis Bory in: Le Nouvel Observateur v. 12. 5. 1969; nachgedr. in: J.-L. B.: Ombre vive. Paris: Union générale d'éditions 1971. S. 66-69. – Fernand Bacconier in: Téléciné, Nr. 153, Juni 1969. – Jean-Pierre Oudart in: Cahiers du Cinéma, Nr. 213, Juni 1969. – Raymond Lefèvre in: Image et Son, Nr. 229, Juni-Juli 1969. – Claude Mauriac in: Le Figaro litteraire v. 28. 7. 1969. – P. L. Th. (Paul-Louis Thirard) in: Positif, Nr. 108, September 1969. / Harold Woodsick in: Take One, Vol. 2, Nr. 1, September-Oktober 1968. – Richard Roud in: Sight and Sound, Vol. 37, Nr. 4, Herbst 1968. – Philip Stark in: Films and Filming, Vol. 15, Nr. 5, Februar 1969. – David Ehrenstein in: The Village Voice v. 9. 4. 1970. – Roger Greenspun in: The New York Times v. 27. 4. 1970. – Richard Roud in: Monthly Film Bulletin, Nr. 447, April 1971. / Wolfram Schütte in: Neue Zürcher Zeitung v. 7. 12. 1968. – Wolfram Schütte in: Frankfurter Rundschau v. 14. 12. 1968. – Alfred Starkmann in: Die Welt v. 28. 12. 1968. – Heinz Ungureit in: Filmkritik, Januar 1969. – Wolfram Schütte in: Film (Velber), Nr. 2, Februar 1969. – Alf Brustellin in: Süddeutsche Zeitung v. 9. 2. 1969. – Volker Baer in: Der Tagesspiegel v. 6. 7. 1969. – Wolf Donner in: Die Zeit v. 16. 1. 1970. – Wolfram Schütte in: Frankfurter Rundschau v. 19. 1. 1970. – K. K. (Karl Korn) in: FAZ v. 21. 1. 1970. – Ho. (Heribert Hopf) in: Evang. Film-Beobachter Nr. 5 v. 31. 1. 1970. – Alf Brustellin in: Süddeutsche Zeitung v. 16. 9. 1970. – Wolf Wondratschek in: FAZ v. 14. 1. 1971.
Analysen/Aufsätze: Mireille Amiel in: Cinéma (Paris), Nr. 138, Juli-August 1969. / Jan Dawson in: Sight and Sound, Vol. 38, Nr. 1, Winter 1968/69. – James Roy MacBean: ONE PLUS ONE. Or the Praxis of History. in: The Partisan Review, Juli 1971; nachgedr. in: J. R. M.: Film and Revolution. Bloomington and London: Indiana University Press 1975. – Martha Merrill: Black Panthers in the New Wave. in: Film Culture, Nr. 53-54-55, Frühjahr 1972. / Heinz Ungureit: Darf man einen Produzenten ohrfeigen? Antwort an einen Schweizer Godard-Gegner. in: Kirche und Film, Nr. 2, Februar 1969. – Wim Wenders in: Filmkritik, Juli 1969.
Zur deutschen Synchronisation: Wilhelm Roth in: Filmkritik, März 1970.

UN FILM COMME LES AUTRES
Material: in: L'Avant-Scène du Cinéma, Nr. 171-172, Juli-September 1976.

Interview: in: Cinéthique, Nr. 1, 20. 1. 1969.
Analysen/Aufsätze: Jean-Paul Fargier: Une double catharsis. in: Cinéthique, Nr. 1, 20. 1. 1969. – Fernand Bacconnier: Les films du Mai. in: Téléciné, Nr. 151-152, März-April 1969.

ONE A. M.
Kritiken: Jan Dawson in: Monthly Film Bulletin, Nr. 451, August 1971. – Roger Greenspun in: The New York Times v. 11. 2. 1972. – Ralph Diamond in: Take One, Vol. 2, Nr. 10.

BRITISH SOUNDS
Material: Synopse in: L'Avant-Scène du Cinéma, Nr. 171-172, Juli-September 1976.
Godard über den Film: in: Cinéthique, Nr. 5, September/Oktober 1969; engl. in: Afterimage, Nr. 1; dt. in: Godard/Kritiker. München: Hanser 1971, S. 182-183.
Kritiken: Tom Luddy in: Take One, Vol. 2, Nr. 11. – Jan Dawson in: Sight and Sound, Vol. 39, Nr. 2, Frühjahr 1970. – Roger Greenspun in: The New York Times v. 22. 5. 1970. – o. V. in: Monthly Film Bulletin, Nr. 441, Oktober 1970.
Analysen/Aufsätze: James Roy MacBean: See you at Mao. in: Film Quarterly, Vol. 24, Nr. 2, Winter 1968/69; nachgedr. in: J. R. M.: Film and Revolution. Bloomington and London: Indiana University Press 1975. – Joel Haycock in: Film Society Review, Vol. 7, Nr. 4, Dezember 1971.

PRAVDA
Filmtext: in: Cahiers du Cinéma, Nr. 240, Juli-August 1972.
Godard über den Film: anläßlich einer Vorführung des Films im Februar 1970 im Musée d'Art Moderne, Paris, verteilter Text abgedruckt in: L'Avant-Scène du Cinéma, Nr. 171-172, Juli-September 1976; engl. in: Afterimage, Nr. 1, April 1970; dt. in: Godard/Kritiker. München: Hanser 1971, S. 184-186.
Kritiken: Michèle Manceaux in: Le Nouvel Observateur v. 16. 2. 1970. – Paul-Louis Thirard in: Positif, Nr. 114, März 1970. – Patrick Sery in: Le Monde v. 1. 4. 1971. / Ron Green in: Take One, Vol. 2, Nr. 11. – Roger Greenspun in: The New York Times v. 22. 5. 1970. – Jonas Mekas in: The Village Voice v. 4. 6. 1970; nachgedr. in: J. M.: Movie Journal. The Rise of a New American Cinema 1959-1971. New York: Collier 1972. S. 385-386. – Ian Christie in: Monthly Film Bulletin, Nr. 515, Dezember 1976.

LE VENT D'EST / VENTO DELL'EST. Ostwind
Filmtext: in: Cahiers du Cinéma, Nr. 240, Juli-August 1972. / Jean-Luc Godard: Weekend/Wind from the East. London: Lorrimer 1972.

188 S. (Lorrimer modern film scripts Nr. 34). / Protokoll dt. in: Fernsehen und Film (Velber), Nr. 12, Dezember 1970.
Material: in: L'Avant-Scène du Cinéma, Nr. 171-172, Juli-September 1976.
Kritiken: M. C. (Michel Ciment) in: Positif, Nr. 119, September 1970. / Joan Mellen in: Film Comment, Vol. 7, Nr. 3, Herbst 1971. – Jules Lok in: Take One, Volume 2, Number 10. – Peter Booker in: Monthly Film Bulletin, Nr. 456, Januar 1972. / WoS (Wolfram Schütte) in: Frankfurter Rundschau, v. 28. 2. 1970. – Egon Netenjakob in: Fernsehen und Film (Velber), Nr. 4, April 1970.
Analysen/Aufsätze: James Roy MacBean: VENT D'EST or Godard and Rocha at the Crossroads. in: Sight and Sound, Vol. 40, Nr. 3, Sommer 1971; nachgedr. in: J. R. M.: Film and Revolution. Bloomington and London: Indiana University Press 1975; nachgedr. in: Bill Nichols (Hrsg.): Movies and Methods. Berkely, Los Angeles, London: University of California Press 1976. S. 91-106. – Peter Wollen: Counter Cinema: VENT D'EST. in: Afterimage, Nr. 4, Herbst 1972. – Julia Lesage: Looking at a film politically. in: Jump Cut, Nr. 4, November-Dezember 1974. – Robin Wood: In Defense of »Wind from the East«. in: Film Comment, Vol. 11, Nr. 4, Juli-August 1975; nachgedr. in: R.W.: Personal Views. Explorations in Film. London: Gordon Fraser 1976. S. 60-66.

LOTTE IN ITALIA. Kämpfe in Italien
Filmtext: in: Cahiers du Cinéma, Nr. 238-239, Mai-Juni 1972; ital. in: Cineforum, Nr. 97/98, November-Dezember 1970.
Material: in: L'Avant-Scène du Cinéma, Nr. 171-172, Juli-September 1976.
Godard über den Film: Inhaltsangabe und Kommentar in: Filmkritik, Februar 1971.
Kritik: Bill Nichols in: Film Quarterly, Vol. 25, Nr. 1, Herbst 1971.
Aufsatz: James Roy MacBean: Godard and the Dziga Vertov Group: film and dialectics. in: Film Quarterly, Vol. 26, Nr. 1, Herbst 1972; nachgedr. in: J. R. M.: Film and Revolution. Bloomington and London: University of Indiana Press 1975.

VLADIMIR ET ROSA
Material: in: L'Avant-Scène du Cinéma, Nr. 171-172, Juli-September 1976.
Kritiken: Louis Seguin in: Positif, Nr. 129, Juli-August 1971. – Susan Rice in: Take One, Vol. 2, Nr. 11. – Stuart Byron in: The Village Voice v. 29. 4. 1971. – Vincent Canby in: The New York Times v. 30. 4. 1971. – Penelope Gilliat in: The New Yorker v. 8. 5. 1971. – Joan Mellen in: Cinéaste, Vol. 4, Nr. 3, Winter 1971. – Nigel Gearing in: Monthly Film Bulletin, Nr. 499, August 1975. / F. G. (Frieda Grafe) in: Süddeutsche Zeitung v. 16. 2. 1973.

Aufsatz: James Roy MacBean: Godard and the Dziga Vertov Group: film and dialectics. in: Film Quarterly, Vol. 26, Nr. 1, Herbst 1972; nachgedr. in: J. R. M.: Film and Revolution. Bloomington and London: Indiana University Press 1975.

TOUT VA BIEN
Material: Informationsblatt Nr. 19 des Internationalen Forums des jungen Films, Berlin 1973.
Interviews: Yvonne Baby (mit Jean-Luc Godard) und Martin Even (mit Gorin) in: Le Monde v. 27. 4. 1972; das Interview von Y. B. dt. in: Süddeutsche Zeitung v. 12. /13. 8. 1972. – Marlène Belilos, Michel Boujut, Jean-Claude Deschamps, Pierre-Henri Zoller in: politique hebdo Nr. 26 v. Mai 1972; dt. in: Filmkritik, Juli 1973; teilweise auch im Forum-Blatt. – Michael Goodwin, Naomi Wise: Raymond Chandler, Mao Tse Tung and TOUT VA BIEN. in: Take One, Vol. 3, Nr. 6.
Kritiken: Henri Chapier in: Combat v. 28. 4. 1972. – F. Maurin in: L'Humanité v. 29. 4. 1972. – François Nourissier in: Express v. 2. 5. 1972. – Jean de Baroncelli in: Le Monde v. 3. 5. 1972. – Louis Chauvet in: Le Figaro v. 4. 5. 1972. – Jean-Louis Bory in: Le Nouvel Observateur v. 8. 5. 1972; nachgedr. in: J.-L. B.: La lumière écrit. Paris: Union générale d'éditions 1973. S. 256-262. – Michel Capdenac in: Les Lettres françaises v. 10. 5. 1972. – Jannick Arbois in: Télérama v. 14. 5. 1972. – Claude Mauriac in: Le Figaro litteraire v. 27. 5. 1972. – Patrick Sery in: Cinéma (Paris), Nr. 167, Juni 1972. – Raymond Lefèvre in: Image et Son, Nr. 262, Juni-Juli 1972. – Marcel Martin in: Ecran, Nr. 7, Juli-August 1972. – Paul-Louis Thirard in: Positif, Nr. 140, Juli-August 1972. / Thomas Quinn Curtis in: International Harald Tribune v. 28. 4. 1972. – Richard Roud in: Sight and Sound, Vol. 41, Nr. 3, Sommer 1972; dt. in: Süddeutsche Zeitung v. 28./29. 10. 1972. – Jonathan Rosenbaum in: Film Comment, Vol. 8, Nr. 3, September-Oktober 1972 (Paris-Tagebuch). – Roger Greenspun in: The New York Times v. 11. 10. 1972. – Vincent Canby in: The New York Times v. 25. 2. 1973. – Jan Dawson in: Monthly Film Bulletin, Nr. 478, November 1973. – Stuart James in: Films and Filming, Vol. 20, Nr. 3, Dezember 1973. / Frantz Vossen in: Süddeutsche Zeitung v. 4. 5. 1972. – Tim Hardling in: Frankfurter Rundschau v. 8. 5. 1972. – Günter Metken in: Der Tagesspiegel v. 11. 5. 1972 (gleichlautend auch in: FAZ v. 7. 6. 1972). – Martin Schaub in: Tages-Anzeiger v. 2. 3. 1973. – rév (Carlo Révay) in: Neue Zürcher Zeitung v. 3. 3. 1973. – Gerhart Waeger in: ZOOM/Filmberater, Nr. 5/1973. – Rudolf Rogler in: Jugend Film Fernsehen, Nr. 3/1973. – Karena Niehoff in: Süddeutsche Zeitung v. 3. 7. 1973 (gleichlautend auch in: Der Tagesspiegel v. 4. 7. 1973). – Ulrich Kurowski in: medium, Nr. 9, September 1973. – Jörg Friedrich in: Filmkritik, Dezember 1973. – Wolfgang Limmer in: Süddeutsche Zeitung v. 5. 4. 1974.

Analysen/Aufsätze: Michel Vianey: Deux petits soldats. in: Le Nouvel Observateur v. 17. 4. 1972 (mit Exzerpten). – Groupe Lou Sin d'intervention idéologique: Les luttes de classe en France. Deux Films: *Coup pour coup*, TOUT VA BIEN. in: Cahiers du Cinéma, Nr. 238/239, Mai-Juni 1972. – Pierre Baudry: La critique et TOUT VA BIEN. in: Cahiers du Cinéma, Nr. 240, Juli-August 1972; dt. (von Peter Nau) im Forum-Blatt. / Julia Lesage: TOUT VA BIEN and *Coup pour coup*: radical french cinema in context. in: Cinéaste, Vol. 5, Nr. 3, Sommer 1972. – G. Klein in: Film Quarterly, Vol. 26, Nr. 4, Sommer 1973. – Steven Simmons in: Film Comment, Vol. 10, Nr. 3, Mai-Juni 1974.

LETTER TO JANE / UNE LETTRE POUR JANE, ENQUÉTE SUR UNE PHOTO

Filmtext in: Tel Quel, Nr. 52, Winter 1972; dt. (v. Gerhard Theuring): Befragung eines Bildes. in: Filmkritik, Juli 1974.
Kritiken: Lawrence Van Gelder in: The New York Times v. 12. 4. 1974. – Jonathan Rosenbaum in: Monthly Film Bulletin, Nr. 498, Juli 1975.

ICI ET AILLEURS. Hier und anderswo

Material: Informationsblatt Nr. 23 des Internationalen Forums des jungen Films, Berlin 1977.
Kritiken: Jacques Grant in: Cinéma, (Paris), Nr. 214, Oktober 1976. – Guy Braucourt in: Ecran, Nr. 51, Oktober 1976 (mit einer kurzen Entgegnung von Guy Hennebelle). – Henri Welsh in: Jeune Cinéma, Nr. 98, Oktober-November 1976. – André Cornan in: Image et Son, Nr. 311, November 1976. – o. V. in: Cinéthique Nr. 23-23 (1977).
Aufsatz: J.-P. Simon: Les signes et leur maître. in: Ça, Vol. 3, Nr. 9 (1976).

NUMÉRO DEUX

Filmtext: in: Téléciné, Nr. 202, September-Oktober 1975. – Extrakte in: Cinéma (Paris), Nr. 203, November 1975.
Material: Informationsblatt des Internationalen Forums des jungen Films, Berlin 1976.
Godard über den Film: in: Téléciné, Nr. 202, September-Oktober 1975.
Interviews: Martin Even in: Le Monde v. 6. 5. 1975. – Yvonne Baby in: Le Monde v. 25. 9. 1975.
Kritiken: Jean de Baroncelli in: Le Monde v. 25. 9. 1975. – Mireille Amiel in: Cinéma (Paris), Nr. 203, November 1975. – Guy Braucourt in: Ecran, Nr. 41, November 1975. – Raymond Lefèvre in: Image et Son, Nr. 300, November 1975. / Geoffrey Minish in: Take One, Vol. 4, Nr. 12, Juli-August 1974 (veröffentlicht Dezember 1975). – Jonathan Rosenbaum in: Sight and Sound, Vol. 45, Nr. 2, Frühjahr

1976. – Stan Schwarz in: Film Quarterly, Vol. 30, Nr. 2, Winter 1976/77. – Jill Forbes in: Monthly Film Bulletin, Nr. 517, Februar 1977. / Günter Metken in: Neue Zürcher Zeitung v. 3. 10. 1975 (gleichlautend auch in: Der Tagesspiegel v. 5. 10. 1975). – Frantz Vossen in: Süddeutsche Zeitung v. 6. 10. 1975. – Martin Schaub in: Tages-Anzeiger v. 13. 11. 1975. – Beatrice Leupold in: Tages-Anzeiger v. 13. 11. 1975. – Franz Ulrich in: ZOOM/Filmberater, Nr. 23/1975. – Peter W. Jansen in: Frankfurter Rundschau v. 13. 12. 1975. – Brigitte Jeremias in: FAZ v. 20. 12. 1975. – Sven Hansen in: Die Welt v. 24. 7. 1976. – Gerhard Theuring in: Filmkritik, Februar 1977. – Norbert Jochum in: Der Tagesspiegel v. 25. 3. 1977. – Hans C. Blumenberg in: Die Zeit v. 13. 5. 1977. – Peter Buchka in: Süddeutsche Zeitung v. 10. /11. 7. 1977. – Gottfried Knapp in: Süddeutsche Zeitung v. 15. 7. 1977 (zusammen mit *L'histoire d'Adèle H.*). – Winfried Günther in: medium, Nr. 9, September 1977.
Analysen/Aufsätze: Joël Magny in: Téléciné, Nr. 202, September-Oktober 1975 (Fiche Nr. 571). – Serge Le Perron: NUMÉRO DEUX: Entre le zero et l'infin. Serge Toubiana: Le hasard arbitrain. Thérèse Giraud: Retour de même. Louis Skorecki: Questions/Réponses. Serge Daney: Le thérrorisé (pédagogie godardienne). in: Cahiers du Cinéma, Nr. 262-263, Januar 1976. / Reynold Humphries: Godard's synthesis: politics and the personal. in: Jump Cut, Nr. 9, Okt.-Dez. 1965. / Peter Handke: »Mr. Curtiz lebt nicht mehr hier«. in: Der Spiegel, Nr. 44/1975 (zusammen mit *L'histoire d'Adèle H.*).

COMMENT ÇA VA
Kritiken: B. A. (Barthélemy Amengual) in: Positif, Nr. 183-184, Juli-August 1976. – André Cornan in: Image et Son, Nr. 308, September 1976. – A. B. (Albert Bolduc) in: Positif, Nr. 207, Juni 1978. – Joël Magny in: Cinéma (Paris), Nr. 234, Juni 1978. – A. Bergala in: Cahiers du Cinéma, Nr. 290-291, Juli-August 1978.

6 FOIS 2
Filmtext: Auszüge aus den Teilen *Jean-Luc, Leçons de choses* und *Marcel* in: Jean-Marie Touratier, Daniel Busto (Hrsg.): Jean-Luc Godard. Télévision/Écritures. Paris: Éditions Galilée 1979.
Interview: Gilles Deleuze: Trois questions sur SIX FOIS DEUX. in: Cahiers du Cinéma, Nr. 271, November 1976; dt. (v. Gerhard Theuring): Veränderung, was ist das? in: Filmkritik, Februar 1977.
Kritiken: Louis Marcorelles in: Le Monde v. 18. /19. 7. 1976. – Guy Braucourt in: Ecran, Nr. 51, Oktober 1976 (mit einer kurzen Entgegnung von Huy Hennebelle); engl. in: Jump Cut, Nr. 18, August 1978.
Aufsatz: Gérard Frot-Contaz: Reflexions d'apres Venise. Les aléas de réalisme. in: Cinéma (Paris), Nr. 215, November 1976.

Für Bilder und Hilfeleistungen danken die Herausgeber den in der Filmografie aufgeführten Produktions- und Verleihfirmen, den Fernsehanstalten, Janus Film und Fernsehen, dem Privaten Archiv für Filmkunde Köln, dem Kommunalen Kino Frankfurt am Main sowie Hellmuth Costard, Jean-Luc Godard, Agnès Guillemot und Wilfried Reichart.

Filmliteratur im Carl Hanser Verlag

Hanser, »der Verlag mit dem konsequenten und einfallsreichen Filmbuch-Programm«.

›Deutschlandfunk‹

Rudolf Arnheim
Kritiken und Aufsätze zum Film

André Bazin
Jean Renoir

Bergman über Bergman

Ingmar Bergman
Wilde Erdbeeren und andere Filmerzählungen

Michael Dost/Florian Hopf/Alexander Kluge
Filmwirtschaft in der BRD und in Europa

Frieda Grafe/Enno Patalas
Im Off. Filmartikel

Joe Hembus
Western-Lexikon

Willi Höfig
Der deutsche Heimatfilm 1947-1960

I. C. Jarvie
Film und Gesellschaft

Helmut Korte (Hg.)
Film und Realität in der Weimarer Republik

Asta Nielsen
Die schweigende Muse

Martin Osterland
Gesellschaftsbilder in Filmen

Hans Günther Pflaum/Rainer Werner Fassbinder
Das bißchen Realität, das ich brauche

Hans Günther Pflaum (Hg.)
Jahrbuch Film 77/78
Jahrbuch Film 78/79

Filmliteratur im
Carl Hanser Verlag

Hans Richter
Der Kampf um den Film

Hans Scheugl
Sexualität und Neurose im Film

Gottfried Schlemmer
Avantgardistischer Film 1951-1971: Theorie

Werner Sudendorf (Hg.)
Marlene Dietrich
Dokumente, Essays, Filme
2 Bände

Francois Truffaut
Die Filme meines Lebens

– Taschengeld

Filmliteratur in der Reihe Hanser:

Sergej M. Eisenstein
Schriften/6 Bände
Schriften 1: Streik
Schriften 2: Panzerkreuzer Potemkin
Schriften 3: Oktober

Werner Sudendorf
Sergej M. Eisenstein
Materialien zu Leben und Werk

Godard
Kritiker

Ulrich Kurowski
Lexikon Film

Ulrich Kurowski
Lexikon des internationalen Films

Peter B. Schumann
Kino und Kampf in Lateinamerika

Dziga Vertov
Schriften zum Film

Filmliteratur im Carl Hanser Verlag

Neuerscheinungen

**Helga Belach (Hg.)
Wir tanzen um die Welt
Deutsche Revuefilme 1933 bis 1945**

**Jean Cocteau
Kino und Poesie
Notizen
Ausgewählt von Klaus Eder**

**Joe Hembus
Western-Geschichte
1540-1894
Chronologie/Mythologie/Filmographie**

**Hans Günther Pflaum/Hans Helmut Prinzler
Film in der Bundesrepublik Deutschland
Der neue deutsche Film
Herkunft/Gegenwärtige Situation
Ein Handbuch**

in Vorbereitung

**Hans Günther Pflaum
Jahrbuch Film 79/80
Berichte/Kritiken/Daten**